Vera Lengsfeld

Notizen von unterwegs

Für meine Söhne und Enkelkinder

Vera Lengsfeld

NOTIZEN VON UNTERWEGS

Gesammelte Reiseberichte 2007 – 2019

*Bibliografische Information der Deutschen Nationalbibliothek:
Die Deutsche Nationalbibliothek verzeichnet diese Publikation in
der Deutschen Nationalbibliografie; detaillierte bibliografische
Daten sind im Internet über http://dnb.dnb.de abrufbar.*

© *2020 Vera Lengsfeld*

Herstellung und Verlag: BoD – Books on Demand, Norderstedt

ISBN: *978-3-7528-1622-8*

INHALT

VORWORT: HINTER DEN FASSADEN DES ALLTÄGLICHEN 7

REISE IN DIE ANTARKTIS 11

WUNDERBARES ISRAEL 24

DIE DÜSTERE SEITE VON TALLINN 37

DIE KNOCHENJÄGER VON BUKAREST 40

DAS CHINA-WUNDER 42

DIE UKRAINE VOR DER WAHL 49

KUBA: DAS RUINIERTE PARADIES 54

WARSCHAU: DIE VERSCHWUNDENE STADT 71

MADRID IN ZEITEN DER KRISE 77

VIVAT ISRAEL! 81

MOLDAWIEN: DIE UNBEKANNTESTE ECKE EUROPAS 84

POST AUS ZYPERN: DIE PRAXIS DER LANDNAHME 99

IN DEN LÄNDERN DES HEIMATKRIEGES: 102

LITAUEN: EINE ALLZU LEBENDIGE VERGANGENHEIT 128

DER HENKER VON RIGA	133
PREUßENS GLANZ IN DER LÜNEBURGER HEIDE	138
DAS TRAUMLAND MIT DEN 600 MASSENGRÄBERN	143
HELGOLAND – EINE INSEL ZUM VERLIEBEN	146
IN DER WÜSTE	155
MOSKAU AM TAG DES SIEGES	171
DAS LAND DER SEEN, SÜMPFE UND DER SS 20	177
DIE MACHT DER MACHTLOSEN	183
DIE WOLFSSCHANZE	188
KEIN PHÖNIX AUS DER ASCHE	191
IN SIBIRIEN STEPPT DER BÄR!	198
CHILE: CHAMPION LATEINAMERIKAS	203
TOULOUSE IM AUSNAHMEZUSTAND	223
OSTPREUßEN: SPUREN DEUTSCHER GESCHICHTE	226
IM LAND DES WILDEN KAUKASUS	238
NACH AMSTERDAM ZU REMBRANDT	249
NEW YORK: ZEICHEN EINER NEUEN ZEIT?	253

Vorwort: Hinter den Fassaden des Alltäglichen

Vera Lengsfeld ist in ihrem Leben weit gereist. Ihre Notizen von unterwegs hat sie zu kurzen, prägnanten Reiseberichten kompiliert, die tagebuchartig festhalten, wo sie war, was sie gesehen und gehört hat, und gelegentlich, doch nie dominierend, was sie darüber denkt. So berichtet sie von Reisen in alle Himmelsrichtungen, nach Argentinien, Litauen, Israel, China, Rumänien, Spanien, Zypern, Estland, Kuba, Deutschland, Polen, Chile oder Sibirien, auch in Gegenden, über die sonst kaum etwas Vernünftiges zu erfahren ist wie das quasi-autonome Gebiet Transnistrien.

Die Autorin gibt keine unnötigen Erklärungen ab, warum sie sich an diesem oder jenem Ort aufhielt, teilt über sich nur das Nötige mit und vermeidet die bei anderen Reiseautoren üblichen Abschweifungen in eigene Reflexionen und Weltgedanken. Gegenstand ihres Berichts ist immer der besuchte Ort. Den versucht sie, soweit möglich, zu Fuß zu erkunden. So, „auf Augenhöhe", in direktem *vis à vis*, begegnet sie dem Unbekannten, das sie fernen Orts erwartet, stellt sich ihm mit Neugier und Offenheit, mit einem jugendlich wirkenden Interesse an den Problemlösungen anderer.

Wie genau sie die Atmosphäre einer Stadt oder Landschaft einzufangen weiß, kann ich dort nachvollziehen, wo sie mir bekannte Orte besucht, etwa Petrosawodsk in Karelien. Genau so habe ich selbst diese weltferne Gegend in Erinnerung. Ihre Neugier geht in die Tiefe, oft schmerzhaft, auf Kosten der Idyllik des Reisens. Ihrerseits früh mit Geschichte konfrontiert, erweist sie sich als unerschrockene Spurensucherin, versessen auf das Historische hinter den Fassaden des Alltäglichen.

In Moskau sieht sie die Schönheit des rekonstruierten alten Arbat, doch sie wirft auch einen Blick auf das Hotel Lux, in dem in den dreißiger Jahren, zur Zeit der „Großen Säuberung", die emigrierten Ausländer wohnten und in hypnotischer Starre warteten, bis die Männer in den Ledermänteln kamen, meist im Morgengrauen, und sie abholten. Gleich nebenan ist die Lubjanka, das Gefängnis der sowjetischen Staatssicherheit, in der abgeurteilt, nach Sibirien verschickt, nicht selten auch gleich hingerichtet wurde. Vera Lengsfeld, kundig in der Literatur des Schreckens, erkennt das *Dom na Nabereshnoj*, das „Haus an der Uferstraße", dessen Insassen, Funktionäre und hohe Offiziere, fast alle den Weg in die Lager gingen. Zugleich ist sie imstande, die grandiose Ausstrahlung der alten russischen Metropole zu beschreiben, die den Schatten standhält, die eine wechselvolle, nicht selten tragische Geschichte auf sie wirft.

Die meisten Orte, die sie besucht hat, befinden sich in einem rapiden, manchmal radikalen Wandel. So dass es an sich verdienstvoll ist, den Jetzt-Zustand gewissenhaft zu beschreiben, weil er zum Zeitpunkt der Niederschrift schon aufgehört hat zu bestehen und womöglich nur in Lengsfelds Notizen überdauert. Das gilt für die Wunden und Krater des Krieges auf dem Balkan nach dem Zerfall Jugoslawiens, für die Foltermale Rumäniens, das bunte Elend Kubas der späten Castro-Zeit. Novosibirsk nennt sie in diesem Nebeneinander von alt und neu, von gestriger Misere und sich abzeichnendem Aufschwung eine *„Patchworkstadt"*. Das Wort trifft in dieser Zeit schneller Veränderung auf manchen der besuchten Orte zu. Sogar Ushuaia auf Feuerland, am Rand der bewohnbaren Welt, kurz vor dem Übergang ins ewige Eis, hat sich verwandelt: aus der ehemaligen argentinischen Strafkolonie von achthundert Seelen wurde, wie die Reisende festhält, binnen weniger Jahrzehnte *„eine boomende Stadt mit 60 000 Einwohnern."*

Viele historische Details, die Vera Lengsfeld recherchiert und repetiert, waren mir unbekannt, und jetzt davon zu erfahren, macht dieses Buch für mich zur spannenden Lektüre. Weil sich im Historischen immer die Geheimnisse des Heutigen verbergen, über die nachzudenken wir sanft genötigt werden. Ich wusste bisher wenig oder nichts über Beijings Stadtentwicklung, über die strukturellen Probleme chinesischer Mega-Metropolen, oder über Kuba, wo ich nie war. Oder über die Wechselfälle in der Geschichte der Insel Helgoland. Oder die Tragödie der Stadt Warschau, die von den Nazis *„zu neunzig Prozent dem Erdboden gleich gemacht"* wurde.

Doch das Unheimliche, Bedrohliche kann auch mitten im Frieden geschehen, in einer westlichen Demokratie. Bei einem Besuch in Madrid beobachtet Vera Lengsfeld die Diskrepanz zwischen Medienbild und Wirklichkeit, die neue, heimliche Art der Desinformation: *„Als ich am anderen Morgen die Nachrichten im Fernsehen anschaue, stelle ich fest, dass die Zahl der Teilnehmer des Protestzuges absurd niedrig angegeben wurde. Sechshundert sollen es nur gewesen sein, wo ich mehrere Tausend an dieser Kreuzung gesehen habe (...) Arroganz der Macht? Auf die Dauer werden sie damit nicht durchkommen."*

Arroganz und Schwäche westlicher Politik entgehen ihr nicht, vor allem nicht die Zeichen einer verfehlten, antiquierten Außenpolitik der europäischen Staaten: *„Die Türkei denkt nicht daran, die griechische Stadt Famagusta zurückzugeben, wie sie sich verpflichtet hat. Sie kann darauf vertrauen, dass die EU von ihr die Vertragserfüllung nicht einfordert."* Und sie ahnt die Folgen dieser schwachen Politik: *„Ich werde das beklemmende Gefühl nicht los, dass unsere Reise in die Vergangenheit des Bürgerkrieges im ehemaligen Jugoslawien eine Zeitreise in die Zukunft Europas ist."*

Vera Lengsfeld ist eine Frau mit großer Lebenserfahrung und politischem Gespür. Wie ihre Reise-Impressionen zeigen, ist sie weit in der Welt herum gekommen. Dabei bodenständig geblieben mit ihrem Hanggrundstück voller Obstbäume, das sie von ihrer Großmutter in Thüringen geerbt hat. Einmal bin ich mit ihr in der Wüste gewandert und habe ihre unglaubliche Ausdauer erlebt. Die sie auch anderswo zeigt, zum Beispiel in ihrem Eintreten für demokratische Freiheiten. Sie erkletterte die Sandhügel und Felsen der Negev-Wüste schneller als jeder andere. Training, sagte sie. Denn sie muss, um ihre Obstbäume zu ernten, ständig hügelauf und -ab laufen. Reisen ist nur eine Seite ihre Lebens. Und sie ist davon nicht, wie viele andere, konfus, „für alles offen" und meinungslos geworden. Vera ist auf ihren weiten Fahrten durch die Welt ein Mensch geblieben, der ein Zuhause hat, eine klare Orientierung.

Chaim Noll

Reise in die Antarktis

19. März 2007

Wer in die Antarktis möchte, muss zuerst nach Chile oder Argentinien reisen. Ich flog nach den undurchschaubaren Regeln der Billiganbieter erst über Island und Grönland nach Newark, um dann über Houston nach Buenos Aires zu gelangen. Die Bewohner der Hauptstadt Argentiniens stammen wie im ganzen Land zu 80% von Immigranten ab
- und zwar von erfolgreich Integrierten. Drei Immigrationswellen aus Deutschland haben das Land geprägt: Wirtschaftsflüchtlinge der zwanziger Jahre, den Nazis entkommene Juden und Kommunisten und schließlich Nazis, denen nach der Niederlage ihres Regimes der Boden unter den Füßen zu heiß wurde. Wie zuvorkommend Fremde hier behandelt werden, erlebte ich schon bei meinem ersten Kneipenbesuch. Der Ober brachte mir zum bestellten Gin Tonic eine kleine Platte mit Leckereien, weil ich neu war. Die Männer am Nebentisch schickten mir einen Willkommensdrink, als sich mein Glas geleert hatte, als wäre ich zwanzig.

Als er das zweite Mal an meinen Tisch kam, stellte sich Daniel vor und erzählte, dass er von Deutschen der ersten und zweiten Einwanderungswelle abstamme. Er war über das Geschehen im Land seiner Eltern gut informiert und empfahl mir, mich in Argentinien niederzulassen, wenn ich genug vom neurotischen Deutschland hätte. Sein Land sei viel entspannter und auf einem guten Weg. Am nächsten Morgen flog ich nach Ushuaia - der südlichsten Stadt der Welt. In den dreißiger Jahren des vorigen Jahrhunderts befanden sich hier nur ein Dorf mit 800 Einwohnern und eine Strafkolonie. Als damals ganz in der Nähe ein Passagierschiff in Seenot geriet und evakuiert werden musste, fanden sich im Dorf nicht genügend Betten für die 1200 Passagiere. Die Bewohner räumten kurzerhand das Gefängnis und brachten die Schiffbrüchigen in den Zellen unter. Dieser Pragmatismus prägt die die Stadt bis heute.

In den Siebzigern erklärte die Regierung den Ort zum Freihafen und befreite ihn von allen Steuern. Damals lebten hier 1200 Menschen. Dreißig Jahre später ist Ushuaia eine boomende Stadt mit 60000 Einwohnern, Tendenz immer noch steigend. Die Zugezogenen bauen ihre Häuser ohne Genehmigung auf staatliches Land, dafür aber mit einer schlittenähnlichen Unterkonstruktion versehen. Beansprucht der Staat das Land für ein Bauvorhaben, schieben die Eigentümer das Haus einfach weiter. In jüngster Zeit siedelte sich wegen der Steuerprivilegien vor allem elektronische Industrie an. Zusätzlich kam der Tourismus in Schwung. Über 50000 Besucher ziehen im antarktischen Sommer durch die Stadt. Als ich mich einschiffte, verließ gerade die Yacht von Bill Gates den Hafen. Auf seinem Weg nach Kap Horn hatte Gates in seiner südlichsten Konzern-Dependance nach dem Rechten geschaut. Wer nicht geschäftlich hier ist, kann den südlichsten Nationalpark der Welt besuchen. In den vierziger Jahren hatten die Häftlinge der Strafkolonie ganze Hänge vollständig abgeholzt. Dadurch entstanden riesige Sukzessionsflächen, die auf denen jetzt Südbuchen wachsen.

Weil die Nationalparkgründer anfangs das Gefühl hatten, ihren Gästen mehr bieten zu müssen, als die karge Natur Patagoniens, importierten sie Biber und Hasen. Was den Touristen spitze Entzückensschreie entlockt, ist für die Nationalparkbetreiber längst zum Problem geworden: Die Nager haben sich rasant vermehrt und richten viel Schaden an. Die Verantwortlichen diskutieren schon über Maßnahmen zur Populationskontrolle. Immerhin hat man aus dem Debakel gelernt. Inzwischen dürfen weder Tiere noch Pflanzen, weder Samen noch Früchte nach Patagonien eingeführt werden, um das empfindliche Ökosystem nicht weiter zu stören.

20. März 2007

Die Drakepassage ist die einsamste und gefährlichste Wasserstraße der Welt. Hier treffen sich Atlantik und Pazifik. Hier verläuft die sogenannte antarktische Konvergenz, die Grenze des antarktischen zirkumpolaren Wasserrings, der Atlantik, Pazifik und Indischen Ozean zu einem globalen System verbindet. Es herrschen ganzjährig heftige Winde. Diese Winde trieben den Entdecker Francis Drake auf seiner Weltumsegelung 1577 weit in den Süden und so befuhr er unfreiwillig als Erster die nach ihm benannte Wasserstraße zwischen Südamerika und den noch zu entdeckenden Südkontinent.

Es vergingen fast dreihundert Jahre, ehe der britische Kaufmann William Smith auf seinem Schiff - wieder durch einen Sturm weit nach Süden getrieben - die dem antarktischen Festland vorgelagerten Südshetlandinseln entdeckte. Als er jedoch den britischen Behörden von seiner Entdeckung berichtete, brachte ihm das keine Anerkennung ein, sondern die Degradierung zum Lotsen auf seinem eigenen Schiff. Woran man sieht, dass auch in früheren Jahrhunderten abweichende Meinungen oft Feindseligkeit hervorriefen.

Smith ließ sich davon nicht von seinen Forschungen abbringen. Unter seinem neuen Kapitän Bransfield suchte er weiter nach dem unbekannten Südland und entdeckte es schließlich. Auf der Rückkehr begegneten sie den russischen Schiffen Vostok und Mirnyi des baltendeutschen Kapitäns Thaddeus von Bellingshausen, der am 27.01.1820 als erster Mensch das antarktische Festland gesichtet hatte. Das wurde allerdings erst in den vierziger Jahren des vorigen Jahrhunderts bekannt, als die Angaben Bellingshausens, der sich als russischer Offizier an den Julianischen Kalender gehalten hatte, in den Gregorianischen Kalender übersetzt wurden. Wegen eben dieser Kalenderdifferenz spricht man von der Oktoberrevolution genannt, obwohl sie im November stattfand.

Die Südshetlandinseln geben einen Vorgeschmack auf die spektakuläre antarktische Küste, mit ihren Gletschern und felsigen Bergen. Auf Half Moon Island sehen wir die erste Pinguinkolonie. Hier sind Zügelpinguine beheimatet. Sie wirken so zerbrechlich, es erscheint, dass sie beim Verschwinden der Dinosaurier vor 60 Millionen Jahren schon genauso dastanden. Sie waren schon fertig, als die Evolution gerade begann, die Voraussetzungen für die Entstehung der Menschen zu schaffen.

Wir müssen unsere Landung leider nach kurzer Zeit abbrechen. Eigentlich ist noch Sommer, aber der Herbst macht sich in diesem Jahr ungewöhnlich früh bemerkbar, mit Schneestürmen und Kälte. Die Wellen werden binnen kurzem so hoch, dass sie die Rückkehr zum Schiff für Stunden unmöglich machen könnten. Wenn das Wasser nicht so bewegt wäre, würde sich eine Eisdecke bilden, die in der unglaublichen Geschwindigkeit von 48 qkm/min entsteht. Auf der Weiterfahrt zum Lemairekanal flaut der Wind ab und wir können werden Zeugen dieses Phänomens. Seefahrer entdeckten den Lemairekanal schon 1873, doch es dauerte noch 25 Jahre bis das erste Schiff ihn durchquerte.

Die Passage ist schwirig, denn der 11 km lange Kanal hat nur eine Breite von 1,6 km, ist von steil aufragenden Felswänden begrenzt und voller Untiefen. Als wir uns seiner Einfahrt nähern, liegt ein Band von Eisschollen davor, wie ein Polizeikordon, als ob uns die Natur davor warnen wollte, in ihn einzufahren. Zusätzlich behindert dichter Nebel die Sicht. Aber unser Schiff tastet sich so vorsichtig durch die Hindernisse, dass wir am Ende der Durchfahrt mit Sonnenschein und klarer Sicht belohnt werden.

Unser Ziel ist die ukrainische Forschungsstation Vernadskiy. Ursprünglich errichteten die Briten sie auf der Galindezinsel und benannten sie nach Faraday. Hier entdeckten Wissenschaftler 1982 erstmals das Ozonloch.

Im Jahr der Unabhängigkeit der Ukraine übergab Großbritannien die Station an den jungen Staat. Die Ukrainer halten die Tradition ihrer Vorgänger aufrecht und widmen sich vor allem der Klimaforschung. Ihre Ergebnisse sind überraschend.

21. März 2007

Die ukrainischen Klimaforscher auf der Vernadskiy-Station müssen es wissen: Für langfristige Wetterprognosen muss man sich gut in polarer Meteorologie auskennen, denn die Pole sind maßgeblich für das Wetter in beiden Hemisphären.

Es herrscht ein ständiger kalter Luftstrom von den Polen zum Äquator. Oberhalb davon kehrt ein warmer Gegenstrom in die Polargebiete zurück. Dieser ständige Austausch hinterlässt seit Jahrmillionen Rückstände im ewigen Eis. Da die Antarktis eines der reinsten Gebiete der Erde ist, kann man an den aus anderen Weltgegenden hereingetragenen Verschmutzungen gut die erdgeschichtliche Klimaentwicklung ablesen. Die seit mehreren Jahrzehnten vorgenommenen Kerneisbohrungen ergeben ein eindeutiges Bild: Das Erdklima ist im Laufe der geologischen Zeitalter der Erde keineswegs konstant geblieben.

Die Klimaaufzeichnungen zeigen, dass Eiszeiten regelmäßig vorkommen und etwa 90 000 Jahre dauern. Ihnen folgt eine schnelle Erwärmung. Diese Veränderungen vollziehen sich im Zusammenhang mit der relativen Bewegung der Erde zur Sonne. Diese Bewegung reguliert die Energie, die der Planet im Laufe der Jahrtausende von der Sonne empfängt. Es handelt sich hierbei um eine natürliche Fluktuation. Kein Wunder, dass die Ergebnisse der Kernbohrungen in der aktuellen Klimadiskussion praktisch keine Rolle spielen. Sie stützen die These der menschengemachten Klimakatastrophe nicht gerade. Natürlich kann man an den Eismessungen auch feststellen, dass in den letzten 200 Jahren der CO^2- Gehalt der Luft angestiegen ist. Jedoch hat es ähnliche Zunahmen auch in anderen Jahrtausenden gegeben. Ganz ohne menschliche Einwirkung. Die Beschaffenheit der Antarktis ist davon unberührt geblieben. Nichts deutet darauf hin, dass es zu einem Abschmelzen ihrer Gletscher kommen könnte. Natürlich gibt es immer wieder spektakuläre Abbrüche des Schelfeises. Aber die haben nichts mit einer Erwärmung der Luft zu tun. Die 650 km breite Eisbarriere vor der Antarktis, die auf dem Festland bis an die Königin-Maud-Berge heranreicht, ist ein riesiger Gletscher, der alle an den Atlantik grenzenden Küstenstaaten bedecken könnte. Das Wasser fließt ständig in Richtung Meer ab und wird zusätzlich von den massiven Eisflüssen aus den Bergpässen des polaren Plateaus nach vorn geschoben. Irgendwann wölben sich die Küstenränder über dem Meer und große Teile der Eismassen brechen unter den Gezeiten, den ständigen heftigen Stürmen und ihrem eigenen Gewicht los und bilden die Eisbergflotten in den Ozeanzugängen von Antarktika. Solche Abbrüche können bis zu hundert Kilometer lang sein.

Von unserem Schiff aus sichten wir immerhin Eisberge von fünf Kilometer Länge. Einmal tut uns unser Kapitän den Gefallen und umrundet ein besonders schönes Exemplar von 1,5 Kilometer Länge und 800 Meter Breite. Die 30 Meter hohen Wände des Eisberges sind von helltürkiser Farbe, die von dunkeltürkisen Adern durchzogen ist. Von unserem Schiff aus sichten wir immerhin Eisberge von fünf Kilometer Länge. Einmal tut uns unser Kapitän den Gefallen und umrundet ein besonders schönes Exemplar von 1,5 Kilometer Länge und 800 Meter Breite. Die 30 Meter hohen Wände des Eisberges sind von helltürkiser Farbe, die von dunkeltürkisen Adern durchzogen ist. Dabei bewegt er sich mit ruhiger Kraft, begleitet von dem Knistern ungebändigter Naturgewalten. Unser Schiff ist seit Tagen allein im Südozean. Eine Insel der Zivilisation inmitten der Wildnis. Eine äußerst verwundbare Insel, die wenig

Schutz bietet, wenn die Gewalten, von denen wir umgeben sind, entfesselt würden. In einer solchen Umgebung erscheint der Glaube an die politische Steuerbarkeit des Weltklimas besonders vermessen. Weder die polaren Wetterfronten noch die Eisbergflotillen werden sich von politischen Beschlüssen lenken lassen.

22. März 2007

Auf der Winterinsel befindet sich die ehemalige britische Forschungsstation Base F. Heute ist sie ein von den Ukrainern der benachbarten Vernadskiy-Station betreutes Museum. Hier begegne ich zum ersten Mal den politischen Ansprüchen auf antarktisches Gebiet: „British Crown Land" steht auf einem verwitterten Schild hinter dem Haus. Im entlegensten Teil der Welt, wirkt das nur noch absurd. In den vierziger und fünfziger Jahren mussten hier stationierte Forscher und Militärs bis zu fünf Jahre am Stück ausharren. Ob sie sich wirklich heimischer gefühlt haben, weil der Boden unter ihren Füßen zum Besitz der Krone erklärt worden war? Es war in den Entdeckerjahren durchaus üblich, das Land um eine neu errichtete Forschungsstation zum Hoheitsgebiet des Staates zu erklären, der die Station betrieb. Außerdem leiteten die Staaten Gebietsansprüche auf die Territorien ab, die ihre Forscher entdeckten. Zu wirklichen Auseinandersetzungen kam es jedoch nur zwischen Chile und Argentinien, die sich als Anliegerstaaten der Antarktis betrachten und teilweise dieselben Gebiete beanspruchen. Um ihre Ansprüche zu untermauern, gingen beide Staaten Anfang der neunziger Jahre dazu über, auf ihre Forschungsstationen nur junge Ehepaare zu schicken. Im langen antarktischen Winter gezeugten Kinder, die auf der Station zur Welt kommen würden, sollten als Argument für die Gebietsansprüche dienen.

Tatsächlich sind einige Kinder in der Antarktis zur Welt gekommen. Man gab diese Praxis aber bald wieder auf; weniger, weil den Politikern der Zynismus ihrer Kampagne aufgefallen wäre, sondern weil sie einfach zu viel Geld verschlang. Heute ist die argentinische Station nur noch sporadisch besetzt.

Im Kalten Krieg gab es parallel zum Wettlauf der Systeme in das Weltall einen Wettlauf in die Antarktis. Diesmal gingen die Amerikaner als Sieger hervor und errichteten ihre Forschungsstation auf dem Südpol. Die Sowjets wollten im Gegenzug den magnetischen Südpol besetzen. Das erwies sich als unmöglich, weil der magnetische Pol im Jahr etwa elf Kilometer driftet. Also machten die Genossen sich in Motorschlitten auf zum sogenannten Pol der Unzugänglichkeit, dem von den Ozeanen am weitesten entfernten Punkt der Antarktis. Hier errichteten sie eine Forschungsstation, die aber nach kurzer Zeit wieder aufgegeben werden musste. Seitdem wachte eine Leninbüste in der grimmig kalten Einsamkeit, während der Staat, den er gegründet hatte, sich aus der Weltgeschichte verabschiedete. Ein kanadisches Forschungsteam hat sie Anfang diesen Jahres wiederentdeckt.

Immerhin hatte der Wettlauf der Systeme zum Südpol ein Gutes: beide Seiten realisierten, dass sie sich eine weitere Front im Kalten Krieg nicht leisten konnten. Es kam erst zum Internationalen Geophysikalischen Jahr, in dem 1957/58 in bisher beispielloser internationaler Zusammenarbeit mehr als fünfzig Ländern auf einen Schlag mehr als sechzig Forschungsstationen auf dem antarktischen Festland und den antarktischen Inseln errichteten. Da diese Stationen auf Territorien entstanden, die zum Teil von mehreren Staaten beansprucht, musste man, um Streitigkeiten zu vermeiden, sich an einen Tisch setzen. Heraus kam 1959 der Antarktisvertrag, in dem die Unterzeichner erklärten, dass die Frage der Territorialansprüche unlösbar sei und deshalb alle Ansprüche für die Dauer der Gültigkeit dieses Vertrages ruhen. Dies könnte als erster Schritt hin zu einer terra communis, dem gemeinsamen Besitz der Antarktis sein, zumal der Vertrag verlängert und durch neue Unterzeichnerstaaten erweitert wurde. Allerdings gibt es nach wie vor alte und neue Besitzansprüche, die besonders lateinamerikanischer Staaten aufrechterhalten werden für den Tag, an dem der Antarktisvertrag außer Kraft treten sollte. Woran man sieht, dass politische Vernunft sich nie ein für alle Mal durchsetzt, sondern immer wieder eingefordert werden muss.

23. März 2007

Wir verlassen das Antarktische Festland und nehmen Kurs auf die legendäre Elefanteninsel. Für alle Antarktisenthusiasten ist diese beeindruckende Felseninsel eine Legende und ein ähnlicher Wallfahrtsort wie Kap Horn für die Seeleute. Hier landeten die 22 Mitglieder der berühmten Imperial Trans-Antarktik Expedition von Sir Ernest Shackleton. Die Männer hatten zuvor den Winter auf dem Packeis verbracht, nachdem ihr Schiff, die „Endurance", erst vom Eis eingeschlossen und schließlich zerdrückt worden war. Die Männer mussten drei verbleibende Rettungsboote im Frühling erst über das Eis bis zum offenen Meer ziehen, ehe sie in See stechen konnten. Als die Mannschaft die Elefanteninsel erreichte, realisierten sie, dass eine Weiterfahrt aller drei Boote unmöglich war. Also entschloss sich Shackleton mit fünf Begleitern und einem umgebauten Boot die 800 Seemeilen (1280 km) bis Südgeorgien zurückzulegen und von der dortigen Walfangstation Stromness ein Schiff zu Hilfe zu holen. Sie mussten bei Windstärke 8-9 starten und eines der rauesten Meere der Welt überqueren. Sie landeten tatsächlich in Südgeorgien, aber auf der falschen Seite. Den Männern fehlte die Kraft, in einer weiteren Woche die Insel zu umrunden.

Also entschloss sich Shackleton zum vorher nie gewagten Versuch, die südgeorgischen Berge zu überqueren - ohne alle Bergsteigerausrüstung. Sie schafften das Unmögliche und er-reichten die heute verlassene Walfangstation. Shackleton war durch die Strapazen so gezeichnet, dass ihn die Walfänger erst nicht erkannten. Dann dauerte es durch mehrere unglückliche Umstände fast vier Monate, bis Shackleton in Kapitän Louis Pardo, dem Kommandanten der „Yelcho", einen Mann fand, der trotz der Untermotorisierung seines Schiffes und fehlender Genehmigung seiner Regierung bereit war, zur Elefanteninsel zu fahren, um die Männer zu retten.

Shackletons legendärer Ruf gründet sich auf die Tatsache, dass er in einer Zeit, wo die Nationen Europas täglich tausende junger Menschen an den Fronten verheizten, nicht bereit war, auch nur ein einziges Leben dem Ziel der Expeditionen zu opfern. Er hätte der erste Mensch am Südpol sein können. Weil er aber wusste, dass nicht alle drei Begleiter lebend zurückkehren würden, drehte er nur 180 km vor seinem Ziel um. Der Rettung seiner Männer auf den Elefanteninseln opferte er seine Gesundheit. Sein Körper hat sich nie wieder von den erlittenen Strapazen erholt. Er starb bei seiner nächsten Expedition in Stromness, wo er auch begraben wurde. Anfang dieses Jahrhunderts griffen Management-Berater Shackletons Methoden der Menschenführung und Mitarbeitermotivation auf. Ein Buch über seine Führungskunst avancierte zum Bestseller.

Unser Schiff folgt der legendären Route Shackletons von der Elefanteninsel nach Südgeorgien. Zufällig haben wir ähnliche Wetterbedingungen, über 48 Stunden bei Windstärke 8-9. Das Schiff stampft und rollt. Das Deck ist für Passagiere gesperrt. Die meisten liegen seekrank auf ihren Kabinen. Ich betrachte die bis zu zwölf Meter hohen Wellen und versuche ich mir vorzustellen, wie sich eine Überfahrt bei diesem Wetter in einem kleinen Boot anfühlt, praktisch unter freiem Himmel, nur von einer Plane vor der hereinbrechenden See geschützt. Meine Fantasie versagt.

Ende der Neunziger wollte der Abenteurer Arved Fuchs auf der nachgebauten „James Caird", wie Shackletons Rettungsboot damals hieß, dieselbe Strecke zurücklegen. Weil aber Windstärke (8-9) herrschte, so wie damals bei Shackleton, verzichtete er schließlich darauf - obwohl ungleich besser ausgerüstet, weil mit passender Kleidung und GPS versehen. Man kann darin ein Symbol unserer Zeit sehen.

27. März 2007

Kurz bevor wir die Falklandinseln erreichen, lässt der Sturm nach. Das ist wichtig, denn an der schwierigen Einfahrt nach Port Stanley sind schon mehrere Passagierschiffe gescheitert. Bei vielen Passagieren gelang es nicht, sie aus den sinkenden Schiffen zu retten. Dabei scheint das Land greifbar nahe. Unser Schiff hat zum Glück keinerlei Probleme. Uns hält nach der Anlandung eher die Hafenbehörde auf. Schließlich dürfen wir raus und haben nach drei stürmischen Tagen auf See wieder festen Boden unter den Füßen.

Wir verzichten auf den Shuttle-Service und laufen stattdessen in die Stadt. Sobald wir die ersten Häuser von Stanley erreichen, machen wir eine interessante Beobachtung. Ganze Viertel scheinen in letzter Zeit erbaut worden zu sein. Keines der Häuser hat einen angelegten Garten. Das kann bei den Briten nur heißen, dass dafür noch keine Zeit war. Tatsächlich entdecken wir zwischen den schon bewohnten Häusern immer wieder erschlossene aber noch unbebaute Grundstücke. Es sieht nach aktiver Siedlungspolitik der britischen Regierung aus. Tatsächlich erfahre ich später, dass die Grundstücke für je 100 000 Pfund vom Staat erschlossen und für 5.000 Pfund an Neusiedler verkauft wurden. Warum dieser Aufwand?

Die Falklandinseln haben eine wechselvolle Geschichte zwischen den Machtansprüchen von England, Frankreich,

Spanien und Argentinien erlebt. Seit 1833 befanden sich die Inseln endgültig unter britischer Hoheit. Allerdings verloren die Falklands hundert Jahre später, nach der Eröffnung des Panamakanals ihre Bedeutung als Station an der einzigen Handelsroute zwischen Atlantik und Pazifik. Prompt gerieten sie in Vergessenheit und wurden auch im Mutterland immer mehr als Belastung empfunden. Von daher wollten die Briten dem Vorhaben der UNO zustimmen, die Falklands an Argentinien zu übergeben. Überraschend beschloss die argentinische Militärjunta Anfang der achtziger Jahre, sich gewaltsam zu nehmen, was ihr über kurz oder lang ohnehin zugefallen wäre. In einer Nacht-, und Nebelaktion besetzten sie 1982 die Inseln. Noch überraschender war, dass die britische Regierungschefin Thatcher sich zur Rückeroberung entschloss. Selbst ihr Freund Reagan konnte nicht verstehen, warum Maggie die paar „barren rocks" nicht einfach gehen ließ. Vielleicht hatte Thatcher ähnliche Beweggründe wie die Portugiesen beim Streit um den Vertrag von Tordesillas: Im Zeitalter der Entdeckungen zog Papst Alexander VI in der Mitte des Atlantischen Ozeans eine Linie. Alle Entdeckungen östlich dieser Linie sollten Portugal gehören, alle westlich davon den Spaniern. Die Portugiesen protestierten solange, bis der Papst die Linie verschob. Das zehn Jahre später entdeckte Brasilien fiel nun Portugal zu.

Unbemerkt von der Öffentlichkeit hatte Exon Mobile 1981 um die Falklands herum Probebohrungen auf der Suche nach Öl aufgenommen. In Zeiten billigen Öls interessierte man sich nicht sonderlich für die Ergebnisse. Als die Bohrungen Ende der neunziger Jahre wieder aufgenommen wurden und man auf die zweitergiebigste Ölquelle der Welt stieß, sah das ganz anders aus.

Seitdem haben vier große Erdölkonzerne Bohrlizenzen erhalten. Wie es scheint hat Thatchers entschlossener Gegenangriff nicht nur der argentinischen Militärjunta den Todesstoß versetzt, sondern auch der westlichen Welt bedeutende Ölvorkommen gesichert, die sich nicht im Einflussgebiet von Diktatoren befinden. Es ist kaum anzunehmen, dass der Zeitgeist ihr dieses Verdienst anrechnen wird.

Die argentinischen Militärs haben auf den Falklands grausame Spuren hinterlassen. Rings um Stanley befinden sich mehr als 30 000 Landminen einer besonders heimtückischen Art. Sie sind aus Plastik gefertigt und sind deshalb für Minensuchgeräte unsichtbar. Etliche Minen sind durch die Bodenbewegungen gewandert und teilweise ins Meer gelangt. Die betroffenen Gebiete sind großräumig abgesperrt. Schilder trösten die Besucher mit dem Hinweis, dass sich Fauna und Flora der Sperrzonen wenigstens ungestört entwickeln könnten. Ich habe keine Freude an diesem Argument, denn es klingt fatal danach, als wäre die Erde ohne den Menschen besser dran. Dabei ist mir im Anbetracht der traumhaft schönen Yorkbucht klar, dass die Schönheiten der Welt vor allem einen Wert haben, weil Menschen sie betrachten und genießen können.

Wunderbares Israel

31. Oktober 2007

Reisen nach Israel sind etwas Besonderes, das wird spätestens am Frankfurter Flughafen klar. Vor dem Schalter von El- Al staut sich eine lange Menschenschlange. Alle Passagiere müssen durch eine spezielle Sicherheitskontrolle. Bei mir ist sie allerdings ziemlich kurz. Die blutjunge Kontrolleurin findet beim Blättern in meinem Pass einen ungewöhnlichen Stempel. Sie bekommt sofort glänzende Augen: „Oh, sie waren in der Antarktis!" Das macht mich unverdächtig. Sie hat keine Fragen mehr an mich. Ich muss nicht mal meinen Koffer öffnen.

Die Maschine steht auf äußerster Außenposition, bewacht von einem Panzerwagen. Als wir zur Startbahn rollen, fährt der Panzerwagen mit. Später sehe ich auf der anderen Seite noch einen Zweiten. Erst als das Flugzeug abhebt, fahren sie zurück. Ein bisschen Krieg, mitten im Frieden.

Bei unserer Landung in Tel Aviv ist es schon dunkel. Wir fahren gleich weiter zum See Genezareth, durch die geschichtsträchtige Sharon-Ebene, vorbei an Nazareth, dem Berg Tabor und Yardenit, der Taufstelle Johannes des Täufers. Unser Ziel ist der Kibbuz Deganya Bet, unsere Heimstatt für die nächsten drei Tage. Der Kibbuz wurde bereits 1920 als einer der ersten im Jordantal gegründet. Sein Name ist abgeleitet von einer der sieben biblischen Pflanzen, mit denen das Land Israel gesegnet ist, dem Korn. Auch heute spielt Landwirtschaft noch eine wichtige Rolle, auch wenn es längst nicht mehr die alleinige Lebensgrundlage der Gemeinschaft ist. Die Sicherheitsanlagen, hinter denen sich der Kibbuz bis vor wenigen Jahrzehnten verschanzen musste, weisen inzwischen deutliche Verfallsspuren auf.

Auf der Zufahrtsstraße steht rechts ein ausgebrannter syrischer Panzer. Bis hierher hatten es die Syrer im Krieg 1948 geschafft. Heute ist das einstmals so tödliche Fahrzeug mit den Ketten tief im Sand versunken und hat alles Bedrohliche verloren.

Der Kibbuz sieht ziemlich verschlissen aus, als hätte er seine besten Tage längst hinter sich. So ist es auch. Die Geschichte der Kibbuzim beweist, dass die sozialistische Idee auf Dauer nicht funktioniert, selbst wenn sie auf Freiwilligkeit beruht. Das Beste an diesem Sozialismus ist, dass man ihm jederzeit den Rücken kehren kann. Wer geblieben ist, hat sich offenbar auf ein beschauliches Leben in eher bescheidenen Verhältnissen eingerichtet. Man bekommt schmackhaftes Essen im nüchternen Speisesaal, für die Kinder gibt es Krippe und Kindergarten, die mit allem möbliert sind, was anderswo überflüssig geworden ist. Die Wäsche gibt man morgens in der Wäscherei ab, abends bekommt man sie gebügelt und gefaltet zurück. Wer das nicht will, kann die Waschmaschine vor der Haustür nutzen. In die kleinen Räume im Haus passt das Gerät nicht hinein. Die Touristen leben mitten unter den Kibbuzniks, denn die Gästezimmer liegen direkt im Wohnviertel. Wer hierher kommt, lässt sich vom einfachen Ambiente nicht schrecken, sondern schätzt die preiswerte Nähe des Sees Genezareth.

Hier ist biblisches Land. Am Morgen fahren wir als erstes zum Ort der Bergpredigt. Davon gibt es mehrere. Unser Guide Chajim führt uns vor, warum er fest daran glaubt, dass wir am Richtigen sind. Unterhalb des Plateaus, auf dem Jesus gestanden haben soll, liegt ein Feld, das gut tausenden Menschen Platz bietet. Von hier aus wirkt die Anhöhe wie eine natürliche Bühne. Chajim hat einmal die Probe aufs Exempel gemacht und von hier zu einer Gruppe von hundert Personen gesprochen. Jedes seiner Worte war gut zu hören. Ich darf meinen Reisegefährten am historischen Ort die Bergpredigt vortragen. Es ist der Bibeltext, den ich am häufigsten gelesen habe, vor allem in den achtziger Jahren, als wir die Worte der Staatsmacht der DDR entgegenhielten. In dieser Umgebung wirkt der Text, als läse ich ihn zum ersten Mal.

Wir wandern eine kleine Weile durch die Gluthitze Galiläas. Das Land und der See zu unseren Füßen sehen aus wie zu Jesus Zeiten - von ein paar modernen Eiterpickeln abgesehen. Wir erreichen einen Ort, der einen atemberaubenden Ausblick bietet. Hier ist allmählich eine Art Volkskirche entstanden. Erst hat ein Mann, der dies zu seinem Lieblingsmeditationsort erkoren hatte, Schatten spendende Bäume gepflanzt, die heute ein großes Laubdach bilden. Andere haben Steine zum Sitzen im Kreis angeordnet. Schließlich kam ein Altar dazu und neuestens ein in Stein gehauenes Heiligenbildnis. Nicht weit von dieser Stelle hat ein Benediktinermönch eine Höhle aus biblischen Zeiten wiederentdeckt. Inzwischen ist sie frei gelegt und passenderweise mit einem Christusdorn bewachsen. Sobald man darin sitzt, weiß man, warum im sonnendurchglühten Galiläa solche kühlen Zufluchtsstätten lebensnotwendig waren.

An unseren nächsten Stationen, Kapernaum, wo Jesus zeitweilig lebte, und Tabgha, dem Ort der wunderbaren Brotvermehrung, treffen wir erstmals auf die zahlreichen Ausgrabungen, um die sich Israel so verdient gemacht hat. In Kapernaum haben die Archäologen nicht nur das Haus des Petrus freigelegt, sondern ganze Wohnviertel, die Kirche und die prächtige Synagoge. Für die Wohlhabenheit seiner ehemaligen Bewohner spricht, dass sie diese Synagoge nicht aus preiswertem örtlichen, dunklen Basalt, sondern aus hellem, eigens herangeschafften Sandstein errichtet haben. Als die Moslems Galiläa später eroberten, benutzten sie den Vorraum der Kirche als Spielsaal. Auf den Boden eingeritzt finden sich ein Mühle-Spiel und zwei Brettspiele, die die Nomaden noch heute spielen.

In Tabgha besichtigen wir ein wiederentdecktes Mosaik aus Jesus Zeiten. Eigentlich war es schon Ende des 19. Jahrhunderts von Benediktinermönchen gefunden worden. Unter der damaligen muslimischen Herrschaft bedeutete solch ein Fund, der vom vormuslimischen Leben in der Region zeugte, die Todesstrafe. Also verbargen die Mönche ihre Entdeckung, und fertigten lediglich eine geheime Aufzeichnung darüber an. Erst 1932 wurde das Mosaik freigelegt und später mit einer hübschen Basilika überbaut. Die Mosaiken bilden die Fauna und Flora der Region und des Nildeltas ab. Der bekannteste Teil zeigt die Symbole der wunderbaren Brotvermehrung: zwei Fische und einen Brotkorb. Man schaut mit Rührung und Faszination auf diese naiven Arbeiten längst zu Staub zerfallener Künstler, die 1900 Jahre vergessen waren. Etwas von dem Leben dieser unbekannten Vorfahren teilt sich uns mit, als würde ein längst zerrissenes Band wieder geknüpft.

Als Abschluss dieses Tages fahren wir mit dem so genannten Jesus-Boot auf dem See. Der Kibbuz Ginosar, von dem wir ablegen, besitzt zwei Nachbauten von Booten aus Jesus Zeiten. Vom Wasser aus sehen wir alle Orte, die wir tagsüber besucht haben. Sogar die Höhle mit dem Christusdorn ist gut sichtbar, als wäre sie nicht fast zweitausend Jahre verborgen gewesen. Langsam weicht die gleißende Helligkeit der Sonne einer sanfteren Tönung.

Über die Golan-Höhen legt sich ein leuchtender, altrosafarbener Schleier. Die Berge sehen aus, als wäre noch nie etwas Böses von ihnen ausgegangen. Die Zeiten, in denen die Syrer von oben in das Land und auf den See geschossen haben, scheinen weiter zurück zu liegen als jene, in denen Jesus und seine Jünger hier umherwanderten.

Am nächsten Tag sollten wir erfahren, welche blutigen Kämpfe bis in die jüngste Zeit in dieser idyllischen Landschaft getobt haben.

02. November 2007

Auf dem Weg zu den Golanhöhen kommen wir am 1937 gegründeten Kibbuz En Gev vorbei. Der spätere Bürgermeister von Jerusalem Teddy Kollek lebte hier. Vor dem Sechstagekrieg 1967 lag der Kibbuz unter ständig wiederkehrendem Beschuss der Syrer. Mal waren die Menschen, die auf den Feldern die Ernte einbrachten, das Ziel, mal die Kinder auf dem Weg zur Schule. Anfangs brachte man die Kinder nach Beginn jeder Schießerei in die Bunker in Sicherheit, dann entschloss sich der Kibbuz, die Kinder dauerhaft im Bunker zu belassen.

Es gab mehrere Jahrgänge von „Bunkerkindern", die wegen der ständigen Lebensgefahr nur selten ans Tageslicht durften. Erst mit der Eroberung der Golanhöhen durch Israel endete der Spuk. Israel annektierte die Golanhöhen. Das hatte nicht nur positive Folgen für die Sicherheit der Bewohner am Nordufer des Sees Genezareth, sondern das Land erhielt seine vergessene Geschichte zurück. Schon 1968 fand eine gründliche Erforschung der Umwelt und der Archäologie der Golanhöhen durch die Jewish Agency und die Naturschutzbehörde statt. Dabei entdeckte Yitzhaki Gal die alte Festungsstadt Gamla, die am Jüdischen Aufstand gegen die Römer im Jahre 66 beteiligt war. Unter dem Kommando von Josephus Flavius widerstand die Stadt insgesamt drei Eroberungsversuchen. Schließlich fiel sie an Vespasian, der sie derart zerstören ließ, dass niemand sie je wiederaufgebaut hat. Für 1900 Jahre geriet der Ort in Vergessenheit, sodass man nicht mehr wusste, wo sich die Stadt befunden hatte. Gal fand sie nach gründlichem Studium der Schriften von Flavius und ließ sie frei legen. Die Große Synagoge der Stadt ist eine der ältesten in Israel.

Wer heute wie einst die Römer auf dem Berg steht und auf die Stadt herabblickt, kann sich nicht vorstellen, dass diese imposanten Gemäuer verschwunden gewesen waren. Heute kann man sogar die tausenden Steinkugeln bestaunen, die römische Legionäre hier einst abgefeuert haben, oder man findet eine der unzähligen Pfeilspitzen und Nägel, die beim Sturm auf die Mauern zum Einsatz gekommen sind.

Etwa eine halbe Stunde nach Gamla in Richtung Norden passieren wir eine ehemals syrischen Stadt. Hier lag das Hauptquartier der DDR-Offiziere, die Syrien in seinen Kriegen gegen Israel tatkräftig unterstützt haben. Da die Nationale Volksarmee der DDR teilweise von alten Wehrmachtskadern aufgebaut wurde, stellt sich die Frage, wie viele dieser „Berater" schon zwanzig Jahre früher die Vernichtung von Juden unterstützt hatten. Heute ist dieses düstere Kapitel der DDR-Geschichte vergessen. Da die Vereinigung von NVA und Bundeswehr problemlos über die Bühne ging, steht zu befürchten, dass sich der eine oder andere „Berater" noch im Dienst befindet.

Unser letztes Ziel an diesem Tag ist der Tel Dan-Naturpark. Das Quellgebiet des Dan ist eine der drei Quellen, aus denen sich der Jordan speist. Bis zum Sechstagekrieg war es die einzige Jordanquelle in israelischer Hand. Lange stritten sich die Naturschützer mit den Wasserversorgern, an welcher Stelle der Dan für die Wasserversorgung des Landes angezapft werden dürfte. Die Naturschützer setzten sich durch und das Quellgebiet blieb unbeeinträchtigt. Sehr zur Freude aller Besucher. Aber nicht nur die üppige Vegetation ist einen Ausflug wert, sondern wiederum die Ausgrabungen. Israelische Archäologen fanden unter der Leitung von Prof. Biran die alte Stadt Dan, deren Anfänge bis zum Jahr 5000 v.Chr. zurückreichen. Später wurde die Stadt unter dem Namen Laish bekannt. Hier findet sich mit dem Kanaanitischen Tor der Beweis, dass jüdische Baumeister schon 1500 Jahre vor den Römern die Kunst beherrschten, Rundbögen zu mauern. Die Stadt lag fünf Meter unter der Erde, heute kann man wieder durch einen Teil ihrer Straßen gehen oder wie einst der König am Israelischen Tor sitzen, um zu schauen, welche Besucher sich die Ehre geben.

Mehr als zwei Drittel der Stadt liegen noch unter einem Wäldchen verborgen. Die Israelis wollen den Archäologen der Zukunft genug zu hinterlassen; möglicherweise können diese mit verbesserten Ausgrabungsmethoden Erkenntnisse gewinnen, die uns heute noch verschlossen sind. Oberhalb von Dan haben Archäologen eine Große Opferstätte freigelegt, die bis in die Römische Zeit benutzt wurde. Wenn man dann dem Hinweisschild folgt, das eine schöne Aussicht verspricht, stößt man wieder auf die Schwierigkeiten, mit denen Israel seit seinem ersten Tag zu kämpfen hat. Auf halbem Wege muss man entscheiden, ob man den Aussichtspunkt über einen Waldweg, oder durch eine Schützengraben-, und Bunkeranlage erreichen will. Ich entscheide mich für zweiteres, laufe durch die Schützengräben, wie vor nicht allzu langer Zeit die Soldaten, die hier die Grenze vor den Syrern verteidigten. Im Bunker finde ich noch die Halterung für das MG, dahinter in einem kleinen Unterstand zwei Betonbetten für die Soldaten der Freiwache. Der Blick durch die Schießscharte ist atemberaubend. Alles sieht ganz friedlich aus. Nur wenn man genauer hinguckt, erspäht man den ausgebrannten syrischen Panzer, dessen Fahrt die Soldaten vermutlich von dieser Stelle aus gestoppt haben. Weiter hinten der Wachturm an der syrischen Grenze. Wie viel Mut und Entschlossenheit jeden Tag aufs Neue den Israelis abverlangt wird, um ihr Land zu verteidigen. Hier ist im Augenblick alles still, aber anderswo stehen Orte des Landes unter täglichem Raketenbeschuss der Hamas, ohne dass dies die Weltöffentlichkeit zur Kenntnis nimmt. Am nächsten Tag führt mir mein Besuch im Palästinensischen Autonomiegebiet drastisch vor Augen, wie weit der Frieden noch entfernt ist.

05. November 2007

Der Weg nach Jerusalem führt uns an einer weiteren spektakulären Ausgrabung vorbei. Das antike Bet She`an wurde unter einem Olivenhain entdeckt. Auch hier reichen die Anfänge der Stadt bis ins 5. Jahrtausend vor Christus zurück. Seit dem zweiten Jahrhundert vor Christus prägten die Juden die Stadt; doch nach dem Jüdischen Krieg im Jahre 63 fiel sie den Römern in die Hände. Siebenhundert Jahre später verwüstete ein Erdbeben die Stadt. Sie geriet in Vergessenheit. Später errichteten die Araber Siedlungen auf ihren Überresten. Der nicht verschüttete Teil des riesigen Amphitheaters benutzen die neuen Herren dafür als Steinbruch.

In der umfangreichen Ausgrabungsstätte arbeiten neben Studenten vor allem Einwanderer. Ein kluges Konzept, denn so lernen die Neuankömmlinge die Geschichte ihrer Wahlheimat kennen.

Aber die Israelis geben ihrem Land nicht nur seine Geschichte zurück. Sie machen es wieder fruchtbar. Nehmen wir die Geschichte von Bet Alpha: In den dreißiger Jahren kauften jüdische Siedler Weideland von den Beduinen. Sie mussten es sofort unter den Pflug nehmen, denn unbearbeitetes Land fiel nach einem Jahr an die Vorbesitzer zurück. Es gab noch mehr Schwierigkeiten. Der Aufstand der Araber gegen die britische Mandatsmacht in den dreißiger Jahren richtete sich auch gegen die jüdischen Siedler. Um ihr erworbenes Land zu verteidigen, entwickelten sie kleine, mit einem Holzzaun umfriedete Barackensiedlungen. In deren Mitte errichteten sie einen Turm stand, von dessen Plattform aus sie die Umgebung ständig beobachteten. Über Leuchtsignalanlagen der Türme standen die einzelnen Siedlungen miteinander in Verbindung. Um Schutz Gewehrkugeln zu bieten, war der Holzzaun doppelt ausgeführt. In die Mitte füllte man kleine Steine, die als Kugelfang dienten.

Die Araber waren von dieser Wehrhaftigkeit der Siedler so überrascht, dass sie ihre Angriffe irgendwann einstellten. Wenn man heute den Nachbau einer solchen Wehrsiedlung kennenlernt, staunt man über die äußerst einfache Lebensweise, die diese Pioniere auf sich genommen haben. Man schlief zu dritt oder zu viert in einem Raum, der nicht mal über einen Kleiderschrank verfügte. Unter dem Bett war Platz für einen Koffer mit persönlichen Habseligkeiten; mehr Individualität erlaubten sich die Siedler nicht. Die Leute von Alpha bet wurden auf besondere Weise für ihre Mühen belohnt. Beim Pflügen fanden sie das Bodenmosaik einer Synagoge, die ihre Vorfahren errichtet hatten. Ein wunderbares Zeugnis jüdischen Lebens. Neben dem Mosaiken, die ländliche Künstler in der naiven Art von Kinderzeichnungen ausgeführt hatten, fand sich eine Inschrift, die berichtet, dass die Bewohner des versunkenen Dorfes 100 Maß Getreide gespendet hatten, um ihre Synagoge mit einem Bodenmosaik zu versehen, wie sie es von den Synagogen der großen Städte kannten.

Während die Israelis ihr Land stetig verbessern, trifft man die gegenteilige Haltung in den Palästinensischen Autonomiegebieten. Die erreichen wir am Abend, denn unsere nächste Unterkunft befindet sich in Bethlehem. Unseren Guide Chajim haben wir in einem Hotel in Jerusalem zurücklassen müssen, denn, wie auch ein großes gelbes Schild vor dem Checkpoint verkündigte, israelischen Staatsbürgern ist der Zutritt nicht gestattet. Nicht mal im israelischen Bus dürften wir bleiben. Die kurze Fahrt zwischen Checkpoint und Hotel müssen wir in einem palästinensischen Fahrzeug zurücklegen. Am ersten Tag ist das noch der Bus einer Partnerfirma des Reiseunternehmens, mit dem wir unterwegs sind. Aber schon am nächsten Morgen erwartet uns ohne jede Vorwarnung ein anderer Fahrer, mit einem von etlichen Zusammenstößen verbeulten Bus, dessen Inneres so verdreckt ist, dass man kaum einen erträglichen Sitzplatz findet. Abgebrochene Federn sprießen aus der Polsterung, sodass es ein Wunder ist, dass sich nur eine Mitreisende sich die Hose zerreißt. Der Fahrer zeigt durch Mine und Körperhaltung, wie unangenehm es ihm ist, uns kutschieren zu müssen. Warum tut er es dann? Warum wurde er überhaupt eingewechselt? Diese Fragen blieben unbeantwortet, denn er unterhält sich weder mit uns, noch mit unserem Guide.

Unser Hotel, kurioserweise „Paradise" genannt, soll bis Mitte der Neunziger ganz gut gewesen sein. Jetzt trägt es unübersehbare Zeichen von Vernachlässigung. Sobald wir den Speisesaal und das Abendessen sehen, sehnen wir uns in den Kibbuz zurück. Nach dem Essen bleibt nur die Aussicht auf einen trüben Abend in der Hotellobby. Also überrede ich zwei Mitreisende zu einem Abstecher in die Stadt. Ich hatte im Reiseführer gelesen, dass es einen schönen Platz, den Manger Square, mit romantischen Gassen in der Nachbarschaft gebe. Also machen wir uns auf in die Richtung, in die ein Polizist uns weist. Als wir nach zwanzig Minuten den Platz immer noch nicht erreicht haben, fragten wir Leute auf der Straße. Niemand scheint davon gehört zu haben. Nach weiteren fünf Minuten fällt mir auf, dass die Straßenlaternen plötzlich antik sind. Ich vermute, dass wir nun nicht mehr weit vom Ziel entfernt sind. Richtig. Kurz darauf lag der Manger Square vor uns. Allerdings ist von den vielen Restaurants, die ihn prägen sollen, nichts zu sehen. Er ist menschenleer, bis auf ein paar Jugendliche in der Ecke, deren Anführer auf Händen vor ihnen paradiert. Als sie uns sehen, schnellt der Anführer zurück auf seine Füße und sein Trupp bewegt sich auf uns zu. Ob wir wüssten, was das für ein Platz sei, fragt er, nachdem sie uns erreicht haben. Sein Ton legt die Vermutung nahe, dass palästinensische Märtyrer hier umgekommen sein müssen. Ich erkläre, wir seien erst vor zwei Stunden angekommen und wüssten noch nichts über diesen Platz. Woher wir seien? Aus Berlin. Danach wurde seine Stimme etwas freundlicher. All we want, is peace and respekt. Diesen Satz höre ich von Jugendlichen in den drei Tagen, die wir in Bethlehem verbringen, immer wieder. Als hätte ihn jemand als Parole herausgegeben.

Die angeblich lebhaften Seitenstraßen des Platzes sind ebenfalls wie leergefegt. Bis auf eines sind alle Geschäfte geschlossen. Naja, es ist schon Abend. Aber als wir am nächsten Tag wiederkamen, sind die meisten Läden immer noch verschlossen. Dafür stoßen wir an jeder Ecke auf politische Propaganda, wie zu DDR-Zeiten. Damals war alles Inter-, Interflug, Intershop, Internationale Solidarität. Hier ist alles Peace: Peace-Cafe, Peace-Place, Bethlehem ist eine einzige City of Peace. Warum fühlt man sich dann wie mitten im Krieg? Die Stadt vibriert vor unterdrückter Aggressivität. An der Mauer hängen riesige Fotos von zu Fratzen verzogenen Gesichtern. Soll das witzig sein? Was tun all die Jugendlichen, die an jeder Ecke in Grüppchen zusammenstehen? Ihre Freundlichkeit den Touristen gegenüber wirkt zu bemüht, um echt zu sein.

Am nächsten Tag bekommen wir eine Kostprobe davon, was Palästinenser unter Gastfreundschaft verstehen. Eine palästinensische Christin ruft unsere Gruppenleiterin an, angeblich im Auftrag unserer Reiseagentur. Sie lädt uns zu einem Vortrag mit Kaffee und Kuchen ein - für zehn Euro pro Person. Da sie behauptete, beauftragt worden zu sein, wollen wir das Angebot nicht ganz ablehnen. Wir würden auf eine Tasse Kaffee vorbeikommen, wollten aber keinen Vortrag. Und über den Preis müssten wir auch noch reden.

Als wir uns dann im Haus befinden, wo uns die Dame in einem schön bestickten traditionellen palästinensischen Kleid empfängt, heißt es, jetzt seien wir Gäste. Es wäre eine Beleidigung, wenn wir wieder gingen, weil uns der Preis zu hoch sei. Was passiert, wenn eine Reisegruppe im Autonomiegebiet einen palästinensischen Gastgeber beleidigt, wollte ich lieber nicht wissen. Also plädiere ich dafür, dass wir uns ins Unvermeidliche fügen. Überraschend geht die Dame dann doch mit dem Preis herunter, aber dafür möchte sie uns unbedingt beim Kaffeetrinken etwas erzählen dürfen. Sie leitet ihren Vortrag mit einem Klagelied darüber ein, wie israelische Reiseführer angeblich zu verhindern suchen, dass Touristen im Autonomiegebiet etwas kaufen. Das konnte Waltraud, die unsere Reise initiiert hatte, nicht auf ihrem Freund Chajim und seinen Kollegen sitzen lassen. Sie widersprach heftig. Tatsächlich war es so, dass Chajim bis an die Grenze der Unhöflichkeit versucht hatte, uns mit dem Hinweis von Einkäufen abzuhalten, es gäbe in Bethlehem alles, was wir uns wünschten. Das bringt die Dame für einen Augenblick aus dem Konzept. Sie ändert ihre Taktik. Nun erzählt sie ein paar Anekdoten, denen wir entnehmen sollen, dass nicht alle Israelis schlecht seien und träufelte ihr Gift vorsichtiger. Wie habe sie ihren Söhnen ausgeredet, sich and er Intifada zu beteiligen? Indem sie ihnen klar machte, dass sich die israelischen Soldaten mit ihren Panzerwagen nur vor die Schulen stellten, um die Kinder zum Steine werfen zu provozieren, um anschließend die Schule beschießen zu können und palästinensische Kinder am Lernen zu hindern.

Beim anschließenden Stadtrundgang weist sie auf die Wasserbehälter auf den Dächern, in denen Wasser mit Sonnenenergie erwärmt würde. Sie behauptet, diese Behälter seien nötig, um Regenwasser aufzufangen, weil die Israelis nur zwei Mal am Tag Wasser zu den Palästinensern lassen würden. Für wie blöd hält sie uns? Warum liegt so viel Müll auf den Straßen? Weil den Palästinensern keine Abfallbehälter zur Verfügung gestellt würden. Was machen sie denn mit dem vielen Geld der EU? Wer hindert die Autonomiebehörden, für Sauberkeit auf den Straßen zu sorgen? Israelische Schüler und Studenten sammeln freiwillig Müll in den Erholungsgebieten und in der freien Natur. Warum können palästinensische Jugendliche nicht etwas Ähnliches zu tun?

Bethlehem wurde für das Jahr 2000 nach Christi Geburt mit viel Geld auf Hochglanz gebracht. Davon ist nicht mehr viel übrig. Aber Schuld sind immer nur die anderen. Die Touristen sollen kommen und ihr Geld im Autonomiegebiet lassen. Aber man tut wenig, damit sie sich wohl fühlen. Im

Gegenteil. Als wir an der Geburtskirche ankommen, ist es kurz vor Sonnenuntergang. Die gläubigen Moslems wurden zum Gebet gerufen. Ich kann mich noch genau erinnern, wie es war, als ich den Gebetsruf eines Muezzins in Ankara das erste Mal hörte. Ein eindringlicher, aber zarter Ton schwebte über der Stadt. In Bethlehem ist der Gebetsruf so laut und aggressiv, dass die Gläubigen vor der Geburtskirche ihre eigenen Worte kaum noch verstehen. Mit Respekt vor anderen Religionen hat das nichts zu tun. Friedlich ist das auch nicht. Die Palästinenser reden vom Frieden, aber so, wie sie sich verhalten, wird er mit ihnen nicht kommen.

Die düstere Seite von Tallinn

18. Februar 2008

Tallinn ist sicher die schönste der baltischen Hauptstädte. Wenn man durch die Altstadt schlendert, staunt man, wie gründlich alles Sowjetische verschwunden ist. Die Häuser sind restauriert, eine Fülle von Cafés, Restaurants, Szenelokalen und Läden locken den Besucher.

Ab und zu gibt es deutsche Namen auf den Hinweistafeln: Kick in de Köck heißt einer der Türme der Stadtmauer, Weckengang eine kleine Gasse mit der ältesten Bäckerei der Stadt. Das erste Haus am Marktplatz heißt „Alte Hanse", gegenüber liegt der „Pfeffersack". Mir schmeckt es am besten im „Klosteri Alt."

Die Baltendeutschen haben jahrhundertelang die Gegend geprägt. Jetzt gibt es sie kaum noch. Warum erfahren wir im „Okkupationsmuseum." Nach dem Hitler-Stalin-Pakt besetzten die Sowjets Estland und die anderen baltischen Staaten. Die Deutschen durften ausreisen, mussten aber ihr Hab und Gut zurücklassen. Geblieben sind die Kommunisten. Sie waren später maßgeblich am Widerstand gegen die Nazis beteiligt. In einer Vitrine liegt ein Flugblatt, auf dem der deutsche Kommandant von Tallinn die Hinrichtung von fünf Menschen ankündigt, die feindlichen Fallschirmspringern geholfen haben sollen. Vier davon waren Baltendeutsche, die jüngste 21 Jahre alt, die Friseuse Heli Dunkel. Ihr Leben endete im Paterei-Gefängnis, dem schrecklichsten Gebäude der Stadt.

Es steht direkt am Ostseestrand, in Sichtweite des Hafens. Zar Nikolaus I. ließ es als Festung errichten. Später diente es als Kaserne, dann als Gefängnis. Die Schrecken des Paterei-Gefängnisses stehen denen der Lubjanka nicht nach. Das Gebäude ist zweihundert Meter lang, drei Stockwerke hoch, durch mehrere Anbauten aus sowjetischer Zeit erweitert und ergänzt. Bis zum Jahr 2001 betrieben die estnischen Behörden es noch als Gefängnis und nahmen es dann außer Betrieb. Jetzt soll es auf seine Festungsstruktur zurückgebaut und in ein Luxushotel umgewandelt werden. Allerdings kann man sich kaum vorstellen, wie es aussehen könnte, wenn die Reichen und Schönen hier einen Wellness-Aufenthalt buchen.

Diese Mauern haben jahrzehntelang Leid und Tod aufgesogen. Kann hier je die Leichtigkeit des Seins herrschen?

Vorerst deutet nichts darauf hin. Die doppelt mannshohen Mauern umschließen ein riesiges verwahrlostes Gelände, in dem alle Erfindungen des sowjetischen Geheimdienstes für die Gefangenenhaltung zu finden sind. Das geht los, mit den Freiluftkäfigen auf dem Hof. Die kenne ich vom Stasiknast Hohenschönhausen. Nur dass die Gefangenen hier manchmal tagelang in diesen Käfigen ausharren mussten, wenn das Haus gerade überfüllt war. Wenn ein politischer Gefangener schließlich zur Aufnahme ins Gebäude gebracht wurde, steckte man ihn erst einmal in eine 1,60 m hohe und kaum 60 cm breite Zelle. So hämmerte man ihm ein, dass er aus seinem Leben vollständig herausgefallen war. Erst nach Stunden führten die Schließer die Häftlinge in die Effektenkammer. Die Wachen fertigten immer nur einen auf einmal ab. Die anderen mussten wieder in kleinen Kammern warten. Diesmal waren sie so hoch waren, dass man aufrecht stehen konnte. Die Decke hatten die Folterknechte mit einer Art Sieb abgedeckt, durch das sie kaltes Wasser gossen, um den Gefangenen das Warten unerträglicher zu machen. Wer dann in die Zellen kam, musste sie sich mit dutzenden anderen Gefangenen teilen. In einigen Zellen gab es zum Sitzen nur einen Balken in der Mitte, sonst nichts.

Die Fenster der Zellen auf der Meerseite sind mit Sichtblenden verschlossen. Die Gefangenen sollten keinen Trost darin finden, auf das Meer zu blicken und einen Augenblick ihre verzweifelte Lage zu vergessen. In den Zellen der zum

Tode Verurteilten gibt es ein Klappbett, das tagsüber an der Wand befestigt wurde, einen schmalen Stamm als Sitz und ein kaum breiterem Stamm als Tischchen. Die Wände sind in einem Dunkelbau gestrichen, das man auch unter mehreren Farbschichten in Hohenschönhausen gefunden hat. Die Gefangenen sollten in ihren letzten Tagen nichts Freundliches in ihrer Umgebung finden. Wenn die Schließer Todgeweihte zur Hinrichtung führten, sagten sie ihnen, es gehe zum Duschen. Aber im mit grüner Ölfarbe gestrichenen Vorraum der Hinrichtungsstätte erwarteten den Gefangenen nicht Seife und frische Wäsche, sondern der Gefängnisdirektor, der Staatsanwalt, ein Arzt und der Henker. Dem Delinquenten wurde das Urteil verlesen, dann führte der Henker ihn in den Hinrichtungsraum, in dessen Boden man einen Abfluss für das Blut eingelassen hatte und mit einem Kopfschuss getötet. Den letzten Gefangenen richteten die Sowjets hier 1991 hin, kurz bevor ihr Imperium in sich zusammenfiel. Eine andere Möglichkeit war, im Hänge-Raum durch den Strang exekutiert zu werden. Heli Dunkel und ihre Kameraden wurden von den Nazis auf dem Gefängnishof hingerichtet, direkt neben dem Apfelbaum, den der letzte Direktor vor der Okkupation Estlands gepflanzt hatte und den man heute nicht ansehen mag, wenn man daran denkt, was in seiner Nähe geschah.

 Für ein paar Monate ist hier nur noch eine Baustelle. In einem kleinen Teil des Gefängnisses soll ein Museum entstehen. Kaum vorstellbar, dass sich die Luxusgäste dorthin verirren werden.

Die Knochenjäger von Bukarest

13. April 2009

Das Institut für die Ermittlung kommunistischer Verbrechen befindet sich in einem Haus, das vom eleganten Leben im vorkommunistischen Bukarest zeugt. Die Besucher werden in einem holzgetäfelten Vorraum, der von einer schönen Treppe und einem zwei Stockwerke hohem Jugendstilfenster beherrscht wird, von jungen Frauen mit gepflegten, asymmetrischen Frisuren und luftigen Kleidern in Empfang genommen. Es handelt sich aber nicht um Modedesign-Studentinnen, sondern um Ermittlerinnen. Sie sind mit der Aufdeckung kommunistischer Verbrechen beschäftigt.

Das Institut wurde von der rumänischen Regierung am 21. Dezember 2005 eingerichtet, auf Initiative des Premierministers Calin Popescu Taricenau. Die Idee dazu kam von Marius Oprea, der als Archäologie-Student von der Securitate verhaftet und gefoltert wurde. Bald nach dem Zusammenbruch des Ceausescu-Regimes musste Oprea feststellen, dass die Kommunisten der zweiten Reihe und Securitate-Offiziere ihre Stellungen halten, oder noch ausbauen konnten, trotz ihrer Verstrickungen im alten Regime. Sie vertrauten darauf, dass niemand ihren persönlichen Anteil an den Verbrechen nicht aufdecken würde. Also tun Oprea und seine jungen Mitarbeiter genau das. Sie fahnden nach den Verbrechern.

Oprea sollte noch gar nicht wieder da sein, als wir sein Institut besuchen. Aber dann steht er doch in der Tür, ein untersetzter Mann in den Vierzigern. Er kommt gerade „aus den Bergen", wo er das Grab von drei heimlich erschossenen Securitate-Opfern gefunden und geöffnet hat. Die Männer waren offenbar lebend in der Grube gelandet und haben sich im Sterben umarmt. Oprea nennt sich heute zeitgeschichtlicher Archäologe. Er hat die Skelette untersucht, fotografiert und die Staatsanwaltschaft informiert. Letztere will allerdings nicht tätig werden. Die Morde geschahen 1948 und sind nach rumänischen Recht verjährt. Nach Abschluss der Untersuchungen werden die Skelette christlich bestattet.

Oft beginnt die Suche nach solchen Gräbern mit Hinweisen aus der Bevölkerung. In den meisten Fällen werden Oprea und seine Mitarbeiter fündig. Nur einmal stießen sie nicht auf die Knochen von Erwachsenen, sondern die von neun Kindern aus einem nahe gelegenem Kinderheim. Einer Mitarbeiterin, erzählt uns der Chef, schossen die Tränen in die Augen, als sie an dem skelettierten Fuß, den sie gerade mit dem Pinsel säuberte, noch Reste eines Babyschuhchens bemerkte.

In den meisten Fällen identifiziert das Institut sowohl die Opfer, als auch die Täter. Anschließend verständigen sie die Familien. Oft ist erst dann die jahrelange Ungewissheit über das Schicksal der Angehörigen beendet. In Rumänien zählen auch Abtreibungstote zu den Opfern des Regimes. In den siebziger Jahren wurde die Abtreibung verboten und unter hohe Strafen gestellt. Wenn eine Frau mit unzulänglichen Mitteln selbst abtrieb und zum medizinischen Notfall wurde, mussten die Ärzte erst der Staatsanwalt herbeirufen. Der entschied, ob sie die Frau behandeln durften oder nicht. Wenn er sein Einverständnis erklärte, kam sie anschließend in Haft. In den Notzeiten des Ceausescu-Regimes scheiterten viele Frauen daran, ihre Kinder zu versorgen. Sie endeten in hoher Zahl in staatlichen Heimen, deren Zustände nach dem Sturz des Diktators in Europa Schockwellen auslösten. Übrigens rekrutierte die Securitate in diesen Kinderheimen gern ihren Nachwuchs. Das war dem Herrscherpaar von Rumänien gut bekannt. Frau Elena entfuhr, als ihr vor der Erschießung von Securitate-Soldaten die Hände gebunden wurden: „Das dürft Ihr nicht, Ihr seid doch meine Kinder".

Das China-Wunder

29. Oktober 2009

Wer, wie ich, Peking vor sechs oder mehr Jahren besucht hat, erkennt die Stadt kaum wieder. Die eher unansehnlichen kleinen Schwester von Shanghai hat sich zu einer staunenswerte Metropole gewandelt. Vielleicht hat die Stadt für den westlichen Geschmack zu viele alte Gebäude abgerissen. Aber wer hinter die Kulissen der romantischen Hutongs geschaut hat, mit ihren Häusern ohne Wasseranschluss, den kommunalen Toiletten am Ende der Straße, kann den Drang der Chinesen verstehen, diese Vergangenheit hinter sich zu lassen. Selbst die modernisierten Exemplare kommunaler Toiletten sind noch abschreckend genug. Es gibt keine Einzelkabinen. Man hockt, nur durch eine etwa 50 cm hohe Wand getrennt, nebeneinander. Meist über den traditionellen Löchern im Boden. Nur am Ende der Reihe gibt es ein westliches Toilettenbecken für die Touristen. Toilettenpapier muss man mitbringen. Ein Handwaschbecken gibt es nicht.

In den Hutongs genannten engen Gassen sind nur die Fassaden noch original, falls sie überhaupt noch erhalten sind. Das Innenleben der Häuser hat sich bis zur Unkenntlichkeit verändert. Modernster Standard, wo früher nicht mal ein Wasseranschluss vorhanden war. Vor sechs Jahren dienten, abgesehen von den großen Magistralen, noch die Fahrräder das Hauptverkehrsmittel auf den Straßen. Sie sind fast vollständig den Autos gewichen, wobei das durchschnittliche Pekinger Auto größer und neuer ist als das in einer westeuropäischen Großstadt. Fahrradrikschas sind hauptsächlich für Touristen da und teurer als Taxis. Ab und zu sieht man noch Lastfahrräder, meist beladen mit Abrissmaterial aus den Hutongs.

Die Paläste und Tempel der Stadt sind aufs Feinste restauriert. Die kaiserlichen und kommunalen Parkanlagen sorgfältig gepflegt. Das alles bewundern nicht nur die Ausländer. Tausende chinesische Touristen sind unterwegs, auch außerhalb der so genannten „Goldenen Wochen Anfang Oktober und Anfang Mai, in denen das ganze Land Ferien macht. Inländer sind die wichtigste Klientel der Tourismusbranche. Im Kaiserpalast muss man drängeln, um die Hauptattraktionen in Augenschein zu nehmen, so dicht sind sie umlagert. Nur in den Nebenhöfen, in denen einst Konkubinen, Eunuchen oder die kaiserlichen Beamten lebten, ist es etwas ruhiger. Hier kann man in Ruhe einen Blick in die Wohnräume mit ihren staunenswerten Schätzen werfen.

Der Haupteingang zur Verbotenen Stadt, die heute allem Volk zugänglich ist, befindet sich am Platz des Himmlischen Friedens. Hier ist keine Spur von dem Drama geblieben, das sich vor zwanzig Jahren hier abgespielte. Der Platz ist weiträumig eingezäunt und man darf ihn nur nach einer Kontrolle betreten. Vielleicht sollen diese Vorsichtsmaßnahmen ähnliche Demonstrationen wie die des Jahres 1989 verhindern. Über dem Eingang zur Verbotenen Stadt prangt noch ein Bild des „Großen Führers" Mao, der dazu verurteilt ist, auf sein überdimensionales Mausoleum zu schauen. Das größte Mausoleum der Welt auf dem größten Platz der Welt. Mehr Kommunismus ist weder im Stadtbild von Peking, noch sonst irgendwo in China zu entdecken. Die Kommunistische Partei gibt es natürlich, sie zieht auch nach wie vor die meisten Fäden, bevorzugt es aber, im Hintergrund zu bleiben.

Wir steigen auf den Kohlenberg. So genannt, weil an dieser Stelle die Kohlen für die Paläste der Verbotenen Stadt gelagert wurden. Heute erstreckt sich hier ein wunderschöner Park, dessen Mittelpunkt der mit einem Aussichtstempel gekrönte Berg bildet. Von oben hat man einen wahrhaft atemberaubenden Blick auf die Stadt, die sich scheinbar endlos nach allen Seiten erstreckt. In der Ferne verschwimmen die Hochhäuser im Dunst.

Die Luftverschmutzung ist nach wie vor dramatisch. Verbirgt sich hinter dem Horizont das vernachlässigte Peking?

Wir wollen es genau wissen und steigen in die U-Bahn. Wie auf dem Flughafen durchleuchten gelangweilte Angestellte das Handgepäck. Auf großen Hinweisschildern erinnern daran, dass Messer, Pistolen und andere gefährliche Gegenstände verboten sind. Die U-Bahn ist nicht nur blitzsauber, sondern auf dem neuesten Stand der Technik. Auch Ausländer können sich problemlos informieren. Während der Fahrt angezeigt, wo man sich gerade befindet und welche Umsteigemöglichkeiten bestehen. Auffällig ist die Jugend der Fahrgäste. Die Generation unter 30 ist unterwegs. Wir fahren 10 Stationen und steigen in einem der Außenbezirke aus. Hierher verirrt sich kaum eine Langnase, wie die Weißen spöttisch genannt werden. Die Hauptstraße, von der gefühlten Breite des Yangzi, sechs Spuren in jeder Richtung, ist für Fußgänger unüberwindbar. Man ist auf mehr als hundert Meter lange Unterführungen angewiesen. Wir kommen an eine Kreuzung von unvorstellbaren Ausmaßen. Es kostet uns fast eine Viertelstunde, sie zur Hälfte zu umrunden.

Die ältesten Hochhäuser, an der Straße sind höchstens vor zwei Jahrzehnten gebaut worden. Im Unterschied zum Stadtzentrum ist es hier nicht mehr ganz so sauber, aber die Menschen sind gut gekleidet. Die Geschäfte sind keineswegs ärmlich. Auch hier keine Spur mehr vom Realsozialismus. Stattdessen alle paar Meter ein Hotel, ein neuer Supermarkt, eine Baustelle. Dazwischen Wohnhäuser. Hier lebt die arbeitende Bevölkerung Pekings. Die Restaurants sind gut frequentiert, die Garküchen am Straßenrand sowieso. Nur die Wanderarbeiter scheinen weder die einen, noch die anderen zu besuchen. Sie sind in Gruppen unterwegs, mit wasserdichten Industriesäcken auf der Schulter, in denen sie offensichtlich ihre Habseligkeiten herumtragen. Manche hocken in Gruppen unter den Bäumen am Straßenrand, essen, klönen, oder spielen Brettspiele. Inzwischen ist es Nacht. Wo schlafen diese Leute? In Peking können wir dieses Rätsel nicht lösen.

Am Ende unserer Entdeckungstour erholen wir uns in einem Straßenrestaurant. Das Angebot an Fleischspießen und Fischgerichten, begleitet von frischem Gemüse sieht verlockend aus. Die Köche bereiten hier alles unter freiem Himmel zu. Wir sind aber noch gesättigt vom Abendessen in der Touristenkneipe, wo man jeden Happen von einer Drehscheibe angeln muss. Also nur Bier. Das chinesische Bier ist schwächer als das deutsche, dafür aber sehr erfrischend und nach deutschem Reinheitsgebot gebraut. Anschließend bringt uns ein Taxifahrer für vier Euro durch halb Peking sicher ins Hotel.

Peking ist so groß, dass man das Umland fast vergisst. Dabei ist es problemlos auf einer der vielen frisch gebauten Autobahnen zu erreichen. Wir fahren nach Westen ins Kirschtal im Distrikt Mentougou. Das Tal befindet sich am Fuße des Miaofeng-Berges. Vor Zeiten hatte hier ein Kaisertempel gestanden, nach dem das Dorf benannt wurde, das heute Kirschdorf heißt. Seit dreizehn Jahren werden im malerischen Südkessel Kirschen gezüchtet, auf wiederhergestellten traditionellen Terrassen. Inzwischen gedeihen hier dutzende Sorten, neue und alte Züchtungen. Mittendrin steht die Ruine des Hauses des letzten Kaiser-Lehrers. Irgendwann wird es abgerissen oder restauriert, das ist noch nicht entschieden. Die Arbeiter der Musterplantage wohnen in frisch gebauten Häusern, die so neu sind, dass an den Fenstern noch die Schutzfolien kleben. Wir dürfen zwei Wohnungen besichtigen. Ein riesiger Flachbildfernseher fällt als erstes ins Auge. Er steht, wie die übrigen Möbel, etwas beziehungslos im Raum. Alles wirkt frisch ausgepackt und nie benutzt. Wird uns hier ein Potjomkinsches Dorf vorgeführt? Nicht ganz. Die Siedlung ist tatsächlich ganz neu. Ein Musterdorf, eine Blaupause für das chinesische Dorf der Zukunft. Neben der Kirschzucht dient Tourismus als das zweite Standbein. Erholung für die gestressten Großstädter von nebenan. Die Ferienhäuschen liegen etwas weiter unten, inmitten von Bächlein, Teichen und chinesischer Gartenkunst. Die Ferienstimmung kommt schon bei den ersten Schritten in die Anlage auf. Jemand bittet uns in den Mehrzwecksaal, wo wir Kirschwein und Likör kosten müssen. So ganz entspricht die Anlage dann doch nicht dem neuesten Stand der Technik. Unsere Gläser landen zum Spülen in Waschschüsseln, die auf einen Tisch des Saales bereitstehen. Macht der Gewohnheit? Ich bin sicher: Auch dieser Mangel verschwindet bald.

Xi'an

Die alte Kaiserstadt darf bei keiner Chinareise mehr fehlen, seit die Terrakotta-Armee entdeckt wurde. Dabei ist das Grab des ersten Kaisers von China nur eines von vielen. Die meisten sind noch nicht ausgegraben. Aus Beschreibungen weiß man, was im Augenblick noch verborgen ist: eine riesige unterirdische Palastanlage samt ewigen Wasserspielen aus Quecksilber, bevölkert von Menschen und Tieren, gesichert durch eine Selbstschussanlage aus vergifteten Pfeilen. Wann das mal ausgegraben werden kann, ist unklar. Was schon zu sehen ist, ist sensationell genug. Die Terrakotta-Krieger, die es zu Weltruhm gebracht haben und die inzwischen zum Weltkulturerbe zählen, waren im Originalzustand bemalt. Allerdings ist die Farbe bald nach der Ausgrabung verblasst. Inzwischen kann man dank einem deutschen Siegellack bei Neuausgrabungen die Bemalung konservieren. Auf Fotos sehen diese Krieger so lebensecht aus, dass man sie für richtige Menschen halten könnte. In einem anderen Kaisergrab wurden tausende Figuren gefunden: Eunuchen, Konkubinen, Beamte, Tiere.

Die menschlichen Figuren sind nackt, weil ihre Kleidung längst verrottet ist. Auch die Arme fehlen, weil sie aus Holz bestanden. Ansonsten ist jedes Detail des Körpers sorgfältig ausgearbeitet. Man kann die Eunuchen von den Männern deutlich unterscheiden. In der Zeit der Revolutionsgarden Maos haben die Chinesen fast all ihrer Antiquitäten eingebüßt. Sie sollten ihre große Geschichte vergessen. Heute sind sie wieder sehr stolz auf ihre Vergangenheit und präsentieren sie aufwändig. Die Anlagen sind auf dem neuesten Stand der Museumsdidaktik. Die Ausgrabungen ersetzen, was durch politischen Fanatismus verloren ging. Das Schicksal meint es gut mit den Chinesen.

Wie sehr sich die Einstellung zur Vergangenheit gewandelt hat, erfahren wir, als wir die Wildganspagode, das Wahrzeichen Xi'ans besuchen. Die Pagode wurde im Jahre 652 errichtet für wertvolle Sanskrit-Texte, die ein Mönch von einer Pilgerreise nach Indien mitgebracht hatte. Wer sich die Mühe macht, die Pagode zu besteigen, den belohnt ein atemberaubender Rundblick über die Stadt, die bei Sonnenuntergang besonders schön erstrahlt. Um die Pagode herum befindet sich ein Tempel mit dazugehörigem Garten.

Verlässt man die Anlage durch den Haupteingang, wähnt man auf den ersten Blick vor einem Stück Altstadt zu stehen. Beim näheren Hinsehen gewahrt man, dass es sich um Neubauten im traditionellen Stil handelt. Geschäfte und Restaurants unter geschwungenen Dächern säumen eine riesige Grünanlage mit Wasserspielen und dutzenden überlebensgroßen Figuren in historischen Gewändern. Wir rätseln, was das sein könnte. Ein Themenpark mit Motiven aus der chinesischen Geschichte? Damit liegen wir fast richtig. Es handelt sich um ein Geschenk der Regierung an das Volk, anlässlich des 60. Jahrestages der Volksrepublik China Anfang Oktober. Keine Figuren aus der ruhmreichen Geschichte der kommunistischen Bewegung, sondern chinesische Kaiser und Philosophen. Deutlicher kann der Wandel nicht sein.

Wir laufen die vier Kilometer bis zur Stadtmauer, hinter der sich unser Hotel versteckt. Es ist Samstagabend. Alle Bewohner scheinen auf den Beinen und auf der Straße zu sein. Die Busse sind so voll, dass keine Stecknadel zwischen den Passagieren mehr zu Boden fallen könnte. Der Spaziergang wird zum Hindernislauf. Immer wieder müssen wir vor den vielen Menschen, die uns entgegenkommen, auf die Straße ausweichen. Ein Taxi ist nicht zu kriegen, weil jedes verfügbare Gefährt besetzt zu sein scheint.

Schließlich gelangen wir doch noch ins muslimische Viertel, das quicklebendige Zeugnis der multikulturellen Tradition der Stadt. Der Nachtmarkt beginnt gerade. Farben, Gerüche und Geräusche vermischen sich zu einer Symphonie, die unsere Sinne verwirrt. Wir schauen, riechen, schmecken und haben das Gefühl, doch das meiste zu verpassen.

Nach einigem Suchen finden wir die Moschee, die an einen chinesischen Tempel erinnern soll. Wir können es nicht überprüfen, denn das Tor zum Gelände ist fest verschlossen. Dann verirren wir uns in den Gassen. Es wird immer ärmlicher, dunkler, die Restaurants weichen Garküchen. Männer hocken auf dem Boden oder kauern auf Schemeln. Der Müll verdichtet sich zu Haufen, in denen einige Gestalten wühlen, die man lieber kein zweites Mal anguckt. Aber kaum fängt man an, sich unbehaglich zu fühlen, sieht man ein Licht in der Nähe. Keine 50 Meter weiter berühren die Füße, die eben noch der Kloake ausweichen mussten, poliertes Granitpflaster auf dem Gehsteig.

Man ist zurück im Hochglanz-China.

Die Ukraine vor der Wahl

16. Dezember 2009

Lemberg ist auch im Winter eine Reise wert, vor allem in der Vorweihnachtszeit, wenn im Café Veronika in der Vitrine nicht nur die schönsten Torten und Kuchen, sondern auch jede Menge Schokoladenweihnachtsmänner und Tannenbäume zum Kauf locken. Ganz zu schweigen vom galizischen Honigkuchen. Neben dem Rathaus auf dem Alten Markt tummelt sich die Lemberger Jugend auf einer neuen ist eine Eislaufbahn. Eine Breughel-Idylle mitten in der Stadt. Im Restaurant „Amadeus" sitze ich mit Juri Durkot, Übersetzter und exzellenter Kenner der Stadtgeschichte und Anna Reismann von der Konrad-Adenauer- Stiftung bei bestem georgischen Rotwein und Wareniki. Sie erzählen mir, wie sie die Lage im größten Land Europas einschätzen. Neben der Wirtschaftskrise ist die Ukraine noch vom Gasstreit mit Russland gebeutelt. Die Haushaltslage ist dramatisch. Demnächst muss der Staat entweder die Gehälter für die Staatsbeamten oder die Gasrechnung an Russland schuldig bleiben. Und das wenige Wochen vor der Präsidentenwahl!

Das amtierende Staatsoberhaupt, Victor Juschtschenko, der Star der Orangen Revolution, hat keinerlei Aussicht, die Wahl zu gewinnen. Die Meinungsumfragen sehen ihn bei 3% der Stimmen. Ein desaströses Ergebnis für einen amtierenden Präsidenten. Sein ewiger Rivale Victor Janukowitsch führt derzeit die Umfragen an, mit etwa 21-31%, je nach Institut, gefolgt von Julia Timoschenko, die zwischen 16 und 18% verharrt. Weit abgeschlagen ist der als politisches Wunderkind gestartete fünfunddreißig jährige Arsenij Jazenjuk, der bereits die Ämter des Außenministers und Parlamentspräsidenten innehatte. Seit ihm seine Berater eingeredet haben, sich als eine Art „Putin-light" zu präsentieren, sinkt er in den Umfragen stetig ab. Es wird wohl auf ein Duell Janukowitsch-Timoschenko hinauslaufen. Was heißt das eine oder andere Ergebnis für die Ukraine?

Es wird sich nicht viel ändern, ist sich Juri Durkot sicher und alle meine späteren Gesprächspartner bestätigen diese Einschätzung. „Die Ukraine ist das einzige Land der ehemaligen Sowjetunion, in dem man das Ergebnis der Wahlen nicht vorhersagen kann", fasst Durkot die Erfolge der Demokratisierung der letzten Jahre zusammen.

Schauen wir uns die beiden aussichtsreichsten Kandidaten näher an. Beide fordern den starken Staat, Timoschenko noch aggressiver als Janukowitsch. Die Orange-Revolution-Heroine wirbt auf Großplakaten mit ihrem Zopfgesicht und dem Satz: „Eine starke Führerin für einen starken Staat". Janukowitsch betont, dass die Ukraine Heimat sei, um Befürchtungen zu zerstreuen, dass er das Land nach Russland heimführen wolle. Nach der Unentschlossenheit des amtierenden Präsidenten gibt es tatsächlich so etwas wie die Sehnsucht nach einer starken Hand. Das ist nicht ungefährlich, wenn beide Amtsanwärter in ihrer Persönlichkeit und im politischen Stil zu autoritärem Verhalten, gepaart mit rücksichtslosem Machtstreben neigen. Damit steht zwar nach Einschätzung aller meiner Gesprächspartner nicht gleich die Demokratie zur Disposition, schon weil die Machtteilung so gut ausbalanciert ist, dass Alleingänge des Präsidenten (noch) nicht möglich sind. Angeblich sollen aber beide Kandidaten planen, eben dieses Machtgefüge nach ihrer Wahl zu verändern, um mehr Entscheidungsfreiheit, sprich Macht zu haben. Ob ihnen das gelingen kann, ist zumindest fraglich.

Janukowitsch wäre ein schwierigerer Partner für die EU als Timoschenko, die klare Signale in Richtung EU setzt. Aber auch unter Janukowitsch wird es nicht dazu kommen, dass die Ukraine zu einem Satelliten Moskaus mutiert. Dafür ist die neue nationale Elite zu stark, die nicht zurück nach Russland will. Im Gegensatz zur Russisch-Orthodoxen

Kirche, die seit der Vereinigung der Mutterkirche mit den Auslandskirchen, deren Löwenanteil in der Ukraine liegt, eine starke Interessenvertreterin Putinscher Politik geworden ist. Einigermaßen erstaunlich im Angesicht der Verfolgungen, die diese Kirche zu Sowjetzeiten zu erdulden hatte.

Insgesamt ist festzustellen, dass die ukrainischen Wähler Alternativen haben. Wie sie diese Möglichkeiten nutzen werden, bleibt abzuwarten. Sind die Zustimmungsraten zu den Kandidaten schon insgesamt gering, schwinden sie noch mehr im Anbetracht der Tatsache, dass auch in der Ukraine das Nichtwählerlager immer stärker wird. Aber anders als in Deutschland, haben auch die Nichtwähler noch eine Wahl. Sie können am unteren Ende des Wahlzettels ankreuzen: Gegen alle.

17. Dezember 2009

Der Wunsch der Ukraine, Mitglied der Europäischen Union zu werden, liegt der Gemeinschaft wie ein Stein im Magen. Nicht nur die Größe des Landes schreckt viele überzeugte Europäer ab. Seit sie Bestandteil des sowjetischen Imperiums war, ist auch das Bewusstsein verloren gegangen, wie eng die ukrainische mit der europäischen Geschichte verknüpft ist. Nehmen wir Luzk, eine ukrainische Provinzstadt nahe der polnischen Grenze, die heute kaum dem Namen nach bekannt ist. Dabei hat sie in ihrer bewegten Vergangenheit eine wichtige Rolle in Europa gespielt. Die Kopenhagener Gipfelkonferenz des Mittelalters fand 1429 auf Einladung des polnischen Königs Wladyslaw II Jagiello und Jadwigas von Polen in Luzk statt. Nur ging es damals nicht um nebulöse Klimafragen, sondern um ein handfestes Problem mit den einfallenden Tartaren. Alle europäischen Könige kamen, außerdem ein Gesandter des Papstes, um zu beraten, wie die drohende Gefahr abzuwenden sei. Unter den Konferenzteilnehmern befanden sich der deutsche

Kaiser Sigismund, der russische Großfürst Wassili II., der dänische König Erich von Pommern, der Großmeister des Schwertbrüderordens Zisse von Rutenberg, der pommersche Herzog Kasimir V., Dan III., Herrscher der Walachei, und weitere deutsche Fürsten. Die Stadt wuchs rasant und zählte in der Mitte des 17. Jahrhundert etwa 50.000 Einwohner. Um diese Zeit lebten im herzoglichen Weimar gerade 8000 Menschen. In ihrer wechselvollen Geschichte gehörte Luzk zu Polen, Russland oder der Ukraine, war auch mal deutsch besetzt. Zuletzt ab 1941. Damals gab es etwa 39000 Einwohner, davon 17 500 Juden. Die Umgebung wurde mehrheitlich von Ukrainern bewohnt. Die Wehrmacht fand im KGB-Gefängnis der Stadt an die 2000 erschossene Gefangene vor, die die Rote Armee vor ihrem Rückzug aus der Stadt hingerichtet hatte. Diesen Massenmord nahmen die Nazis zum Anlass, um die ukrainische Bevölkerung zu einem Pogrom gegen die Juden anzustacheln.

Am 2. Juli 1941 erschoss dann das Sonderkommando 4a der Einsatzgruppe C über eineinhalb tausend männliche Juden zwischen 16 und 60 Jahren. Die verbliebenen jüdischen Bewohner der Stadt trieben die Nazis in einem Ghetto zusammen und ermordeten sie später am in der Nähe der Stadt gelegenen Poljankahügel. An die massakrierten KGB-Gefangenen erinnert heute ein Gedenkstein an der Katholischen Kirche. Ob es am Poljankahügel ein Mahnmal für die dort umgebrachten Juden gibt, weiß ich nicht. In Stryj, einem anderen vergessenen ukrainischen Städtchen, einst lieblich, heute verwahrlost, lebt Adam Zielinski. Dem Sohn eines der ermordeten jüdischen Rechtsanwalts ist es zu verdanken, dass an der heute als Müllkippe genutzten ehemaligen Hinrichtungsstätte eine Gedenktafel an das Geschehen erinnert. Das Geld dafür kam von Privatleuten. Keine Kopeke vom ukrainischen Staat, kein Cent aus Deutschland. In Luzk kann man von den ehemals über 20 orthodoxen und katholischen Kirchen noch einige bewundern. Von einer Synagoge ist, zumindest im Zentrum, nichts zu sehen. Auch kein Hinweis darauf, wo eine stand. Die Burg hat die Stürme der Zeit recht gut überlebt und bietet einen schönen Rundblick über die Stadt. Auch das ehemalige Gefängnis, heute eine Musikschule, ist gut zu erhalten. Vom jüdischen Leben, das bis 1941 die Stadt prägte, ist nichts mehr zu spüren. Mehr noch, mit den Juden scheint der Unternehmergeist aus der Stadt verschwunden zu sein. Einige Häuser im Stadtzentrum sind bereits restauriert und lassen die ehemalige Eleganz der Stadt erahnen. Vorherrschend ist aber immer noch die sowjetische Verwahrlosung und die mit ihr einhergehende Tristesse. Die Jugendlichen sind chic gekleidet, besonders die Mädchen. Aber von Innovation ist wenig zu spüren. Eher ein Abwarten, ob die erhoffte bessere Zukunft kommt, oder ob die Stadt dazu verurteilt ist, im vergessenen Hinterhof Europas zu verharren.

Kuba: Das ruinierte Paradies

28. April 2010

„Das ist wohl der schönste Fleck der Erde, den Menschenaugen je gesehen haben", rief Christoph Kolumbus aus, als er 1492 in Kuba anlandete. So kann der erste Satz eines Reiseberichts aus Kuba lauten. Weißer Sand, türkisblaues Meer, Sonne, Palmen und immer eine frische Brise, die die Hitze leichter ertragen lässt. Ja, Kuba ist wunderschön. Aber man darf nicht so genau hinschauen oder besser muss alles, was die Idylle beeinträchtigt, ausblenden, um sich durch die bittere Realität nicht den Urlaub verderben zu lassen. Wie man Castros Ruinenstaat als ein Land für „Hedonisten und Verliebte" anpreisen kann, wie kürzlich auf Welt-online geschehen, ohne das realsozialistische Elend, dem man selbst innerhalb der Ferienanlagen und auf genau festgelegten Touristenpfaden nicht ganz ausweichen kann, auch nur zu erwähnen, ist kaum nachvollziehbar. Beispiel Trinidad: In dieser einstmals traumhaft schöne Kolonialstadt, heute zum Teil von der UNESCO wiederaufgebaut, kann man die Ruinen der durch systematische Vernachlässigung zerstörten Häuser nicht übersehen. Deren Überreste stehen mitten unter den wieder aufgebauten Gebäuden. Wer die Touristenmarktstraße besucht und sich dabei von den Ständen verzaubern lässt, könnte die bröckelnden bis teils herabstürzenden Fassaden gerade noch übersehen. Doch spätestens bei der anschließenden Turmbesteigung im Stadtmuseum, das in einem Zuckerbaron-Palast untergebracht ist und in das bei allen Besuchern auf dem Programm steht, muss ins Auge fallen, dass sich hinter den gerade noch aufrecht stehenden Vorderfronten total zerfallene Gebäude befinden, deren Anblick an die im Zweiten Weltkrieg zerstörten Städte erinnert. In diesen Ruinen leben die Menschen, die für die Touristen zum Dauertanz aufspielen, fotogen Zigarren rauchen, allerlei Schnickschnack, aber auch ihre Körper verkaufen und betteln, sobald sie sich vor den staatlichen Aufpassern halbwegs sicher fühlen. Bettelei wird strengstens bestraft, mit Gefängnis. Wenn Kinder betteln, landen ihre Eltern hinter Gittern. Die Not ist aber so groß, dass selbst die drakonischen Strafen nicht mehr abschreckend wirken.

Auffallen müsste einem Besucher auch, dass die Traumstrände frei von Kubanern sind, die zu den abgesperrten Ferien-anlagen nur als Dienstpersonal Zutritt haben und denen jegliches Badevergnügen an ihrem Arbeitsort verboten ist. Wie man da schreiben kann, die Strände wären „zur öffentlichen Nutzung freigegeben" ist mir ein Rätsel.

Eines aber ist klar: Schlimmer als Castro und seine Genossen, die ein modernes, reiches Industrie- und Agrarland, das über die erste Eisenbahn Lateinamerikas verfügte und im dem selbst die Sklavenunterkünfte neben den Zuckerrohrplantagen eine bessere Wohnqualität aufwiesen, als manche Behausungen heute, zu einem Entwicklungsland runtergewirtschaftet haben, in dem die Welthungerhilfe eingreifen muss, um die Ernährung der Bevölkerung sicher zu stellen, sind ihre willigen Helfershelfer im Westen, die mit ihren verlogenen Berichten die Zustände im Armenhaus Lateinamerikas romantisieren und das reale Elend verschleiern. Ich werde deshalb in den nächsten Tagen in ein paar Hintergrund-Artikeln beschreiben, wie ich Kuba erlebt habe, um eine Ahnung davon zu vermitteln, wie es dort wirklich aussieht.

29. April 2010

Beim Landeanflug auf Kuba das sich unter anderem seiner hohen Umweltstandards rühmt, fallen mir etliche schmutzig-graue Rauchwolken auf, die zum Himmel steigen. Die Kubaner verbrennen ihren Abfall unter freiem Himmel. Als wir endlich die vielen Kontrollen am Flughafen passiert haben, ist es bereits dunkel. Wir können nicht viel von den Vororten sehen, durch die wir fahren. Es brennt höchstens ein schwaches Licht pro Haus. Straßenbeleuchtung gibt es an der Hauptstraße zum Flughafen nicht. Die meisten Häuser sind im Kolonialstil errichtet, mit den typischen Säulen-Vorbauten. Die Nacht verhüllt das Ausmaß der Verwahrlosung. Viele Menschen sitzen vor den Häusern im Dunkeln. Geschäfte sind keine auszumachen. Ab und zu erlaubt eine geöffnete Tür den Blick auf heruntergekommene, mit Gerümpel vollgestellte Flure mit brüchigen Treppen. Nach einer halben Stunde erreichen wir den Malecon, die berühmte Strandpromenade der Hauptstadt. Hier gibt es Straßenbeleuchtung, die eine bessere Sicht auf die ruinierten Häuser erlaubt. Ab und zu ist ein Restauriertes darunter. In den Ruinen scheinen Menschen zu wohnen. Jedenfalls weisen Wäscheleinen darauf hin, die in den oberen Stockwerken vor leeren Fensterhöhlen oder auf geländerlosen Balkonen baumeln. Unser Hotel, Amadores de Santander, ist sorgfältig rekonstruiert. Es vermittelt einen Eindruck von der einstigen kolonialen Pracht. Das Nebenhaus allerdings muss mit dicken Balken abgestützt werden. Trotz seiner offensichtlichen Baufälligkeit ist es bewohnt.

Das Hotel befindet sich direkt am Hafenbecken. Irgendwo lodert ein Ölfeuer. Der Schein der ewigen Flamme lässt das Wasser rot leuchten. Die Gebäude auf der anderen Straßenseite bekommen etwas von dem rötlichen Schimmer ab. Das mildert den schäbigen Eindruck der bröckelnden Gemäuer. Am Morgen in der Sonne kann man den Verfall nicht mehr übersehen.

Das Wasser hat eine bleierne Farbe, die ich von den toten Flüssen der DDR kenne. Später erfahren wir, dass es vor wenigen Jahren umgekippt war und gestunken hat. Vögel wollten sich hier nicht mehr aufhalten. Nun ist es bereits viel sauberer. Einige Vögel sind zurückgekehrt.

Meinen Morgenspaziergang beginne ich in der Calle Clara, direkt neben dem Hotel. Die Straße mit dem schönen Namen ist bereits 50m vom Hotel entfernt ein Ruinenfeld. Es sieht tatsächlich aus, wie auf Fotos von Berlin nach dem sogenannten Endkampf. Fidels Sozialismus hat das Ruinen schaffen ohne Waffen perfektioniert. Ein Kubaner verrät mir, dass Castro, der einer reichen Grundbesitzerfamilie aus dem Osten des Landes entstammt, Havanna immer gehasst hat. Diese Abneigung hat er der zum Programm gemacht. In den Ruinen leben tatsächlich jede Menge Menschen. Sie werden im Volksmund Palästinenser genannt. Es sind illegal Zugezogene aus den Provinzen, die das unerträgliche Elend in ihren Heimatdörfern in die Stadt getrieben hat.

Keine fünf Minuten von der Calle Clara entfernt finde ich den Plaza veja, den Alten Platz, den die UNESCO fast vollständig rekonstruiert hat. Dass die Kolonialstadt zum Weltkulturerbe erklärt worden ist, hat sie vor dem Verschwinden bewahrt. Allerdings kam das bei etlichen Gebäuden lediglich den Fassaden zugute. Die herrlichen Patios, die Innenhöfe, liegen vielfach noch in Schutt und Asche. Auf den Vorher-Nachher Fotos, die sich vor jedem Gebäude finden, sieht man, dass von manchem der herrlichen Paläste kaum noch etwas übrig war. Zwischen dem Alten Platz, dem Waffenplatz und dem Kathedralenplatz befinden sich die meisten rekonstruierten Gebäude. Auf meinem offiziellen Stadtrundgang stelle ich fest, dass die Touristen tatsächlich so geführt werden können, dass sie vom allgemeinen Verfall wenig mitkriegen. Die Ruinen sind in der Minderzahl und können als Beleg gelten, dass eben noch mehr Anstrengungen unternommen werden müssen. Kein Wort über die UNESCO als Geldgeber. Allen Besuchern hören dagegen von einem Stadthistoriker, der sich seit Mitte der 90er Jahre der Wiederherstellung der Kolonialstadt verschrieben hat. Als Problem habe er erkannt, dass die Kubaner ihr Erbe nicht schätzen, weil sie es nicht kennen.

Nach der sogenannten Revolution verwandelten die neuen Machthaber die Häuser und Paläste in Wohnungen für das Volk und überließen sie danach dem Verfall. Selbst einfachste Reparaturen blieben aus. Heute wohnen oft mehrere Generationen in einem ehemals hochherrschaftlichen Zimmer. Um etwas Privatsphäre zu schaffen, haben sie wild Zwischendecken und Wände eingezogen, ohne sich um die Statik zu kümmern. Seit durch die löchrigen Dächer jede Menge Wasser in die Mauern dringt, können die dem Gewicht der Umbauten immer schlechter Stand halten. Jeden Tag stürzt in Havanna ein Gebäude in sich zusammen. Der Stadthistoriker lässt nun Schulklassen in der Kolonialstadt unterrichten. Sie lernen die Geschichte und die Architektur kennen und hoffentlich auch lieben. Nur was man liebt, will man bewahren.

Auf der Touristenstrecke gibt es jede Menge Geschäfte, die zum Teil in ihrem ursprünglichen Zustand wiederhergerichtet sind. Hier werden Rum, Zigarren und andere Erzeugnisse verkauft, die Besucher gern mit nach Hause nehmen. Daneben gibt es zahlreiche kleine Läden, oder auch nur Stände in Hauseingängen, in denen Kubaner ihr selbst gefertigtes Kunsthandwerk anbieten. Dass in Kuba wieder genäht, gehäkelt, gestickt und gestrickt wird, ist ebenfalls der UNESCO zu verdanken. Diese Fertigkeiten waren Mitte der 90er Jahre fast ausgestorben. Dann kamen Frauen aus Süd-amerika, die den Kubanerinnen in Kursen das beibrachten, was sie von ihren Müttern und Großmüttern nicht mehr gelernt hatten. Mitten im Touristenviertel liegt das Hotel Ambos Mundos, in dem Hemingway viele Jahre verbrachte. Wenige Minuten entfernt befinden sich seine Lieblingskneipen, die heute nur noch von Touristen frequentiert werden. Die Bar la Floridita, in der Hem seinen Mojito trank, wird von einer verfallenen Fassade überragt, die bereits größere Löcher aufweist. Von den Hunderten, die jeden Tag den Eingang der Bar belagern, hebt kaum jemand den Kopf, um das Elend wahr zu nehmen. Durch die ehemalige Prachtstraße Havannas, die gern mit den Ramblas von Barcelona verglichen wurde, wo heute nur noch der mit Marmor gepflasterte und mit Marmorbänken bestückte Mittelstreifen von der einstigen Herrlichkeit zeugt, werden die Touristen nur noch gefahren. Die Jugendstil-, und Art-déco-Häuser, die einst diese Straße säumten, sind, je näher man dem Malecon kommt, immer weniger vorhanden. Von manchen gibt es nur noch ein paar Mauerreste. Dieser Teil Havannas gehört nicht mehr zum Weltkulturerbe. Er wird verschwinden, wenn sich in absehbarer Zeit nichts ändert.

Ändern wird sich in Kuba nur etwas, wenn Fidel Castro stirbt. Im Augenblick geht es dem Maximo Leader wieder besser, dafür geht es seinem Land, dem vor zwei Jahren ein paar Monate Erholung gegönnt waren, täglich schlechter.

02. Mai 2010

Auf Kuba kann man den sprichwörtlichen Stock in die Erde stecken und der treibt aus. Woher dann die seit Jahrzehnten andauernde Nahrungsmittelkrise? Offiziell haben die USA und ihre Wirtschaftsblockade an allem Schuld. Das erklärt nicht den Nahrungsmittelmangel, zumal die Blockade für Lebensmittel längst aufgehoben ist.

Von der einst hochentwickelten Landwirtschaft ist nicht viel übriggeblieben. Mehr als 50 Prozent der landwirtschaftlichen Nutzfläche, etwa 6,6 Millionen Hektar Ackerland, liegen brach. Wo einst Zuckerrohrplantagen das Landschaftsbild prägten, weidet heute klapperdürres Vieh, oder es herrscht pure Tristesse. Inzwischen sind die Flächen von einem Dornenstrauch, dem Marabu, bewachsen. Zwar arbeiten zwanzig Prozent der Erwerbstätigen in der Landwirtschaft, aber so unproduktiv, dass jährlich über 2,4 Milliarden Dollar Lebensmittel importiert. Das deckt nur den notwendigsten Bedarf.

Die Regale in den staatlichen Läden, in denen es auf Zuteilung, hier Libreta genannt, Lebensmittel gibt, sind gähnend leer. Mehl, Bohnen, wenn man Glück hat Öl, Kartoffel und Brot, ist alles, was man gewöhnlich findet. Die Mengen, die man mit den Coupons billig erwerben kann, sind zum Leben zu wenig und zum Sterben zu viel. Den Rest besorgen sich die Kubaner auf den freien Märkten, d.h. oft Schwarzmärkten, von denen das ganze Land überzogen ist. Hier tauchen auch der "Schwund" aus den staatlichen Betrieben wieder auf. Das Stehlen von „Volkseigentum" ist zum Volkssport geworden. Nur so können die Menschen überleben. Von umgerechnet 18 € im Monat staatlichen Durchschnittsgehalts kann niemand existieren. Um über die Runden zu kommen, entzieht man dem Staat wird so viel wie möglich Arbeitskraft und Güter.

Das hat im Laufe der Jahrzehnte, die das Castro-Regime schon dauert, zu einer tiefen Demoralisierung geführt. Trägheit und Depression sind die Merkmale der Kubaner heute. Hoffnungslosigkeit und Lethargie prägen das Land. Ein Kubaner nannte mir gegenüber diesen Zustand den „Marabu in den Köpfen der Kubaner". Wie der wirkliche Marabu, wird er schwer zu bekämpfen sein. Der Marabu ist nicht von Hand zu beseitigen. Man brauchte Maschinen, um die widerstandsfähigen Pflanzen mit der Wurzel aus dem Boden zu reißen. Erst dann besteht die Chance, den Boden wieder zu kultivieren. Nicht die Ruinen und das wirtschaftliche Desaster sind Kubas größtes Problem bei einem Neuanfang, sondern die mentalen Schäden, die das Castro-Regime bei den Menschen erzeugt hat.

Eine der „Errungenschaften" des Regimes ist es, Kuba zu einem Fall für die Welthungerhilfe herabgewirtschaftet zu haben. In Alamar, einem Stadtteil im Osten von Havanna, läuft seit 1998 ein Pilotprojekt einer landwirtschaftlichen Kooperative, die auf inzwischen über 10ha Land Gemüse und Kräuter anbaut. Die Mitglieder arbeiten nach einem Leistungssystem. Jeder Bewerber muss eine Probezeit von einem Vierteljahr absolvieren. Danach entscheiden alle Mitglieder der Kooperative, ob er bleiben darf, oder nicht. Außer dem festen Lohn gibt es eine Gewinnbeteiligung, die umso höher ausfällt, je länger man der Kooperative angehört. Den Landarbeitern von Alamar geht es besser, als den Durchschnittsverdienern. Sie arbeiten eine Stunde weniger am Tag als die Staatsangestellten und haben länger Urlaub. Trotzdem wird die Kooperative von den Anwohnern „Sibirien" genannt. Die geforderte Arbeitsleistung erscheint einem Volk, dass es sich zur Regel gemacht hat, dem Staat seine Arbeitskraft so weit wie möglich zu entziehen, wie Zwangsarbeit. Trotzdem sind die Projekte der Welthungerhilfe ein Hoffnungsschimmer. Etwa 100 Kooperative gibt es im Land bereits. Es könnten noch mehr sein. In vielen Fällen scheiterte die Gründung an den Marabusträuchern, die auf dem vom Staat geschenkten Land überwuchern und manuell nicht zu beseitigen waren.

Für die Bewohner von Alamar hat die Nähe des Projekts den Vorteil, dass sie einen Teil der Erzeugnisse zu erschwinglichen Preisen auf dem Markt der Kooperative erstehen können. Wovon sie gern und zahlreich Gebrauch machen. Insgesamt ist das allerdings nur ein Tropfen auf dem heißen Stein.

Alle Reformvorhaben, die bislang in der Landwirtschaft in Angriff genommen wurden, sind gescheitert. So lange Castro lebt, der ein erklärter Feind jeder Privatinitiative ist, wird sich daran nichts ändern.

03. Mai 2010

In Kuba gibt es zwei Klassen von Menschen, die sich darin unterscheiden, von welcher der zwei Währungen des Landes sie leben. Die Unterschicht stellen Menschen, die mit dem normalen Peso auskommen müssen. Privilegiert sind jene, die Zugang zu den konvertiblen Pesos, den so genannten Cucs haben. Dafür gibt es zwei Möglichkeiten: Verwandte in Florida, die regelmäßig Dollarschecks schicken, die man gegen eine Zwangsgebühr von 20% in Cucs umtauschen kann. Oder man hat einen der begehrten Jobs in der Tourismus-Industrie, wo man Trinkgelder in Cuc bekommt. Cucs sind die Währung der Touristen. Nur eigens dafür geschaffene Läden akzeptieren sie. Ihre Annahme in den staatlichen Läden ist streng verboten. Ebenso der Tausch auf der Straße. Das macht den Alltag kompliziert. Unser kubanischer Reiseleiter fand in Santa Clara in einem Peso-Laden Wandfarbe, die er schon lange suchte. Er hatte aber nur Cucs bei sich. Die nächstliegende Wechselstube hatte gerade geschlossen. Seine Versuche, die wertvollen Cucs auf der Straße umzutauschen, schlugen fehl. Man hielt ihn wohl für einen Provokateur. Schließlich war ein Einheimischer gegen die Zahlung von 1 Cuc bereit, ihm zu verraten, wo sich eine geöffnete Wechselstube befindet. Unser Reiseleiter begab sich im Laufschritt dorthin, rannte dann mit den eingewechselten Pesos zum Laden und kam zu spät, aber strahlend, mit zwei Eimern Farbe am Treffpunkt an. Wie man an diesem Beispiel sieht, garantiert nicht mal der Besitz von Cucs, dass man alles bekommt, was man braucht.

Das Angebot der Cuc-Läden lässt sich mit dem eines DDR-Dorfkonsums in den 60er Jahren vergleichen, wenn man sich die Havanna-Zigarren und den Kuba-Rum wegdenkt. Dann gibt es noch Textil-Geschäfte, die „Markenkleidung" chinesischer oder türkischer Herkunft anbieten.

Autos kann man auch für Cucs nicht kaufen. Seit einigen Jahren importiert Kuba keine Autos mehr für den Verkauf. Nur die Staatskarossen führt die Regierung noch ein. Alle vorhandenen Autos halten die Besitzen sorgfältig in Schuss. Zugang zu Autos haben nur bestimmte, vom Regime begünstigte Schichten. Der Besitz eines Autos bedeutet aber keinesfalls, dass man es auch fahren kann. Benzin ist Zuteilungssache oder teuer. Vor ein paar Jahren haben neureiche Cuc-Kubaner ohne Zugang zu Autos versucht, den Besitzern brachliegender Fahrzeug für die Benutzung ihres Autos Geld zu bezahlen. Oft war das mit aufwendigen Reparaturen an den lange stillgelegten Fahrzeugen verbunden. Sobald die Behörden das mitbekamen, wurden solche „Machenschaften" untersagt. Autobesitzern und Möchtegern-Nutzern drohen seitdem Gefängnisstrafen.

Der Fernverkehr findet statt, indem man zur Autobahn oder zu einer Landstraße geht. Meist unter Brücken, weil die Schutz vor Sonne und Regen bieten, stehen Staatsangestellte, die staatliche Wagen anhalten. Die nehmen solange Fahrgäste aufnehmen, bis sie voll sind. Die Menschen setzen sich dann auf die Ladefläche oder wo immer sie ein freies Plätzchen finden. Der Transport ist kostenlos, erfordert aber viel Zeit und Geduld, ehe man am gewünschten Ort ist. Wer es eilig hat, stellt sich mit Geldscheinen an die Straße, möglichst weit weg vom Staatsangestellten. Privatfahrern ist es verboten, Personen mitzunehmen. Sie tun es trotzdem, denn sie sind auf jeden Zuverdienst angewiesen.

Wie mühsam der tägliche Weg zur Arbeit sein kann, erfuhr sich, als wir in Vinales, das berühmteste Tabakanbaugebiet Kubas besuchten. Hier erheben sich zwischen Tabakfeldern die fast senkrechten Mogoten, Karstfelsen, einst Säulen einer riesenhaften Karsthöhle, deren Decke vor Jahrmillionen eingestürzt ist. In den sechziger Jahren hat die Lebensgefährtin Castros, Celia Sanchez, die als Zeichen ihrer Naturverbundenheit stets eine Blume hinter dem Ohr trug, befohlen, eine der Mogoten mit einer Monumentalmalerei zu verzieren. Es sollte ein Geschenk an die Bauern sein. Die Malerei sollte sie über die Entwicklung der Erdgeschichte aufklären. Heute laden die Reiseführer ihre Touristen in dem abgelegenen Tal ab. Denn vor dem Gemälde wartet inzwischen eine Freiluftgaststätte, in der alle Gruppen, die sich in der Gegend befinden, ihr Mittagessen zu sich nehmen müssen. Wir waren an diesem Tag die letzte Gruppe und genossen das Privileg, nach Abzug der Anderen die Stille des zauberhaften Tals genießen zu können. Dann fuhren wir ins etliche Kilometer entfernte Dorf, wo wir mindestens eine Stunde Freizeit hatten.

Als wir wieder im Bus saßen, der uns zu unserem Hotel fuhr, sah unser Fahrer am Straßenrand eines der Mädchen, die uns bei Tisch bedient hatten. Ausnahmsweise nahm er sie ein Stück mit. Unser zehn Kilometer entferntes Hotel lag auf der Hälfte der Strecke, die sie nach Hause zurücklegen musste. Unser Reiseleiter versicherte uns, dass es für dieses junge Mädchen kein so großes Problem sie, wie für ältere Frauen, oder Männer, die mitgenommen werden wollen. Nach Feierabend mag diese Art des Transports noch angehen. Wenn man Pech hat, kommt man nur später als erhofft zuhause an. Wie ist es aber morgens, wenn man zur Arbeit muss? Woher weiß man, ob man pünktlich sein wird? Und pünktlich muss man sein, denn sonst ist man den begehrten Job mit Zugang zu Cucs los. Das Alltagsleben, auch der privilegierten Kubaner, ist mit Stressfaktoren verbunden, die wir uns nicht vorstellen können. Wie es unter diesen Umständen mit der berühmten kubanischen Lebensfreude aussieht, davon Morgen mehr.

04. Mai 2010

Wie ist es mit der sprichwörtlichen kubanischen Lebensfreude, werde ich immer wieder gefragt, wenn ich von meinen Erlebnissen in Kuba berichte. Weiß die westliche Welt nicht spätestens seit der Premiere des Kultfilms Buena vista Social Club, dass die Kubaner, allen Widrigkeiten zum Trotz, leichtfüßig durch das Leben tanzen, weil sie wissen, dass es auf materielle Güter nicht ankommt?

Tatsächlich schallt dem Besucher aus allen Restaurants und Kneipen laute Musik entgegen, meist gespielt von Bands, die überall auftauchen, auf Straßen, Märkten, Terrassen, im Park, am Strand. Man kann kein Gebäude besichtigen oder ein Sonnenbad nehmen, ohne von den karibischen Klängen begleitet zu werden. Was man anfangs noch passend findet, wird spätestens am dritten Tag zur Qual. Da die Leute ihr Geld mit ihrer Musik verdienen müssen, hält man ihnen Scheine hin, damit sie nicht spielen. Die Minen der Musiker sind keinesfalls gelöst. Es ist ein Knochenjob, den Touristen den Lebensunterhalt abverlangen zu müssen. Die gespielte Fröhlichkeit wirkt verkrampft. In einer Kneipe in Trinidad beobachtete ich eine Gruppe von Musikern. Die beiden vorn stehenden legen sich kräftig ins Zeug und versprühen die erwartete Lebensfreude. Die drei dahinter schauen gelangweilt bis gequält. Tanzen habe ich die Kubaner nur mit Touristen sehen. Besonders ältere Damen werden gern herumgeschwenkt, die sich dann verpflichtet fühlen, die hingehaltene Mütze zum Schluss gut zu füllen. Schließlich hatte man jede Menge Spaß- und so authentisch! Mir ist kein einziger Kubaner begegnet, der nur mal so vor sich hin geträllert hätte. Im Gegenteil. Die Anstrengung, ständig für das Lebensnotwendigste sorgen zu müssen, ist den Kubanern ins Gesicht geschrieben.

Eines Morgens in Cienfuegos, einer Universitätsstadt, die, wenigstens im Zentrum, besser erhalten aussieht, als Havanna, ging ich kurz vor neun Uhr eine Einkaufsstraße entlang. Vor den Libreta-Läden hatten sich bereits lange Schlangen gebildet. In der Ferne gewahrte ich ein paar Marktstände. Von dort kam Musik und Gesang. Sollte ich tatsächlich hier auf die vielzitierte spontane Lebensfreude stoßen? Nein, beim Näherkommen sah ich einen jungen Mann, der vor sich hin tanzte. Noch näher dran bemerkte ich, dass er es tat, weil ein Amerikaner dazu klatschte. Als der Tourist, sich ohne zu bezahlen, in der Überzeugung zum Gehen wandte, eine typische Straßenszene miterlebt zu haben, sah ihm der junge Mann Hass erfüllt hinterher.

Betteln ist auf Kuba verboten. Es wird mit Gefängnis bestraft. Wenn Kinder betteln, werden die Eltern zur Verantwortung gezogen. Trotzdem betteln alle. Von den farbenprächtig angezogenen alten Damen, die dekorativ große Zigarren rauchen, in der Hoffnung als Fotomotiv auserkoren zu werden, hört man im Vorübergehen: „Savon, Savon". Seife ist eine Rarität auf Kuba und deshalb begehrt auf dem Schwarzmarkt. Die Kellner, die auf der Straße für den Besuch in ihrer Kneipe werben, wollen, wenn sie erfolglos sind, wenigstens einen Stilo, einen Kugelschreiber. Die Zimmermädchen im Hotel, die Handtücher zu kunstvollen Gebilden wie Schwäne oder Blumen falten, um dezent auf das Trinkgeld hinzuweisen, fragen nach T-Shirts. Die Kellner in den Ferienanlagen verteilen Ketten aus Bohnen, in der Hoffnung, ein oder zwei Cucs dafür zu bekommen. Die Kassiererin im Cuc-Laden verrechnet sich permanent. Wird es nicht reklamiert, ist es ihr Gewinn. Meistens reklamiere ich die geringfügige Summe nicht, fühle mich aber von Mal zu Mal unwohler. Am meisten geht mir die Prostitution an die Nieren.

In der Hotelanlage, in die wir verfrachtet wurden, nachdem Eurobürokraten ein Flugverbot über den klaren Himmel von Deutschland verhängt hatten und uns so an der Rückkehr hinderten, sah ich als erstes einen faltigen Endsiebziger am Pool das Knie einer höchstens siebzehnjährigen Farbigen umklammert halten, die stundenlang wortlos neben ihm ausharrte, bevor sie ihm aufs Zimmer folgte.

Aber auch Frauen haben keine Probleme, Liebesdienste von ganz jungen Männern in Anspruch zu nehmen. Sie werden auf der Straße auf Schritt und Tritt angeboten, sobald man ohne einen Mann in der Nähe, unterwegs ist. Castro, der sich gerühmt hat, das Bordell, das Kuba vor der Revolution war, geschlossen zu haben, herrscht jetzt über ein Land mit der vermutlich höchsten Nuttendichte in Lateinamerika. Hasta la victoria sempre!

05. Mai 2010

Die Geschichte von Kuba wir in zwei Hälften geteilt: vor der Revolution und nach der Revolution 1959. Im Unterschied zur Oktoberrevolution in Russland soll es sich um eine echte Revolution gehandelt haben, die die Mehrheit der Bevölkerung getragen habe. Das ist insofern richtig, als die amateurhaften militärischen Operationen von Castro und seinen Leuten allein durch das positive Echo in der Bevölkerung Erfolge erzielen konnten. Zum Schluss war es Che Guevara, der bei Santa Clara den entscheidenden Sieg über Batista errang.

Zu erwarten wäre, dass der Gründungmythos der sozialistischen Republik Kuba besonders gepflegt wird. Weit gefehlt. Wer das ehemalige Präsidentenpalais in Havanna besucht, den Sitz des gestürzten Diktators Batista, heute Revolutionsmuseum, findet eine verstaubte, vernachlässigte Ansammlung von Bildern und Texten im Stil der 50er Jahre, die bestenfalls die Kraft der Langeweile ausstrahlt. Im Garten gruppiert sich allerlei Kriegsgerät rund um ein Boot, Granma, das die Rebellen nach Kuba brachte, die nach dem gescheiterten Angriff auf die Moncada-Kaserne aus dem Exil in Mexiko zurückkehrten. Nach der Landung fielen die meisten Rebellen, der Rest zog sich in die Sierra Maestra zurück, von wo sie schließlich das Land eroberten. Nach dem Sieg verhielten sich Castros Leute weniger großzügig als der Diktator Batista. Der hatte die Angreifer auf die Moncada-Kaserne nicht nur am Leben gelassen, sondern amnestiert. Das gab ihnen die Gelegenheit, ihren Kampf fortzusetzen. Che Guevara, den Held aller unbelehrbaren Linken, ernannte Castro nach dem Sieg zum obersten Ermittler gegen die Batista-Leute ernannt. Anschließend war er monatelang damit beschäftigt, Hinrichtungen anzuordnen und zu überwachen.

In Santa Clara, dem Ort seines endgültigen Triumphs über die Armee Batistas, befindet sich heute ein großes Mausoleum, in das man die Überreste von Che und seinem Mitstreitern, u.a. Tamara Bunke aus der DDR, überführte, nachdem sie Ende der 90er Jahre in Bolivien entdeckt worden waren. Die Ausstellung bietet ein klinisch reines Bild des Mannes, dessen Porträt man in Kuba nicht ausweichen kann. Von Che, dem gnadenlosen Revolutionswächter, ist nicht die Rede, auch nicht vom Henker seiner Kameraden im bolivianischen Dschungel, die hingerichtet wurden, weil sie angeblich Verräter oder hinderlich beim Weitermarsch waren. Allerlei Devotionalien sind zu besichtigen, u.a. die „legendäre Rolex" Guevaras. Ich fragte mich beim Anblick der Uhr bang, ob es sich um diejenige handelt, die Guevara, wie er in seinem bolivianischen Tagebuch beschreibt, einem sterbendem Kameraden abgenommen hat, dem er vorher ein Kopfschuss verpasste.

Dicht neben der Guevara-Gedenkstätte stehen bettelnde Kinder und schwangere Frauen. Santa Clara ist in einem schlimmeren Zustand, als die anderen kubanischen Städte, die wir gesehen haben. Hier müssen schützen Bauzäune die Touristen vor herabstürzenden Fassaden. Die Bettelei findet anders als in Havanna nicht versteckt, sondern offen statt. Ich frage mich, ob die Bewohner Santa Claras Guevaras Rebellen auch dann geholfen hätten, wenn sie fähig gewesen wären, die Zukunft ihrer Stadt zu erblicken.

Wie sieht es mit der Unterstützung des Regimes durch die Bevölkerung heute aus? Der riesige „Platz der Revolution" in Havanna, der so vernachlässigt und trostlos aussieht, wie der Rest des Landes, ist noch immer voll, wenn die jährliche Maidemonstration stattfindet. Allerdings haben Staatsangestellte, die hinbeordert werden, keine Möglichkeit, die Teilnahme abzulehnen. Über 70% der Bevölkerung Kubas ist nach der Revolution geboren worden. Die restlichen 30% unterstützen Castro aus einer Art Trotzstarre heraus, weil sie sich nicht eingestehen können, dass sie ihr Leben der falschen Sache gewidmet haben. Diese Schicht macht, wie viele Linke im Westen, das amerikanische Handelsembargo für die Misere des Landes verantwortlich. Wenn es dieses Embargo nicht gäbe, müsste es von der Propaganda erfunden werden, um einen Schuldigen zu haben.

Tatsächlich ist die Blockade löchrig wie ein Schweizer Käse. Seit 2000 ist sie für Lebensmittel und Medikamente vollkommen aufgehoben. Trotz des Embargos stehen die USA an 6. Stelle als Handelspartner Kubas. Die UNO hat das Embargo nie unterstützt und hat jedes Jahr eine Resolution für seine Aufhebung verabschiedet. Kuba besitzt Überseehäfen, die nicht blockiert sind. Es kann frei Handel treiben. Es liegt an der Ineffizienz seiner Industrieproduktion und der am Boden liegenden Landwirtschaft, dass es nicht viel zu bieten hat.

Überraschenderweise wird Kuba nach dem Human Development Index der 2. Platz im Lebensstandard in Mittelamerika zugebilligt. Den hat es so sicher inne, wie die DDR 1989 die zehnt stärkste Industriemacht der Welt war. Die Verbreitung solcher Daten, z. b. in Wikipedia, trägt zur Desinformation bei.

Kuba hat mehr Ärzte pro Kopf der Bevölkerung als Deutschland. Richtig. Doch nach der ärztlichen Diagnose beginnt das eigentliche Problem.

Der Mangel an Medikamenten im Land, das sich seiner pharmazeutischen Industrie rühmt und sogar Arzneien exportiert, ist so groß, dass es jedem Touristen gestattet ist, bis zu 10 kg! Medikamente einzuführen. Arznei muss gekauft werden und ist oft unerschwinglich. Wenn jedem

Kubaner die kostenfreie Sanierung seines Gebisses garantiert ist, warum laufen so viele Menschen mit ruinierten Zähnen herum? Wirklich nur, weil sie zu träge sind, zum Zahnarzt zu gehen?

Woran sich die Jugend orientiert, ist auf der Straße leicht festzustellen. An Amerika. Man kleidet sich amerikanisch, isst, wenn man es sich leisten kann, Burger, trinkt Cola und sitzt am Abend an Malecon, der Uferpromenade Havannas, die Florida am nächsten ist.

An einem Abend gehen wir zu einer Show ins Café Habana. Hier stehen amerikanische Straßenkreuzer im Saal, auf Monitoren an der Wand läuft ununterbrochen amerikanische Werbung. Der Abend beginnt mit amerikanischer Jazzmusik der 30er Jahre und endet mit dem Hip-Hop der Haarlemer Kids. Ein Programm, das widerspiegelt, wohin die Sehnsüchte der meisten Kubaner gehen - nach Amerika. Es wäre ihnen zu wünschen, dass sich diese Sehnsucht bald erfüllt.

Warschau: Die verschwundene Stadt

04. Mai 2011

Wer heute in die prosperierende polnische Metropole kommt, die sich mit jedem Tag mehr von den Hinterlassenschaften zweier totalitärer Diktaturen erholt, dem kommt nicht in den Sinn, dass es sich um eine Stadt handelt, die die Nazis zu neunzig Prozent dem Erdboden gleich gemacht haben. Nach der Niederschlagung des Warschauer Aufstandes - während der die Rote Armee am anderen Ufer der Weichsel sechs Wochen lang tatenlos zusah - sprengten deutsche Ingenieur-Kommandos systematisch alle bedeutenden kulturellen Bauten, während die Wohnquartiere in Flammen aufgingen. „Kein Stein soll auf dem andern bleiben", lautete der Befehl von Himmler, der akkurat ausgeführt wurde.

Warschaus Bevölkerung, die vorher durch die Kämpfe um mindestens ein Viertel dezimiert worden war, wurde aus der Stadt vertrieben. Nur etwa 2000 Personen sollen in den Ruinen ausgeharrt haben. General Eisenhower gab erschüttert zu Protokoll, er hätte viele zertrümmerte Städte gesehen, nirgends sei ihm ein solches Ausmaß an Zerstörung begegnet.

Was heute in Warschau zu sehen ist, ist fast ausnahmslos nach dem Zweiten Weltkrieg entstanden. Von der ursprünglichen Stadt ist bis auf wenige Reste nichts mehr vorhanden. Kaum zu glauben, wenn man den Alten Markt, die Neustadt, oder die prächtigen Paläste sieht.

Aber nicht das touristische Warschau interessierte mich, sondern ich wollte nach Spuren der untergegangenen Stadt suchen. Mein Ziel war Muranów. Der Stadtteil, benannt nach der Insel Murano in Venedig, war im 19. Jahrhundert das Zentrum jüdischen Lebens in Warschau, mit der 1878 fertig gestellten Großen Synagoge als Kronjuwel.

Während Venedig um 1516 das erste jüdische Ghetto in Europa einrichtete, war Muranów, mit über 380 000 Bewohnern, das größte. Ab dem Jahr 1941 trennte eine Mauer, die die Insassen selbst bezahlen mussten, das Ghetto vom Rest der Stadt. Nach dem Ghettoaufstand 1943 besiegelten die Nazis ihren Sieg mit einer vollständigen Zerstörung des Viertels. Muranów nahm so das Schicksal von ganz Warschau vorweg. Außer den Straßennamen blieb kaum etwas von der Vergangenheit.

Nur acht Gebäude haben überlebt. Insgesamt wurden 2,5 Quadratkilometer Fläche dem Erdboden gleich gemacht. Auf etwa 3,4 Millionen Kubikmetern Schutt entstanden zur Stalinzeit und danach sozialistische Quartiere. Zwei Straßenschneisen zerteilen das Gebiet. Die General-Anders-Straße - nach dem Vorbild der Berliner Stalinallee gebaut - strahlt bis heute realsozialistische Düsternis aus. Unter ihren Arkaden bekommt man bei dem Gedanken Beklemmungen, dass zwei Diktaturen die Voraussetzungen für dieses Stadtbild geschaffen haben.

Folgerichtig befindet sich dort, wo die General-Anders-, auf die Stawski-Straße trifft, das Denkmal für die in den Gulag Deportierten. Ein eiserner Viehwaggon steht auf dem Mittelstreifen neben der vielbefahrenen Straßenkreuzung auf einer steinernen Rampe. Im Waggon dutzende Kreuze mit den Namen der Gulag-Lager. Zu übersehen ist das Mahnmal gegen die sowjetische Gewaltherrschaft nicht. Die Geschichte ist in Polen in einem Maße lebendig, das in Deutschland unvorstellbar ist. Nicht weit vom Denkmal befindet sich das Stadion von Polonia Warszawa. An seiner Außenmauer prangen nicht Fußball-Graffiti, wie man annehmen würde, sondern schwarzgrundige Gemälde mit Szenen aus der deutschen Besatzungszeit. „Achtung, Achtung!", brüllt es von der Mauer, darunter deutsche Landser mit schussbereitem Gewehr. Die Farbe bröckelt, an zwei

Stellen ist die Geschichtsdarstellung von großen Werbeflächen verdeck.

Kaum einen Kilometer in die andere Richtung befindet sich der Umschlagplatz. Der Ort heißt heute noch so. Auch hier hat das Denkmal die Form eines Waggons, allerdings aus Beton, gebaut um ein Stück Originalrampe, von der die Transporte nach Treblinka ausgingen. Auf der gegenüberliegenden Straßenseite erinnert eine Tafel am Eingang, dass dieses Haus der SS als Stützpunkt bei der Planung der Todestransporte diente. Auf dem Weg dorthin kam ich an zwei weiteren Tafeln vorbei, die entlang der ehemaligen Ghettomauer an die jüdischen Kämpfer erinnern, die sich mit einem Aufstand gegen die Liquidierung des Ghettos gewehrt haben. Mit Hilfe jüdischer Historiker wurde vor kurzem der Verlauf der Mauer rekonstruiert und, wo es möglich war, mit einem eisernen Band auf dem Boden nachgezeichnet. In der Milasraße 18, einst die legendäre Zentrale der Anführer des Aufstands, ist heute ein kleiner Park, nicht größer als das ehemalige Wohngebäude.

In der Mitte wurde aus dem Schutt über dem ehemaligen Bunker eine Anhöhe geformt. Oben sind die Namen der jungen Leute verewigt, die sich beim Sturm der SS auf die Kommandozentrale am 8. Mai 1943 nicht ergeben, sondern, als der Kampf aussichtslos wurde, Selbstmord verübt haben, wie einst ihre Vorfahren auf Massada.

Angesichts der blühenden Bäume und Büsche erinnert nichts mehr an das Grauen, das sich hier abgespielt hat. Stattdessen duftet es nach Frühling. Eine Gruppe amerikanischer Jugendlicher mit roten Käppis lauscht den Erklärungen ihrer Reiseführerin. Im Weggehen fotografieren sie die Namenstafeln. Einen Augenblick ist es still. Ich bin allein und versuche, den Geist des Ortes zu erfassen. Da kommt schon die nächste Jugendgruppe, mit hellblauen Käppis.

Kurz vor dem Denkmal für die Aktivisten des Ghettoaufstandes begegne ich noch zwei Gruppen, gelb und braun behütet. Vorher habe ich schon die unauffällig gekleideten

Männer bemerkt, die ab und zu in ihren Hemdkragen sprechen. Jüdische Jugendgruppen können offenbar ohne Schutz nicht mehr auskommen. Auf dem Gebiet des ehemaligen Ghettos ist das eine besonders schmerzliche Erkenntnis.

Das Ehrenmal für die Aufständischen, aufgestellt am Ort der heftigsten Kämpfe, ist schlimmster sozialistischer Realismus. Das Monument steht auf Steinen, die von den Nazis aus Schweden geholt worden waren, zum Bau eines Triumphbogens. Seit das Museum für Jüdische Geschichte gebaut wird, ist das Denkmal nicht mehr allein auf einem riesigen leeren Platz, sondern nun Mittelpunkt eines kleiner Grünanlage, die zum Park heranwächst. Ich entdecke ein Foto, das Unbekannte zwischen die eisernen Stiefel eines Ghetto-Helden abgestellt haben: zwei Kinder, das Mädchen in einem weißen Kleidchen, der Junge im Matrosenanzug. Diese Kinder haben im Ghetto gewohnt und sind mit ihm verschwunden.

Wenige Minuten vom Mahnmal entfernt befinden sich die Überreste des berüchtigten Pawiak-Gefängnisses. In der zaristischen Festung, wo die Tschekisten politische Gefangene für den Transport nach Sibirien sammelten, wütete unter den Nazis die Gestapo. Über 37 000 Polen verloren hier ihr Leben. Während des Warschauer Aufstandes wurde auch das Pawiak eingeebnet. Überlebt haben nur ein Teil des Eingangstores und ein unterirdischer Zellentrakt. Die legendäre Eiche, die neben dem Eingang allen Zeitstürmen getrotzt hatte, starb in den 90er Jahren ab und wurde durch eine Bronzeskulptur ersetzt. Heute ist das Pawiak ein Museum, in dem man neben einigen Original-Zellen auch erstaunliche Bilder vom Vorkriegs-Warschau sehen kann.

Wo immer noch quasisozialistische Öde herrscht, gemildert nur durch viel Grün, befand sich ein lebhaftes Viertel mit zahlreichen Geschäften und Cafés.

Wenn man aus dem Museum heraustritt, sieht man hinter stalinistischen Fassaden den Turm der St. Augustin- Kirche. Während des Warschauer Aufstandes blieb das Gotteshaus stehen. Nicht, weil die Nazis sich gescheut hätten, sakrale Gebäude zu sprengen, sondern weil der Kirchturm deutschen Heckenschützen als Ausguck diente.

Schlendert man die Johannes-Paul II- Straße entlang, hat man rechts die Bemühungen vor Augen, den Zuckerbäcker-Bauten durch Farbe Frische und Eleganz zu verleihen, was zu gelingen scheint. Sogar ein Laden mit hochpreisigen Pelzen hat sich eingefunden. Links herrscht noch die alte Tristesse, aufgelockert durch bunte Reklamen und modische Geschäfte. An der Kreuzung von JP II und Solidarnosc-Straße kommt das Stadtgericht in den Blick. Einst stand es genau auf der Grenze zwischen Ghetto und der arischen Seite. Hier nutzten Dr. Irena Sendler und ihre Helfer einen Gang, um über 2500 Menschen, darunter viele Kinder, in die Freiheit zu schmuggeln. Umgekehrt fanden durch das Gerichtsgebäude unzählige Pakete mit Nahrung ihren Weg ins Ghetto. Nur wenige hundert Meter weiter steht auch heute noch das Kamienica-Theater. Der heruntergekommene Jugendstilbau wirkt trotz des Theater-Flairs im Hinterhof bedrückend. Kein Wunder, hier ist nicht nur Wladislaw Szpilman, der Pianist, aufgetreten. Im Vorderhaus hatte die berüchtigte Jüdische Gestapo ihren Sitz.

Nach beendetem Rundgang durch Muranów stellt man fest, dass es kaum Spuren des alten Viertels gibt. Die finden sich im ehemaligen „Kleinen Ghetto", das während des Ghettoaufstandes schon aufgelöst war, also von der Vernichtung vorerst verschont blieb.

In der Prozna-Straße haben ein paar Häuser überlebt. Nur hier kann man sehen, wie das Vorkriegs-Warschau mal ausgesehen hat. Trotz des abgefallenen Putzes wirken die Häuser stattlich. Wo die Balkons noch vorhanden sind, werden sie von kunstvollen Eisengittern geschmückt. Sogar die Balkon-Decken waren mit Stuck verziert.

Die herrschaftlichen Einfahrten werden von eisernen Figuren bewacht. Die zahlreichen Läden und Cafés, die sich hinter den Schaufenstern befunden haben müssen, zeugen von der lebendigen Vergangenheit dieser Straße, die heute vor allem Melancholie ausstrahlt. Verstärkt wird das durch überdimensionale Fotos ehemaliger Bewohner der Straße, die an den Fassaden hängen.

Im schlauchförmigen Café Prozna kann man sich bei Kaffee und wunderbarer Baiser-Torte darüber grübeln, wie die Straße wohl in den verschiedenen Jahrzehnten ausgesehen haben mag. Etwa 10 Minuten weiter, in der Sienna-Straße findet man auf dem Hinterhof das letzte noch vorhandene Stück Ghettomauer. Trotz der Erinnerungstafel wirkt die Wand aus roten Backsteinen eher dekorativ als bedrohlich. So ändern sich die Dinge, wenn ihr Zweck wegfällt. Ein paar Häuser weiter gibt es noch einen Wohnblock aus der Vorkriegszeit, erhalten mit allen Nebengebäuden, Stallungen und Wandbrunnen im zweiten Hinterhof.

Ich beende meine Spurensuche in der Chlodna-Straße. Vor dem Haus mit der Nummer 25 verband eine Brücke das kleine Ghetto mit dem Großen. Man sieht noch den Verlauf der mit Kopfsteinen gepflasterten Straße und die Schienen der Straßenbahn, die einst mitten durch das Ghetto fuhr. Auf der Seite des großen Ghettos stehen drei Betonelemente, die der Berliner Mauer zu entstammen scheinen. Auf der dem kleinen Ghetto zugewandten Seite ist die Brücke aufgemalt, wie wir sie aus den Filmen kennen. Eine sehr symbolische doppelte Erinnerung an die tödlichen Mauern, die es in Europa gegeben hat.

Madrid in Zeiten der Krise

4. November 2012

Welche Krise, fragt man sich unwillkürlich, wenn man das Glück hat, Madrid, die Wunderbare, besuchen zu dürfen. Spaniens Hauptstadt ist eine der schönsten in Europa. Sie steht zu Unrecht im Schatten von Paris, Rom und London. Wer von dem großartigen Plaza Mayor kommend über die Calle Huertas ins Dichterviertel spaziert, sieht eine andere Welt. Hier haben Servantes und Lope de Vega gewohnt. Auf dem Pflaster kann man in Abständen ihre Verse und die anderer Dichtergrößen lesen, sonst sieht alles noch so aus, wie im „goldenen Jahrhundert".

Madrid ist entstanden aus einer maurischen Burg, die sich dort befand, wo heute der Königspalast steht. Auf einer Seite überragt er eine über hundert Meter steile Schlucht; auf der anderen Seite verbindet ihn ein gepflegter Park mit der Stadt. Madrid ist vom Zweiten Weltkrieg verschont worden. Die Zerstörungen, die es erleiden musste, stammen aus der Zeit des Bürgerkrieges 1936-1939. Auf dem heutigen weitläufigen Universitätscampus verlief die Front zwischen Republikanern und Nationalisten. Bis zum 28. März 1939, wenige Wochen vor dem Ende des Krieges, ist es den Francotruppen nicht gelungen, die Stadt einzunehmen.

Als sich die Republikanische Regierung nach Toledo zurückzog, übernahmen die Madrider selbst die Verteidigung. „No pasarán", sie kommen nicht durch, wurde der bekannteste Schlachtruf des Bürgerkrieges, der wegen seiner auf beiden Seiten verübten Grausamkeiten ein bis heute nicht verarbeitetes spanisches Trauma ist. An vielen Orten trifft man auf die Spuren der Franco-Diktatur, so auf der Calle Atocha, wo seit einigen Jahren ein Denkmal für die in den Siebzigern hier erschossenen Rechtsanwälte steht. Keine hundert Meter weiter befindet sich ein Dauercamp kubanischer Exilanten, die auf die Verbrechen der Castro- Diktatur aufmerksam machen wollen - was weitgehend ignoriert zu werden scheint. Das Leben flutet an den Demonstranten vorbei. Sie werden von den vielen Passanten kaum eines Blickes gewürdigt.

Die Restaurants und Cafés sind voll, die vielen Läden ebenfalls. Wenn überhaupt, sind weniger Touristen als gewöhnlich unterwegs. Aber das muss man gesagt bekommen, sonst würde es nicht auffallen. Von der Deutschenfeindlichkeit, über die man so viel in der heimischen Presse liest, ist nichts zu spüren. Die Menschen sind freundlich und hilfsbereit. Deutsche Damen bekommen gratis zu ihrem Wein, der schon für 2,60€ pro Glas zu haben ist, kleine Vorspeisen. Anschließend erklärt man ihnen mit großer Geduld den Weg zurück in ihr Hotel.

Zwei Stunden vor Schluss sind alle Museen der Stadt umsonst zu besichtigen. Vor dem Prado bilden sich jeden Abend kurz vor 18.00 Uhr lange Schlangen. Picassos berühmtes Gemälde Guernica dagegen kann man abends im Museo Reina Sofia, ohne anzustehen betrachten, man das Kunststück, es denn mal in dem riesigen Gebäude ausfindig zu machen gemeistert hat. Auch hier können orientierungslose Deutsche auf die freundliche Hilfe des Personals vertrauen.

Sicherlich sind die morgendlichen Schlangen vor den Kirchen, die kostenloses Frühstück für Bedürftige anbieten, länger als vor 2008, dem Beginn der Staatsschuldenkrise. Damit hören die sichtbaren Zeichen der Krise auch schon auf. In Madrid scheint es keine Immobilienblase gegeben zu haben. Wohnungen hier sind nach wie vor begehrt und teuer. Selten sind Verkaufsschilder zu sehen.

Erst am Dienstagabend ändert sich das Bild. Als wir auf der Prachtstraße, der Calle de Alcalá, spazieren, ist die ab der Kreuzung Plaza de Cibeles in Richtung Regierungsviertel plötzlich für Autos gesperrt. Gleich darauf gewahren wir vor uns eine Endloskolonne von Polizeifahrzeugen. Allerdings sehen die Polizisten sehr entspannt aus. Nur einer zieht mit leicht verzerrter Miene einen karierten Rollkoffer hinter sich her, der offensichtlich herrenlos auf der Straße herumstand und nun an sicherer Stelle auf seinen möglicherweise explosiven Inhalt untersucht werden muss. Am Gitter, das den nächsten Springbrunnen auf dem Grünstreifen des Boulevards umzäunt, hängen mehrere entsorgte Plakate. „Besetzt das Parlament" steht auf einigen, auf anderen „Ihr vertretet uns nicht" oder einfach nur „Raus mit Euch!". Die Parlamentarier scheinen ein rotes Tuch für die Demonstranten zu sein.

Aber wo sind die Protestierenden? Wenig später stoßen wir auf sie. Aus drei Straßen der Altstadt kommend, vereinigen sich die Demonstrationszüge an einer Kreuzung oberhalb der Calle de Alcalá. Man verständigt sich mit Flüstertüten. „Zum Parlament" heißt schließlich die Devise. Mit dem Ruf: „El pueblo unido jamás sera vencido" mit dem einst die chilenische Linke die Regierung Allende verteidigte, zieht man vereint weiter. Ich habe eine deutsche Konferenzmappe unter dem Arm. Grund für Attacken, wenigstens hier? Nein, die Stimmung ist lebhaft, aber nicht aggressiv. Es sind überwiegend junge Leute zwischen 18 und 38, die hier demonstrieren. Einige Jüngere werden von ihren Eltern begleitet, sonst sind wenig ältere Semester zu sehen.

Uns fällt ein junger Mann mit einem großen Schild auf, auf dem eine EU-Fahne mit einem Hakenkreuz in der Mitte zu sehen ist. Er zeigt Gesicht, nur als wir ihn fotografieren wollen, setzt er sich eine Faschingsmaske auf. Hier äußert sich eine Jugend, die zutiefst enttäuscht von der politischen Klasse ist und offenbar das Gefühl hat, von einer EU-Diktatur gegängelt zu werden. Verdenken kann man ihnen das nicht. Es ist leider eher unwahrscheinlich, dass die Warnsignale, die auf dieser und anderen Demonstrationen, die zurzeit in Europa stattfinden, gehört werden.

Als ich am anderen Morgen die Nachrichten im Fernsehen anschaue, stelle ich fest, dass die Zahl der Teilnehmer des Protestzuges absurd niedrig angegeben wurde. Sechshundert sollen es nur gewesen sein, wo ich mehrere Tausend an dieser Kreuzung gesehen habe. Auch die Interviewten sind zwischen 50 und 60 Jahre alt, was mit dem Durchschnittsalter der Demonstranten nichts zu tun hat.

Arroganz der Macht? Auf die Dauer werden sie damit nicht durchkommen.

Vivat Israel!

31. Dezember 2013

Wer, wie ich, über die Weihnachtstage in Tel Aviv war und die einmalige Atmosphäre der Stadt genossen hat, kommt, wenn er die Realität mit dem Eindruck vergleicht, den ihm europäische Medien vermitteln, aus dem Staunen nicht heraus. Die Israelis sind entspannt, freundlich und selbstbewusst.

Die Zwischenfälle an der libanesischen Grenze scheinen keinen Einfluss auf den Alltag zu haben. Man sieht, anders als in Deutschland, viele junge Menschen auf der Straße und weniger Wohlstandsverwahrlosung. Tel Aviv platzt schier aus allen Nähten, an jeder Ecke gibt es Baustellen. Es wären noch viel mehr, wenn es nicht so viele ungeklärte Besitzverhältnisse gäbe, oder Altmieter, die für eine Rekonstruktion nicht weichen wollen. An der Strandpromenade wetteifern die funkelnagelneuen Wolkenkratzer miteinander, wem die Krone für die eleganteste Fassade gebührt. Am ihrem südlichen Ende, nach Jaffa hin, gibt es eine herrliche Uferpromenade, die nicht nur zu Spaziergängen, sondern auch zur sportlichen Betätigung einlädt. Am Abend lässt man sich auf einem Felsen oder dem kurz geschorenen Rasen der Böschung nieder, um den Sonnenuntergang zu genießen, der Meer und Stadt in ein magisches Licht taucht.

Es ging nicht immer so friedlich zu, daran erinnert ein mannshoher heller Sandstein am Beginn der Promenade. Er steht vor der Ruine einer Stranddiskothek, in der an einem schönen Abend mehr als ein Dutzend junger Menschen beim Tanzen in die Luft gesprengt wurden. An den Namen sieht man, dass es sich überwiegend um Einwanderer aus der ehemaligen Sowjetunion gehandelt hat. Sie suchten ein besseres Leben in Israel und fanden den Tod. Mittlerweile gehören solche Anschläge der Geschichte an. Das ist der wohltuende Effekt des Sicherheitszauns, der in Europa schändlicherweise mit der Berliner Mauer verglichen wird, obwohl er Leben schützt, statt kostet.

Das Geheimnis Israels enthüllt sich uns in Beer Sheva, wohin wir mit dem Zug fahren. Chaim Noll, der deutschisraelische Schriftsteller, der seit 15 Jahren hier wohnt, holt uns ab. Ein überdachter Gang führt vom Bahnhof zur Universität, die mitten in der Wüste entstanden ist. Die meisten Gebäude sind noch keine zehn Jahre alt. Die Parkanlagen, die zum Campus gehören, sind genauso jung. Ihre Üppigkeit lässt vergessen, wo man sich befindet.

Auf den Rasenflächen lagern verschleierte Beduinenmädchen, als wäre es das Selbstverständlichste auf der Welt. Das ist, wie uns Chaim erklärt, der Erfolg eines Programms der Konrad-Adenauer-Stiftung, das es diesen Mädchen ermöglicht hat, Abitur zu machen und anschließend zu studieren. Große Teile der Stadt sind so neu, wie die Universität. Rings um den Campus haben sich zahlreiche Unternehmen angesiedelt, etliche davon sind Startups, die von Studenten der Universität gegründet wurden.

Nach der letzten Intifada hat es einen enormen wirtschaftlichen Aufschwung in Israel gegeben, den sich kein Wirtschaftswissenschaftler erklären kann. Nicht nur das. Die Geburtenrate der Israelis liegt mittlerweile über derjenigen der Palästinenser. Arafat hat es sich sicher nicht träumen lassen, dass die Antwort der Israelis auf seinen zynischen Kinderkrieg der Mut zum dritten oder gar vierten Kind sein würde.

Chaim Nolls schönes Haus, das er mit seiner Frau, der Malerin Sabine Kahane und etwa ein Dutzend Katzen teilt, liegt in Sichtweite des Grenzzauns zum palästinensischen Autonomiegebiet. Von seiner Dachterrasse hat man einen atemberaubenden Rundumblick. Der Kontrast ist verblüffend: Auf israelischem Territorium ist die Wüste grün. Es wächst ein ausgedehnter Wald heran. Die palästinensischen Dörfer auf der anderen Seite sind von Kahlheit umgeben.

Am Checkpoint herrscht lebhafter Verkehr. Es ist Feierabend. Von Beduinen betriebene Kleinbusse bringen die palästinensischen Arbeiter an die Grenze. Die müssen Sie zu Fuß überqueren. Auf der anderen Seite besteigen sie die wartenden Autos. Außerdem sind jede Menge Lastwagen in beide Richtungen unterwegs.

Das Ehepaar Noll/ Kahane hat sein Haus, in Erinnerung an seine italienischen Jahre, terrakottafarben streichen lassen. Das hat einem der damit beschäftigten palästinensischen Arbeiter so gefallen, dass seit geraumer Zeit in einem der Dörfer jenseits der Grenze ein Haus in Terrakotta prangt. Uri, der israelische Dorfhandwerker, erzählt Chaim, lässt sich seine Utensilien aus Palästina mitbringen. Eine Bohrmaschine mit den neuesten technischen Finessen kostet dort, dank hoher EU-Subventionen, weniger als ein einfaches Standardmodell im israelischen Baumarkt. Chaim Noll sieht die weitere Entwicklung seiner neuen Heimat optimistisch. Er kann jeden Tag beobachten, dass Wirtschaft und Handel zusammenführen, was die Politik trennt. Am Ende, sagt er, wird die ökonomische Realität die Ideologie besiegen. Die deutschen Politiker versuchen längst, heimlich den israelischen Aufschwung für sich zu nutzen.

Während die Regierung Schröder die deutsch-israelische Doppelstaatsbürgerschaft abschaffen wollte, indem die deutsche Botschaft die Pässe von in Israel lebenden Deutschen einfach nicht mehr verlängerte, macht es die Regierung Merkel umgekehrt. Jeder junge Israeli, der einen deutschen Großvater hat, bekommt einen deutschen Pass, auch wenn er kein Deutsch spricht und noch nie in Deutschland war. Deutschland kommt zugute, dass es, besonders seine Hauptstadt Berlin, ganz oben auf der Wunschliste junger Israelis steht, die nach dem Militärdienst ins Ausland reisen. Berlin profitiert davon besonders: Eine große Anzahl der Startups, die in jüngster Zeit die Ökonomie der Hauptstadt belebt haben, wurde von jungen Israelis gegründet. Welch Ironie der Geschichte: Für das alternde, israelkritische Deutschland sind die Israelis ein wahrer Jungbrunnen!

Moldawien: Die unbekannteste Ecke Europas

09. September 2015

Kennen Sie Kischinau? Vermutlich nicht. Das ist die Hauptstadt eines der jüngsten Staaten Europas. Wenn man so will, ist der Staat Moldova ein Ergebnis des Hitler-Stalin-Paktes, denn weder Bessarabien noch die Bukowina waren vorher jemals eigenständige Staaten. Vielmehr wechselten sie selbst für osteuropäische Verhältnisse oft die Zugehörigkeit. Sie waren Teil des Osmanischen und des Zarenreiches, der Sowjetunion, Rumäniens, wieder der Sowjetunion als autonome Republik, seit 1990 ein eigener Staat. Traditionell wurde das Gebiet von vielen Völkern bewohnt: Moldawiern, Russen, Ukrainern, Bulgaren, Deutschen, Juden.

Letztere stellten bis 1941 die Hälfte der Bevölkerung von Kischinau. Man lebte in weitgehend in autonomen Dörfern problemlos nebeneinander. Deutsche und Juden gibt es heute kaum noch. Auch das hat mit dem Hitler-Stalin-Pakt zu tun.

Bessarabien und die Bukowina erlebten seit 1941 drei große und mehrere kleine Deportationswellen. Als die Sowjets infolge des Hitler-Stalin-Paktes Moldawien wieder in die SU eingliederten, begann umgehend die Sowjetisierung. Im Juni 1941 deportierten sie die rumänische politische Elite, Abgeordnete, Bürgermeister, Beamte, Lehrer, Intellektuelle samt Familien nach Sibirien. Die Männer wurden abgetrennt und verurteilt, erschossen oder in den Gulag gesteckt. Frauen und Kinder wurden zu sogenannten "freien" Ansiedlern in Gebieten, die sich möglichst weit weg vom Lager ihrer Männer befanden. Die Familien hatten 15 Minuten Zeit gehabt, zu packen. Dann kamen gemäß der Vereinbarung des Hitler-Stalin-Paktes deutsche Beamte in die deutschen Dörfer und forderten die Bewohner auf, heim ins Reich zu kommen. Eine Wahl hatten sie nicht. Nach dem Überfall auf die Sowjetunion waren die Juden dran, die die Nazis mit Hilfe der rumänischen Polizei erst in Ghettos zusammentrieben und dann nach Auschwitz transportierten. Im Juli 1949 wurden die wirtschaftlichen Eliten enteignet und deportiert. Fast über Nacht verschwand die gewachsene ökonomische Struktur und mit ihr fast alle traditionellen Berufe. Das Gebiet hat sich bis heute nicht davon erholt.

Heutige Umverteilungsfans könnten aus der Geschichte lernen, was Enteignung im großen Stil anrichtet und dass sie nicht alle reicher macht, sondern eine Gesellschaft ins Elend stürzt. Zwar wurde Moldawien auf sowjetische Weise industrialisiert - es entstanden Rüstungszulieferer mit bis zu 20 000 Mann Belegschaft. Diese Betriebe haben den Zusammenbruch der SU aber nicht überlebt. Geblieben sind nur die Plattenbaubezirke neben den ehemaligen Fabriken. Vom Werk getrennt durch eine überbreite Staßenschneise, in deren Mitte ein mit Bäumen und Sträuchern bepflanzter endloser Spazierweg für die Erholung der Werktätigen angelegt war. Das Werk selbst ist immer hinter einer dichten Reihe Bäume versteckt und durfte nur mit Spezialausweis betreten werden. Vor den Wohnblöcken befindet sich die übliche An-sammlung von Einkaufsbuden, heute stehen in den Lücken Supermärkte. In einem englischen Reiseführer wird Kischinau als schönste Sowjetstadt gepriesen, wegen des vielen Grüns. Auf mich wirkt sie eher deprimierend.

Fliegt man auf den Hauptstadt-Flughafen zu, hat man das Gefühl, auf einer verlassenen Baustelle zu landen. Immerhin ist das Flughafengebäude neu, von westlichem Standard, allerdings ohne die Ladenzeilen. Man ist in zehn Minuten draußen, denn das Gepäck ist schon auf dem Fließband, wenn man die Halle betritt. Wir sind mit der moldawischen Fußballnationalmannschaft geflogen, die am Vorabend in Wien sich ganz unerwartet mit 1: 0 geschlagen geben musste und darüber immer noch ganz glücklich ist. Die auffallend gutaussehenden Jungs fliegen übrigens Economy.

Auf dem Weg nach Kischinau hatte ich das Gefühl, der Maler Wolfgang Matheuer müsste hier gewesen sein. Diese schnurgeraden, aber durch Hügel gewellten Straßen kenne ich aus seinen Bildern. Kischinau liegt wie Rom auf sieben Hügeln - der Vergleich unserer Reiseführerin kommt uns allerdings angesichts des postsowjetischen Flairs beinahe obszön vor. Vom Stadtzentrum sehen wir auf unserer Stadtrundfahrt vorerst nichts. Vor dem Regierungsgebäude findet an unserem Ankunftstag eine Demonstration mit geschätzten hunderttausend Teilnehmern statt. Es geht um einen Korruptionsskandal, den die Bevölkerung nicht hinnehmen will. Moldawien ist dabei, sich von seinem Ruf als korruptester Staat Europas zu befreien. Dass es auch der ärmste Staat sein soll, ist nicht unmittelbar sichtbar. Die Menschen sind gut und sehr viel sorgfältiger gekleidet, als wir es gewohnt sind. Die Autoflottille ist überwiegend modern. Im Supermarkt gibt es alles, was es auch bei uns gibt. Es wird viel gebaut, vor allem Eigentumswohnungen, die sich die Leute kaufen, um als Rentner darin zu leben. Warum nicht gleich?

Ein Drittel der arbeitsfähigen Bevölkerung ist im Ausland. Trotzdem sieht man auf den Straßen viel mehr junge Menschen, als bei uns. Bei drei Millionen Einwohnern hat Moldawien 30 Universitäten, die, wie wir uns in der größten überzeugen konnten, gut ausgestattet sind. Die schweren Schicksalsschläge haben den Lebenswillen der Bevölkerung nicht gebrochen. Die Menschen wirken entspannt und freundlich. Dennoch gibt es jede Menge Probleme.

10. September 2015

Als wir uns der transnistrischen Grenze näherten, wurden wir strengstens eingewiesen, wie wir uns zu verhalten hätten. Bei der Grenzkontrolle keinesfalls lachen, blöde Bemerkungen machen, wie die, dass es die sozialistische Republik Transnistrien de jure nicht gäbe, also Grenzkontrollen unrechtmäßig seien. Wir sollten unbedingt betonen, aus rein touristischem Interesse einreisen zu wollen, historisch-politische Absichten unbedingt verbergen. Wir hätten uns auf eine strenge Kontrolle einzurichten, die stundenlang dauern könnte.

Aber dann mussten wir lediglich aus unserem Bus aussteigen, zum Kontrollhäuschen gehen und unseren Pass vorlegen. Wir bekamen keinen Stempel, lediglich einen Zettel, auf dem stand, dass uns der Aufenthalt bis 20:30 Uhr gestattet sei, ab dann wären wir illegale Eindringlinge. Das Ganze dauerte nicht mehr als eine Viertelstunde, danach stand uns der letzte Ableger der Sowjetunion offen.

Erste Überraschung: die Sowjetunion light sah besser aus, als Moldawien und natürlich besser, als ihr Original je ausgesehen hatte. Die alte Bausubstanz ist zu großen Teilen restauriert, neue Häuser sind entstanden, deren Qualität weit über dem sowjetischen Plattenbaustandard liegt. Es gibt sogar regelrecht luxuriöse Appartement-Komplexe. Die Straßen und Gehsteige sind in einem guten Zustand, die Kirchen wirken frisch gestrichen, das Gold ihrer Kuppeln glänzt wie neu.

Unser erster Halt hinter der Grenze war ein historischer Friedhof. Vor dem Eingang stand eine Statue von Graf Potemkin, dem kurzzeitigen Favoriten von Katharina der Großen. Potemkin hat hier an der entscheidenden Schlacht gegen das Osmanische Reich teilgenommen. Im Friedhof fanden sich neben den Gräbern der Schlachtteilnehmer gegen die Osmanen, darunter auch ein Sprössling der Thüringer Adelsfamilie Cannabich, auch Gräber für Gefallene des Zweiten Weltkriegs, des Afghanistan- und des Bürgerkrieges von 1992, in dessen Folge die transnistrische, sozialistische Republik ausgerufen wurde. Was es mit dem Bürgerkrieg auf sich hatte, erfuhren wir auf unserer nächsten Station, im Museum für die Gefallenen des Bürgerkrieges.

Die Auseinandersetzung zwischen Transnistrien, das stets darauf hinweist, dass es nie Teil Rumäniens oder Moldawiens gewesen sei und der neu gegründeten Republik Moldova wurden mit Hilfe Russlands entschieden. Allerdings erkannte Russland den Zwergstaat, dessen Geburtshelfer es war, nie an. Auch kein anderes Land hat Transnistrien je anerkannt. Das geht jetzt schon mehr als zwanzig Jahre so. Der Zwergstaat hat eine Regierung, eine eigene Gerichtsbarkeit, eine eigene Währung, Armee und Polizei, kurz alles, was ein Staat braucht. Nur, wenn seine Bewohner ins Ausland reisen wollen, brauchen sie einen moldawischen Pass, den sie auch bekommen, weil Moldawien das abtrünnige Gebiet als zugehörig ansieht.

Unser nächstes Ziel, das Museum für den Bürgerkrieg 1991 liegt in der Sowjetskaja-Straße. Die sieht tatsächlich aus wie die sowjetische Idylle, die es in Wirklichkeit nie gab. Der kapitalistische Feind hat hier nachgeholfen mit Farbe, Baumaterial, Pflastersteinen und Hochglanzplakaten. Die alten Bäume spenden nicht nur Schatten, sondern tragen zum Postkartenflair bei. Im Museum herrscht dagegen die unverfälschte, verstaubte sowjetische Propaganda. Der Bürgerkrieg begann mit dem Beschluss am 31. August 1989, rumänisch als Amtssprache wieder einzuführen, mitsamt dem lateinischen Alphabet. Transnistrien beharrte auf Russisch und kyrillische Buchstaben. Es begann mit Bürgerprotesten gegen die "Rumänisierung". Frauen blockierten Eisenbahngleise und legten den Zugverkehr lahm. Die heiße Phase begann unmittelbar nach der Unabhängigkeitserklärung 1991. Es kam zu bewaffneten Auseinandersetzungen zwischen moldawischen Regierungstruppen und transnistrischen Separatisten. Mehr als 300 Menschen starben. Am Ende entschied militärische Hilfe aus der Sowjetunion zugunsten der Separatisten. Die sozialistische Republik Transnistrien wurde gegründet. Der Konflikt erstarrte.

Wirtschaftlich scheint der Zwergstaat überleben zu können. Ob nur mit russischer Hilfe, steht dahin. Wenn man durch die Hauptstadt Tiraspol läuft, spürt man eine gewisse Schläfrigkeit der Atmosphäre, wie zu sowjetischen Zeiten. Das Kino ist ein prächtiger Palast mit Säulen, Samtvorhängen und Kristalllustern. Drinnen läuft Mission Impossible 6. Tom Cruise in sozialistischer Verpackung. Ein Restaurant sowjetischen Stils hat bis zu unserem Auftauchen gar keine Gäste und zaubert dann spontan binnen einer knappen Stunde ein Dreigangmenü für 25 Leute, das auch noch schmeckt.

Auf der Fahrt nach Tiraspol hatten wir bereits eine Festung gesehen, die rundum restauriert war. Nach dem Essen wurden wir zu einer zweiten Festung geführt, von der außer ein paar Erdwällen nur noch der Pulverturm vorhanden war. Bei der Restaurierung dieses Turms hatte man Anfang 2000 über 800 Skelette von Menschen gefunden, die auf dem Gelände, das in den vierziger Jahren noch außerhalb der Stadt lag, erschossen worden waren. Da die Festung Besucher anziehen sollte, bettete man die Opfer in ein Massengrab um, das als Begräbnisstätte von Stalinismusopfern deutlich gekennzeichnet wurde. Erstaunlich in einem Land, das seine kommunistischen Denkmäler behalten hat und in dem ein Dorf nach wie vor nach Felix Dzerzhinsky, dem Gründer des KGB-Vorgängers Tscheka, benannt ist.

Noch erstaunlicher war ein Afghanistan-Denkmal, das mitten in der Stadt in einer riesigen Denkmalsanlage steht. Hier werden die Gefallenen des Zweiten Weltkriegs geehrt und die Toten des Bürgerkrieges. Beides mit Heldenfiguren und weinenden Müttern, dekoriert mit Waffen. Dann steht da plötzlich ein junger Krieger, waffenlos, mit nacktem Oberkörper. Sein junges Gesicht hat den Ausdruck erstaunten Erschreckens, das die blutjungen Rekruten, die man nach nur sechs Wochen Grundausbildung in Afghanistan verheizt hat, gehabt haben mögen, als sie mit der tödlichen

Realität konfrontiert wurden. Eine eindringlichere, mehr unter die Haut gehende Anklage gegen diesen Krieg, von dem spätere Historiker vielleicht sagen werden, er sei der Beginn des Untergangs der westlichen Zivilisation gewesen, habe ich noch nirgends gesehen. Auf dem Weg zum Bus kaufte einer aus unserer Gruppe ein T-Shirt, auf dem Putin zu sehen ist, der einen Hund an seine Brust drückt. Darunter steht: Unser Präsident. Nach Verehrung sieht das nicht aus, nach totalitärer Diktatur auch nicht.

Nach Moldawien kehrten wir mit der Fähre über den Dnjestr zurück, dort, wo mächtige Kreidefelsen zum Flussufer abfallen. Über Fluss und Steilufer lag goldener Abendsonnenschein. Nichts, gar nichts erinnerte daran, dass hier eine der blutigsten Schlachten des Zweiten Weltkrieges stattgefunden hat, mit 50.000 Toten. Ich dachte, während ich ins glänzende Wasser schaute, wie wenig die "Eliten" doch aus dem Grauen des letzten Jahrhunderts gelernt haben, da sie jetzt schon wieder mit dem Schicksal Europas spielen. Und was Transnistrien betrifft, so soll doch jeder nach seiner Fasson selig werden. Europa hat schon ein halbes Dutzend Zwergstaaten, warum soll es nicht einen sozialistischen geben? Ein getrockneter Konflikt ist allemal besser, als ein heißer.

14. September 2015

Am Tag unserer Ankunft vor einer Woche war das Zentrum der moldawischen Hauptstadt für uns gesperrt, weil es eine Massendemonstration gegen die korrupten Politiker gab, an der hunderttausend Menschen teilgenommen haben sollen. Gesehen habe ich das nicht. Als wir am späteren Abend vor dem Regierungsgebäude ankamen, waren noch ein paar Tausend da, aber die ersten Zelte waren bereits aufgebaut. Die Ankündigung, nicht eher zu weichen, bis die Regierung zurückgetreten ist, wurde damit in die Tat umgesetzt. Im

Laufe der Woche kamen immer neue Zelte dazu. Inzwischen sind es etwa 400. Anders als die meisten Medien berichten, richtet sich der Protest nicht nur gegen die Regierung, sondern auch gegen die Opposition, die nichts gegen den neuen Korruptionsskandal der Regierung unternimmt. In Deutschland wird in der Berichterstattung betont, dass sich der Protest gegen die proeuropäische Regierung richte. Die Demonstranten sind aber ebenfalls proeuropäisch. Man sieht im Protestcamp die moldawische- und die Europafahne. Dem entsprechen die Losungen. Transparente mit anderen Inhalten werden freundlich aber bestimmt entfernt. Die Gerüchte, die Bewegung werde irgendwie von Putin gesteuert, weil Russia Today am meisten über die Proteste berichtet, entbehren jeder Grundlage. Prorussiche Aktivisten würden sich nicht hinter einer Europafahne verstecken, sondern offen Flagge zeigen.

Tagsüber waren ein paar hundert oder wenige tausend Aktivisten anwesend, abends füllte sich der Platz. Am heutigen Sonntag waren es wieder Zehntausende. Die Menge reichte bis zur Kathedrale. Die Stimmung war ausgesprochen friedlich und fröhlich.

Ein großes Plakat vor dem Eingang zum Regierungsgebäude zeigt Regierungsmitglieder und Oppositionspolitiker in Unterhosen. Die Demonstranten machen klar, dass sie keinem Politiker mehr trauen, dass sie keinen bloßen Machtwechsel wollen, sondern eine Kontrolle der Politik. In der Stadt hängen Plakate, dass Korruption die Zukunft des Landes zerstört.

Dieser Abwendung von der Politik sind wir tags zuvor auch in Gagausien begegnet. Gagausien ist eine weitere moldawische Skurrilität neben Transnistrien. Die Gagausen, die bis vor 80 Jahren als Bulgaren betrachtet worden waren und die zwar über eine eigene Sprache, nicht aber über eine Schrift verfügten, erklärten sich 1990 für unabhängig. Anders als Transnistrien waren die Gagausen aber verhandlungsbereit und gaben sich damit zufrieden, ein autonomes Gebiet zu werden. Nun leben die etwa 120 000

Gagausen in ihrer Autonomie, gemeinsam mit Bulgaren, Moldawiern und Russen. Die Hauptstadt hat kaum mehr als 20.000 Einwohner. Die Armut der Region ist offensichtlich. Verfallene Häuser und Straßen, die diesen Namen kaum verdienen und von den Gänsen träge geräumt werden, wenn sich ein Auto nähert.

Unser Ziel war ein Dorf namens Avdarma, weil sich dort eine Gedenkstätte und ein Museum für die Unterdrückten aller totalitären Systeme befinden. Ab Ortsmitte veränderte sich das Bild drastisch. Plötzlich war die Straße asphaltiert und es gab Steinhäuser. Wir wurden von einem eleganten, straffen Fünfzigjährigen im Empfang genommen, der auf den ersten Blick nicht ins Dorf passte. Weil es zu regnen drohte, schlug der Mann vor, erst einmal zur "Quelle" zu fahren und später ins Museum zu gehen. Es stellte sich heraus, dass die Quelle der Mittelpunkt einer ehemaligen tatarischen Siedlung gewesen war. Allerdings waren die Tataren nach dem Krieg gegen das Osmanische Reich auf die Krim umgesiedelt worden. Es war jedoch den Sowjets vorbehalten, jegliche Spuren der tatarischen Anwesenheit zu tilgen, indem sie die Quelle zuschütteten. Sie machten aus dem Gelände einen Truppenübungsplatz, der später auch von den Rumänen und den Nazis genutzt wurde. Dann lag das Gelände brach, bis unser Gastgeber kam und es in eine Attraktion verwandelte. Der Austritt der Quelle erhielt eine steinerne Einfassung mit Wegen drumherum und einer Terrasse samt Pavillon.

Offensichtlich nutzen Liebespaare den Platz inzwischen gern für romantische Rendezvous. Eines davon trafen wir bei unserer Ankunft an. Das einstmals militärisch verheerte Gelände ist heute ein liebliches Fleckchen, auch wenn die Neuanpflanzungen durch die Dürre, die diesen Sommer in Moldawien herrschte, gelitten haben und die Wiese braun statt grün war. Auf dem Hügel sammelten sich Stare zum Abflug. Ein Bild gelungener Konversion.

Unsere zweite Station war ein funkelnagelneues Multifunktionsgebäude, das demnächst in einer schönen Grünanlage stehen wird. Im Erdgeschoss befinden sich Büros, u.a. das des Dorffunks. Im ersten Stock sind Unter-nehmen angesiedelt. Im zweiten Geschoss gibt es Räume für Kinder und Jugendliche, die hier den unterschiedlichsten Beschäftigungen nachgehen können. Die Jungen lernen das für die Gegend traditionelle Holzhandwerk. Es entstehen kunstvolle Laubsägearbeiten. Unser Gastgeber Ignat Cazmali erklärte dazu, dass nach seiner Überzeugung ein Mensch, der ein schwieriges Handwerk beherrscht, die Arbeit anderer Menschen nicht leichtfertig zerstören wird. Der ehemalige Afghanistan-Kämpfer hat in diesem Krieg offenbar die Schlussfolgerung gezogen, totalitäre Bestrebungen aller Couleur zu hassen und Politik abzulehnen. Im ganzen Haus hängen Fotos, die er vom Dorf und seinen Bewohnern gemacht hat. Zwei Fotos alter Bäuerinnen liegen ihm besonders am Herzen. Die eine hat ihren Mann im Zweiten Weltkrieg als Soldat Rumäniens auf Seiten der Deutschen verloren, die zweite wurde Witwe eines Soldaten der Roten Armee. Die Soldaten hätten diesen Krieg nicht verursacht, sie seien zum Kämpfen gezwungen worden. Deshalb sei es wichtig, dass die Witwen heute in Frieden miteinander lebten.

Während unseres Rundgangs wird die Unruhe in einem Teil unserer Gruppe immer größer. Woher kommt das Geld für so ein Projekt, wenn nicht vom Staat? Das Misstrauen gegen den Sponsor wächst sichtlich. Es ist das tiefsitzende Misstrauen der Helldeutschen gegen Reiche, selbst wenn sie Gutes tun, die sich hier Luft macht. Ob das alles nicht nur ein Potemkin'sches Dorf ist? Mir sind die entsprechenden Fragen, vor allem der Tonfall, in dem sie vorgetragen werden, peinlich. Wer sind wir denn, dass man uns etwas vormachen müsste? Für mich ist ein Mann, der aus dem Stegreif aufzählen kann, wieviel Kinder in jeder Gruppe beschäftigt sind, ob mit Malerei, Ballett oder Musikunterricht, ein überzeugter Wohltäter seines Dorfes und seiner Bewohner. Nach seinen politischen Präferenzen befragt, antwortet er, dass ihn Politik nicht interessiere. Die Politiker kämen und gingen. Er würde sich lieber seinen Projekten widmen, die, wenn sie Erfolg hätten, von dauerhaftem Nutzen sein würden. Eine politische Wirkung hat seine Tätigkeit dennoch entfaltet. Bei dem (nicht legalen) Referendum über eine Zollunion Gagausiens mit Russland hat Avdarma sich, im Gegensatz zur Mehrheit in Gagausien, dagegen ausgesprochen. Nach Brückenkopf-Bildung für Russland sieht das jedenfalls nicht aus.

Auf dem Weg zum Museum kommen wir an der neu angelegten Gedenkstätte für die Opfer von Krieg und Repression dieses Dorfes vorbei. Vom Krimkrieg an sind hier die Namen aller Toten des Dorfes versammelt, auch die der Typhusepidemie 1945 und der politischen Hungersnot von 1946/47. Im Museum dann bekommen wir dann eine hochprofessionelle Darstellung der Geschichte des Dorfes zu Gesicht, die alles in den Schatten stellt, was wir im Nationalmuseum gesehen haben. Die ganze Ausstellung ist so konzipiert, dass sie innerhalb kürzester Zeit ab- und wieder aufgebaut werden kann. Die eingesetzten Materialien sind Holz, Glas und Hanf- eine Referenz an die bäuerliche Umgebung. Das Dorf hat eine beachtliche Zahl von Leistungssportlern und Nationaltrainern hervorgebracht. Auch unser Gastgeber zählt dazu. Er ist Langstreckenschwimmer und hat u.a. die Bosporusüberquerung von Europa nach Asien mitgemacht.

Warum widmet sich ein Mann so engagiert der Verbesserung der Lebensverhältnisse in seinem Heimatdorf, statt sich dem internationalen Jet Set anzuschließen? Für mich ist die Antwort, dass dieser Mann, im Gegensatz zum größten Teil der westlichen Eliten, die richtigen Schlussfolgerungen aus dem schrecklichen letzten Jahrhundert gezogen hat. Nicht Politik ist die Lösung, sondern die Befähigung der Menschen, ihr Schicksal in die eigenen Hände zu nehmen. Menschen wie Ignat Cazmali müssen den Sinn des Lebens nicht suchen, sie haben ihn bereits gefunden.

15. September 2015

Wenn Stella Harmelina, die Direktorin des Jüdischen Kultur-zentrums in Kischinau in der Welt unterwegs ist und sagt, dass sie aus Moldawien kommt, weiß kaum einer ihrer Gesprächspartner von der Existenz dieses Landes geschweige denn, wo es liegt. Anders ist es, wenn sie Kischinau erwähnt. Die Hauptstadt Moldawiens hat eine gewisse traurige Berühmtheit erlangt, als Ort des ersten Pogroms gegen Juden in Osteuropa im 20. Jahrhundert. Dabei war das Pogrom von Kischinau nicht einmal das größte oder blutigste. Es war aber ein Pogrom, das mit Billigung des Zaren stattfand.

Damals war die Hälfte der Bevölkerung der Stadt jüdisch. Es gab kein jüdisches Viertel, sondern man lebte mit den anderen Nationalitäten zusammen. Es gab 78 Synagogen in Kischinau. Jede Handwerkergilde hatte ihre eigene. Die größte Synagoge war die der Holzhändler. Sie stand in der Nähe des Holzmarktes, in einer Straße, die heute die schönste Fußgängerzone der Stadt ist. So wie damals die Synagoge die Straßenfront beherrschte, so prägt heute das auf ihrem Gewölbekeller errichtete Jüdische Kulturzent das Bild. Von hier ging 1903 am zweiten Tag des Pogroms der Widerstand aus. Jüdische Männer bewaffneten sich und wehrten sich gegen den Mob. Dabei machten sie die Erfahrung, dass die Polizei die Mörder und Brandstifter unterstützte. Am Ende gab es 600 Tote und 2000 zerstörte Häuser. Dass die Zahl nicht noch größer war, ist nicht nur dem jüdischen Widerstand zu verdanken, sondern auch der Hilfe, die von ihren Mitbürgern gewährt wurde. Da ist vor allem der Bürgermeister von Kischinau, Karl Schmidt, zu nennen, der nicht nur im Vorfeld versucht hat, die wachsende antisemitische Stimmung zu dämpfen und sich dafür die Hilfe der zaristischen Regierung erbat, sondern der sein Haus während des Pogroms für alle Verfolgten offen hielt und half, wo er konnte. Nach dem Pogrom trat Schmidt, der die Stadt seit 1877, also über 25 Jahren regiert hatte, aus Scham von seinem Amt zurück. Er machte sich bis zu seinem Ende Vorwürfe, das Pogrom nicht verhindert zu haben. Heute führt jede Stadtführung über die jüdische Geschichte an seinem Haus vorbei. Die jüdische Gemeinde bewahrt ihm ein ehrendes Angedenken.

Kischinau, man sieht es heute noch an den wenigen Resten, war eine wohlhabende Stadt. Das war vor allem den jüdischen Handwerkern und Händlern zu verdanken. Die Juden waren aber auch prägend in allen anderen Bereichen. Das jüdische Krankenhaus war das beste der Stadt. Hier wurden auch Gojim behandelt. Nach dem Pogrom sorgte die ausgezeichnete medizinische Betreuung dafür, dass mehrere schwer misshandelte Menschen überleben konnten. Dabei wurden die jüdischen Ärzte von vielen ihrer Kollegen unterstützt, die ins Krankenhaus kamen, um Hilfe zu leisten. Das jüdische Altenheim mit seinen Marmortreppen war nicht nur eines der schönsten Gebäude der Stadt, was man der Ruine heute noch ansieht, sondern eine Einrichtung, die heutigen Standards mühelos genügen würde. Den alten Menschen wurde nicht nur Unterkunft und Verpflegung geboten, sondern ein Kultur- und Beschäftigungsprogramm, das kaum Wünsche offengelassen haben dürfte.

Juden prägten das kulturelle und wissenschaftliche Leben der Stadt. Die erste moldawische Oper und das erste Ballett wurden von Juden gegründet, ein Drittel der Stadt wurde von jüdischen Architekten gebaut. An der Universität wurde der erste Lehrstuhl für Anatomie von Juden ins Leben gerufen. Die Aufzählung ließe sich fortsetzen. Welche Ausstrahlung das jüdische Leben von Kischinau hatte, zeigt sich auch daran, wie stark die russische kulturelle Elite auf das Pogrom reagierte. Leo Tolstoi, Maxim Gorki, Wladimir Korolenko haben darüber geschrieben, um nur die bekanntesten zu nennen. Als Alexander Puschkin wegen einiger Spottgedichte nach 1820 nach Kischinau verbannt wurde, war die Stadt ein verschlafenes, langweiliges Nest, das nicht mal über eine ordentliche Straße verfügte.

Nur 80 Jahre später war sie ein Zentrum, das Menschen aus ganz Europa anzog.

Die Entwicklung brach mit der Sowjetisierung ab. Schon in der ersten moldawischen sozialistischen Republik wurden jüdische Grundstücke enteignet. Das Altenheim wurde aufgelöst, für die sowjetische Verwaltung genutzt und bis zur Unbrauchbarkeit heruntergewirtschaftet. Aus Synagogen wurden Lagerräume.

Im Zweiten Weltkrieg wurden viele jüdische Familien evakuiert. Vor allem diejenigen, deren Männer sich freiwillig zur Roten Armee meldeten. Die Evakuierung erfolgte nach sowjetischer Art, Männer getrennt von Frauen und Kindern. Sie kamen nach Kasachstan oder Usbekistan in weit voneinander entfernte Orte. Die Juden, die in Kischinau geblieben waren, wurden von der rumänischen Polizei abgeholt und in ein extra eingerichtetes Ghetto gesteckt. Dieses Ghetto existierte nur wenige Monate.

Es war ein Durchgangslager nach Auschwitz. Erschießungen wurden in kleinen Gruppen außerhalb der Stadt durchgeführt, woran heute ein Monument erinnert. Es gibt aber auch eine Stelle in der Stadt, die heute mit einem trostlosen Neubau bebaut ist, in dem sich ein Spielsalon und ein heruntergekommene Pizzeria befinden, wo im Keller des Vorgängerbaus Erschießungen stattgefunden haben- vom NKWD, der Gestapo, dann wieder dem NKWD, aber darüber wird nicht gesprochen.

Nach Ende des Krieges kehrten tausende Juden nach Kischinau zurück. Sie machten zwar nicht mehr die Hälfte, aber immerhin noch 30 Prozent der Bevölkerung aus. Allerdings entstand kein jüdisches Leben mehr, wie es die Stadt gekannt hatte. Von der Deportationswelle 1949, die sich gegen die Wirtschaft richtete, waren auch viele jüdische Unternehmen betroffen. Viele traditionelle Berufe wurden ausgelöscht. In den siebziger Jahren begann eine Auswanderungswelle nach Israel, die bis zum Ende der Sowjetunion anhielt. Der jüdische Bevölkerungsanteil sank auf 3 Prozent, bei dem es bis heute geblieben ist.

Im Unterschied zu den Sowjetzeiten hat sich in den letzten zehn Jahren wieder ein jüdisches Leben entwickelt, was große Ausstrahlung auf die Stadt hat. Das ist dem Jüdischen Kulturzentrum Kedem zu verdanken. Mit den Mitteln amerikanischer Sponsoren wurde eine beeindruckende Einrichtung geschaffen, die nicht nur ein architektonisches Highlight ist, sondern mit ihren Angeboten ein stetig wachsendes Publikum anzieht. Im Gewölbekeller befindet sich eine Ausstellung über das jüdische Leben in Kischinau, in den Räumen darüber wird aktiv an seiner Revitalisierung gearbeitet. Mit Erfolg! Das wurde während der Feier des zehnjährigen Bestehens von Kedem, das inzwischen auch über einen eigenen Fernsehsender verfügt, deutlich. Statt langweiliger Festreden, begleitet von getragener Musik, wurde ein mitreißendes Feuerwerk von Darbietungen präsentiert, die mehrheitlich von den Kursteilnehmern bestritten wurden. Ballett, Gesang, Tanz, Musik - immer mit Bezug auf früheres jüdisches Leben. Tango auf Jiddisch, wie er in den Goldenen Zwanzigern in den Sälen von Kischinau getanzt wurde. Langsamer und sinnlicher als sein argentinisches Vorbild. Jüdische Schlager von vor hundert Jahren bis heute. Am besten hat mit die Akkordeon-Nummer gefallen. Ich habe Akkordeons nie gemocht, weil ich keine Ahnung hatte, was das für ein sexy Instrument sein kann, wenn die Richtigen es spielen. Das alles vor einem Publikum, das lebhaft Anteil nahm und die Darbietenden zu Höchstleistungen anfeuerte.

Das älteste Mitglied des Kedem-Teams brachte es in einer kurzen Rede auf den Punkt: "Wir waren hier, wir sind wieder hier und wir werden hierbleiben!" Und weil das so ist, wird Kischinau bald wieder aus dem Schatten der Geschichte heraustreten.

Post aus Zypern: Die Praxis der Landnahme

23. Oktober 2015

Ich wollte eigentlich auf dieser den Menschen von den Göttern geschenkten Insel mal für eine Woche die von der Politik befeuerte Flüchtlingskrise vergessen. Ich wollte am Geburtsort der Aphrodite und in alten Klöstern einfach die vergehende Schönheit Europas genießen.

Im Nationalmuseum in Nikosia kann man sehen, dass die Steinzeitzyprer bereits Handelsbeziehungen über das Mittelmeer hinweg pflegten. Einige Steinschaber sind aus Obsidian, der auf der Insel nicht vorkommt. Hier entstanden 3000 vor Christus Kreuzmenschen aus Speckstein, die mich fragen lassen, ob das Kreuz der Christen von den Heiden übernommen wurde. Aus der Keramikzeit stammen Fayencen von einer so lebendigen Bildsprache und Farbigkeit, dass einem der Atem beim Betrachten stockt. Die lächelnden Büsten und Statuen von 500 vor Christus erregen Staunen, wie die Tonfiguren, die Szenen des Alltags zeigen, sogar Geburten.

Am meisten beeindruckt hat mich die zyprische Terrakottaarmee von 625 bis 500 vor Christus, die 1929 vom schwedischen Archäologen ausgegraben wurden und die sich erheblich von der berühmten Terrakottaarmee Chinas unterscheidet. Während die Chinesen Einheitlichkeit und Gleichförmigkeit ausstrahlen, ihre Unterschiede auf wenige Merkmale, wie Frisur, Waffe oder Kleidungsdetails beschränkt sind, besteht die zyprische Gruppe aus ganz unterschiedlichen Individuen. Es gibt große und kleine, freundliche und unfreundliche, recht individuell gekleidete, bärtige oder glattrasierte Figuren. Europa war schon vor Christus kleinteilig und vielfältig. Das sollte sich im Laufe der Entwicklung als seine Stärke erweisen. Alle Bestrebungen, aus

Europa einen Einheitsstaat zu machen, sind deshalb geschichtsvergessen.

Keine Viertelstunde vom Nationalmuseum entfernt befindet sich die Grenze, die das Land und seine Hauptstadt in einen griechischen und einen türkischen Teil spaltet. Diese Grenze gibt es seit dem bewaffneten Überfall der Türkei auf Zypern im Jahre 1974. Die Türkei besetzte den Norden des Landes, sowie einen Teil Nikosias und vertrieb mit Gewalt alle Griechen aus den von ihr besetzten Gebieten. Bis dahin hatten Griechen und eine Minderheit von Türken friedlich miteinander gelebt.

Die ethnische Säuberung des Nordens war gründlich. Die Griechen wurden ihrer Häuser und ihres Besitzes beraubt. Bis 2003 durften sie den türkisch besetzten Teil der Insel nicht betreten. Seitdem dürfen sie besuchsweise ihre alten Dörfer wiedersehen, nur um festzustellen, dass sie immer weniger wiedererkennen. Systematisch werden griechische Häuser abgerissen und durch gesichtslose Neubauten ersetzt. Aus Orten, die 1974 gerade mal 3 000 Einwohner hatten, sind Städte mit zehntausenden Bewohnern geworden, die zum größten Teil aus Anatolien stammen. Die Türkei unterhält eine Besatzungsmacht von 40 000 Soldaten, während die Republik Zypern gerade einmal 10 000 Armeeangehörige hat.

Um der ständigen Bedrängnis durch die Türkei zu entkommen, trat Zypern 2008 der EU bei. Da Nordzypern nie als selbstständiger Staat anerkannt wurde, wurde es ebenfalls Mitglied der EU, wenn auch nicht mit allen Rechten. Man muss sich das wie die stille EG-Mitgliedschaft der DDR vorstellen. Seitdem fließen reichlich EU-Gelder in den Norden, weil er der weniger entwickelte Teil der Insel ist. Zum Beispiel kann man jetzt im türkischen Teil von Nikosia eine mit EU-Geldern restaurierte Karawanserei bewundern, während die christlichen Kirchen in einem beklagenswerten Zustand sind, weil sie keine Gemeinden mehr haben, die sich um sie kümmern können. Die EU lässt auch zu, dass Zypern keine Überflugrechte über die Türkei hat. Das ist besonders im Hinblick auf den Tourismus hinderlich. Die zyprische Fluggesellschaft ging deshalb bankrott. Dafür darf die Türkei ungehindert ihre landwirtschaftlichen Produkte in den Norden bringen und von dort verkaufen. Nun gelten türkische Kartoffeln, Gemüse, Früchte und Oliven als EU-Produkte, ohne die EU-Standards erfüllen zu müssen.

Die Türkei denkt nicht daran, die griechische Stadt Famagusta zurückzugeben, wie sie sich verpflichtet hat. Sie kann darauf vertrauen, dass die EU von ihr die Vertragserfüllung nicht einfordert.

In Zypern gibt es bis heute eine Besatzungsmacht, die unbeirrt versucht, ihre Landnahme irreversibel zu machen. Das wird durch sichtbare Symbole unterstrichen: Auf einen Berghang im Norden wurde eine riesige türkische Fahne eingefräst, die bis nach Nikosia gut sichtbar ist, auch nachts, denn sie wird farbig beleuchtet. Auf jeder der vielen neu gebauten Moscheen und auch auf den in Moscheen umgewandelten christlichen Kirchen weht die türkische Fahne. Die Minarette sind unsere Speerspitzen, hat Erdogan gesagt.

In Zypern kann wurde sein Wort zur materiellen Gewalt. Als ich in Ammochostos vor der Nikolaus-Kathedrale stand, die wie geköpft wirkt, weil ihr Dachaufbau fehlt und das Minarett sah, das aus den Überresten des linken Turmes ragte, wurde mir bewusst vor einem Symbol für die europäische Situation zu stehen. Aus der Nikolaus-Kathedrale war die Lala-Mustafa-Moschee, genannt nach einem muslimischen Eroberer, geworden. Die Mauern des ehemaligen Schlosses nebenan stehen noch, sein Inneres dient als Parkplatz. In der Nähe eine weitere Kirchenruine, die eine zerbrechliche Schönheit ausstrahlte. Das innerhalb von hundert Jahren zum dritten Mal von der Politik ruinierte Europa hat keine Kraft mehr, sich seinen Eroberern zu widersetzen.

In den Ländern des Heimatkrieges:

Belgrad

1. Juni. 2016

Wir sind eine Gruppe auf Studienreise, die von der Stiftung Aufarbeitung des SED-Unrechts in jedem Jahr in postkommunistische Länder geführt wird. Diesmal wollen wir uns über den Zusammenhang von kommunistischer Diktatur und Bürgerkrieg Anfang der Neunziger im ehemaligen Jugoslawien informieren.

Belgrad empfängt uns mit brütender Hitze. Schon auf dem Weg vom Flughafen in die Stadt, bekommt man den Eindruck, dass der Krieg immer noch gegenwärtig ist. Einige Häuser, die während des Natobombardements getroffen wurden, stehen demonstrativ als Ruinen an markanten Punkten. Auffällig ist die Ruine des Polizeipräsidiums, direkt an der Hauptstraße. Die zerschossene Front ist nur teilweise mit einem riesigen Werbeplakat verhängt. Das Hausskelett ist ein stummer, permanenter Vorwurf an die Nato.

Seit sich Serbien um den Eintritt in die EU bemüht, hat man nach einem Investor gesucht und ihn schließlich gefunden. Auch hier wird ein neuer Bau stehen und diese Wunde heilen. Es gibt aber zahlreiche andere Verletzungen. Nicht weit vom Parlament entfernt steht das Gebäude des staatlichen Fernsehens, das während des laufenden Sendebetriebs bombardiert wurde. Es wurden 28 Journalisten getötet, weil ihre Vorgesetzten sie nicht gewarnt hatten, dass die Nato einen Angriff angekündigt hatte. Deshalb war es schwierig, in der Grünanlage vor der Ruine einen Gedenkstein für die Getöteten aufzustellen.

Abseits der lebhaften Fußgängerzone ist Belgrad noch überwiegend grau. Die Fassaden der schönen Belle-Epoche-Häuser sind löchrig, wie die der DDR der Achtziger. Als Belgrad noch Teil des Osmanischen Reiches war, gab es viele Moscheen in der Stadt. Heute ist noch eine übrig. Man sieht dem aus hellem Sandstein gebauten Gebäude nicht mehr an, dass Hooligans es im Jahr 2000 mit Brandsätzen angegriffen und es ausbrannte. Die Moschee steht in einem Viertel, das früher überwiegend von Juden bewohnt wurde. Jetzt ist das jüdische Kulturzentrum nur wenige Meter von der Moschee entfernt.

Die Gourmet-Meile von Belgrad liegt, dem Pflaster nach zu urteilen, im ältesten Teil der Stadt. Das Pflaster scheint aber viel älter zu sein, als die Gebäude. Am schrägsten war eine modische Tapas-Bar, die damit warb, dass die Gäste vom „coolsten Mann der Welt" bedient werden. Leider war der gerade nicht zu sehen, als wir vorbeigingen.

Der Park um die Festung herum ist ein Treffpunkt für Jung und Alt. Familien flanieren unter den alten Bäumen, die Bänke am Steilufer zur Save sind dicht besetzt. Senioren sitzen im Baumschatten, musizieren und singen gemeinsam. Stände aller Art säumen die Wege. Ältere Frauen bieten hauptsächlich Handarbeiten an, jungen Leuten T-Shirts, manche mit dem Porträt von Wladimir Putin. Einige davon mit einer eindeutigen Botschaft: „Die Krim ist russisch, das Kosovo serbisch." Der Blick über die Save ist atemberaubend. In früherer Zeit war der Fluss eine Grenze. Deshalb sind die Brücken alle jüngeren Datums. Wer die vibrierende Stadt erlebt, kann sich Belgrad unter Beschuss schwer vorstellen. Man sieht es den Dahinschlendernden nicht an, dass der Bürgerkrieg immer noch ihren Alltag beherrscht.

Aber das ist der Fall. Vor dem Parlament sind seit Monaten die Fotos von in Bosnien ermordeten Serben zu sehen, projiziert auf eine Plakatwand. Anscheinend wagt es niemand, die allmählich zerfallende Installation zu entfernen. Die Erinnerung an den Krieg prägt. Jede ethnische Gruppe hat ihre eigene Erzählung des Krieges. Und diese Erzählungen stehen sich unvereinbar gegenüber. Es ist ein permanenter Kampf, welche Gruppe die meisten Opfer gehabt hat. Es kommt zu keinem konstruktiven Diskurs zur Aufarbeitung der Geschichte. Diese einseitige Geschichtsbetrachtung schürt Hass und Vorurteile. Im Umgang mit der Geschichte wird der Krieg fortgesetzt.

Der Zugang zu ihr ist dementsprechend selektiv und zwanghaft. „Geschichte im Dienste der Politik", wie es einer unserer Gesprächspartner ausdrückt. In der Republik Srbska, zum Beispiel, erfahren wir von dem Mitarbeiter des „Center for nonviolent actions" steht gegenüber der wieder aufgebauten Moschee ein Denkmal für die heldenhaften gefallenen Serben des Krieges. Auf dem Gebiet dieses neuen, autonomen Gebildes in Bosnien-Herzegowina wurden hunderte Moscheen zerstört, alle, bis auf eine. Von Reue über diese barbarische Kulturzerstörung keine Spur. Stattdessen werden die Opfer aller Seiten dafür instrumentalisiert, die eigenen Gräuel nicht aufarbeiten zu müssen.

Die Fronten in der Kontroverse verlaufen zwischen Revisionisten und Prokommunisten. Es gibt viel Tito-Nostalgie, besonders in Bosnien, denn die Titozeit wird mit dem Krieg verglichen, deshalb erscheint sie paradiesisch. Als Belgrad noch die Hauptstadt des sozialistischen Jugoslawien war, gab es zahllose Gedenktafeln und Denkmale, die an Ereignisse des Zweiten Weltkrieges und den Partisanenkampf erinnerten. Die werden nun langsam abgebaut, weil dieser Krieg nicht mehr im Focus steht, sondern der „Heimatkrieg", wie der Bürgerkrieg der Neunziger hier genannt wird. Da kann man in Abwandlung des Bonmots von Lec nur folgern: Geschichte lehrt, wie man sie missbraucht.

Vukovar

1. Juli 2016

Die Fahrt von Belgrad nach Vukovar mussten wir zwei Stunden früher als geplant starten. Unserem bosnischen Bus war es nicht gestattet, die serbisch-kroatische Grenze direkt zu überqueren. Wir mussten einen Umweg über Bosnien, genauer gesagt, die „Republik Srbska" machen, ein autonomes Gebilde in Bosnien, Überbleibsel aus dem Bürgerkrieg. Ein serbischer General, Ratko Mladić, der die hiesigen Kämpfe kommandiert hatte, rühmte sich nach seinem Sieg, dass es erstmals gelungen wäre, einen serbischen Staat auf nichtserbischem Gebiet zu errichten. Die Gegend sieht wohlhabend aus. Fast nur neue Häuser. Wenn noch ein paar alte Gebäude zu sehen sind, weisen sie zahlreiche Einschusslöcher in ihren Fassaden auf. Besonders viele Häuser, die ehemals von Donauschwaben errichtet wurden, erkennbar an ihren geschwungenen Giebeln, haben überlebt. Sie waren nach der Vertreibung der Donauschwaben von den Serben in Besitz genommen worden.

Die Grenzübertritte waren für uns zeitaufwendig. Am Kontrollpunkt des Übergangs zur „Republik Srbska" mussten wir warten, bis der Kontrolleur begriff, dass er von uns kein Geld erhalten würde. An der blauen, von der EU errichteten Grenze zu Kroatien, fuhr vor unseren Augen ein VW vor, der Fahrer hievte einen Sack aus dem Kofferraum, übergab ihn dem Grenzsoldaten und durfte weiterfahren, ohne kontrolliert zu werden.

Vukovar ist ein malerisches Städtchen an der Donau, die an dieser Stelle die Grenze zu Serbien bildet. Wir fahren an frisch renovierten Prachtbauten vorbei, wie das Schloss Eltz, einer der schönsten Barockbauten Kroatiens, das heute ein Museum beherbergt. Dazwischen stehen noch stark beschädigte Häuser, mit pockennarbigen Fassaden, Löchern vom Artilleriebeschuss in den Dächern, Bombentrichter in den Gärten. Vukovar war nach 90-tägiger Belagerung zu 90% zerstört. Wenn man heute durch die Stadt geht, steht an vielen Fassaden ein Hinweis, welche Stadt oder welches Land dieses Haus wiederaufgebaut hat. Man gewinnt den Eindruck, dass zwischen der rekonstruierten Pracht absichtlich einige Häuser „vergessen" wurden, als eindrückliche Erinnerung an den Bürgerkrieg, der hier auch „Befreiungskrieg" genannt wird.

Als erstes besuchten wir das Krankenhaus von Vukovar, das während der Belagerung durch die Serben unter ständigem Beschuss Verwundete aufgenommen, operiert und notversorgt hat, bis sie in Behelfslazaretts gebracht wurden. Im Krankenhaus konnten nur die Schwerstverwundeten bleiben. Heute erinnert ein Museum an die Tage im Herbst 1991, als täglich bis zu 80 Geschosse das Gebäude trafen und 20 bis 80 Verwundete, hauptsächlich Zivilisten, aufgenommen und versorgt werden mussten. Der Nebeneingang war mit Balken und Sandsäcken geschützt, dahinter befand sich der Operationsraum, der heute noch im Originalzustand zu sehen ist. Das Hospital war 1857 gegründet und 1976 durch einen Neubau ergänzt worden. Dem damaligen Zeitgeist entsprechend war der Neubau mit einem Atombunker ausgestattet, samt allem Zubehör. Ein unterirdischer Gang verband die beiden Gebäude. Während der Belagerung wurden Gang und Bunker als Krankenstationen eingerichtet. An einer Stelle ist in der Decke ein Loch zu sehen, gerissen von einer 250 kg Bombe, die alle fünf Stockwerke durchschlagen hatte und zwischen den Beinen eines Patienten im Flur landete, der überlebte, weil die Bombe keinen Zünder hatte.

Das Krankenhauspersonal war während der Belagerung stark reduziert. Am Beginn hatten die meisten serbischen Ärzte und Pflegekräfte Vukovar verlassen und waren zu den Belagerern übergelaufen. Als Teile von Vukovar bereits von den Serben erobert worden waren, konnten keine

Verwundeten mehr in Behelfslazarette gebracht werden. Die Überfüllung wurde unerträglich. Unter diesen Bedingungen sind auch 15 Kinder zur Welt gekommen, nur eins, ein Früchten, starb, weil der Inkubator nicht permanent mit Strom versorgt werden konnte.

Nachrichten von der Außenwelt bekamen Personal und Patienten von einer lokalen Radiostation, die während der Belagerung die Welt über die Zustände in der bedrängten Stadt informierte.

Die Stimme des Moderators ist in einem Gang des Bunkers zu hören. Er wurde am Tag der Eroberung Vukovars durch die Serben mit hunderten anderen Zivilisten zu einer nahe gelegenen Schweinefarm gebracht und dort erschossen.

Ebenfalls erschossen wurden drei junge Männer, die von einem französischen Fernsehteam am 20.November 1991, dem Tag der Einnahme des Krankenhauses durch die Serben, interviewt wurden. Das internationale Rote Kreuz stand bereits vor der Tür und wurde am Eintritt gehindert, weil die serbischen Militärs noch 400 Verwundete und Zivilisten in Busse verluden und abtransportierten. Von ihnen wurden 200 nahe einer Schweinefarm erst verprügelt, dann erschossen. Darunter eine im sechsten Monat schwangere Frau, Gattin eines bekannten kroatischen Politikers. Dabei war der bereits erwähnte Ratko Mladić.

Die Gedenkstätte des Krankenhauses ist voll in den täglichen Klinikbetrieb integriert. Der Verbindungsgang zwischen dem alten und dem neuen Teil wird nach wie vor genutzt. Er sieht noch aus, wie in den Neunzigern, nur zweihundert der weißen Fliesen sind ersetzt durch schwarz umrandete Kacheln mit den Namen der Ermordeten. Diese kluge Entscheidung, keinen abgeschlossenen Gedenkort zu machen, erinnert daran, dass es sich um Geschehnisse handelt, die sich in unserer Lebenszeit abgespielt haben. Wir saßen 1991 vor den Fernsehern und sahen Bilder vom Beschuss der Stadt. Damals war Europa überrumpelt. Der Westen kannte Jugoslawien als wunderschönes, billiges

Urlaubs-land, der Osten als eigenwilliges sozialistisches Experiment, das von Moskau als so gefährlich eingestuft wurde, dass es nahezu unmöglich war, Jugoslawien zu besuchen. Nur für die vertrauenswürdigsten Genossen gab es ein kleines Kontingent von Reisen des staatlichen Reisebüros.

Wie kam es zu diesem Krieg? Um das zu erfahren, besuchten wir die Gedenkstätte für den Heimatkrieg in Vukovar, die sich auf dem Gelände einer Kaserne befindet. Von hier aus hat die jugoslawische Volksarmee, die hier nur noch aus Serben bestand, die Stadt belagert.

Es führt uns ein ehemaliger Agraringenieur, der 1991 zum Kämpfer wurde und beim Militär blieb. Vukovar stand am Anfang der serbischen Bemühungen, aus Jugoslawien ein Großserbien zu machen. In den Dörfern um Vukovar hatten hauptsächlich Donauschwaben gewohnt. Nach deren Vertreibung wurden in die leeren Häuser Serben angesiedelt. Von diesen serbischen Dörfern ging im Frühjahr 1991 die Aggression aus.

Geschichtswissenschaftler sprechen von einer „angekündigten Aggression". Es handelte sich also nicht um einen „Ausbruch" jahrhundertealter ethnischer Konflikte, die nur vom Tito-Regime unter dem Deckel gehalten wurden, sondern um eine bewusste Initiierung von Gewalt, die große Teile der Bevölkerung unvorbereitet traf. Auf Parteiversammlungen der Kommunisten wurde offen von dem bevorstehenden Konflikt gesprochen, die lokalen Parteiführer verteilten Waffen an die Genossen und andere parteitreue Serben. Die Waffen stammten aus den lokalen Arsenalen der jugoslawischen Volksarmee. Gleichzeitig wurden Listen mit Namen von Muslimen angelegt, die als erste zu beseitigen wären. Es wurden Vorbereitungen für neue Führungsstrukturen getroffen. All das fand bereits sechs bis acht Monate vor Kriegsbeginn statt.

Vukovar, eine kleine Stadt, spielte in den strategischen Überlegungen der Serben zunächst keine Rolle. Es war geplant, sie einfach zu überrollen und links liegen zu lassen.

Als hier der Kriegsanlass produziert wurde, rechnete kein serbischer Stratege mit ernsthaftem Widerstand.

Es begann damit, dass mehrere kroatische Polizisten aus dem Hinterhalt heraus von serbischen Paramilitärs massakriert wurden. Das war im April 1991. Nach diesem „Startschuss" formierten sich sehr schnell die beiden Seiten. Wer die Serben unterstützen wollte, verließ die Stadt, die Bleibenden bewaffneten sich und richteten sich auf die Verteidigung ein.

In der Ausstellung sind Fotos, sowohl von den serbischen Tschetniks, als auch von den kroatischen Freiwilligen zu sehen. Sie unterscheiden sich nur durch die Fahnen voneinander. Es sind dieselben verwegenen Gesichter, die zu jeder Brutalität entschlossene Haltung.

Unser Führer war damals Leutnant. Er beteuert heute, er und sein Trupp hätten sich nur verteidigt. Aber auf die Frage, ob er heute nach Serbien oder Bosnien fahren würde, verneint er energisch. Seine Einheit sei sehr bekannt gewesen, er wüsste nicht, ob er auf irgendwelchen Listen stünde. Auf was für Listen, würde man da gern fragen, Listen der Kriegsverbrecher?

Er persönlich hasste niemanden, sagt der heutige Major. Auf das aktuelle Zusammenleben in Vukovar angesprochen, antwortet er, dass es nach wie vor schwierig sei, aber besser werde. Zum Beispiel hätten die Serben auf getrennte Schulen bestanden. Die gibt es noch, aber immer mehr serbische Kinder kämen in kroatische Schulen. Dass die Serben, obwohl gesetzlich gleichberechtigt, immer noch nicht ihre Sprache und ihr Alphabet offiziell benutzen dürfen, sagt er nicht. Wobei man an dieser Stelle anmerken muss, dass der Unterschied zwischen Kroatisch, Serbisch und Bosnisch eher ein politischer, weniger ein linguistischer ist.

Ein Schlaglicht auf den schwierigen Alltag wirft, dass den Kinder in der Schule lernen, wie man Minen erkennt. Die kleinste Antipersonenmine heißt „Pasa", Törtchen. Man kommt meist mit dem Verlust eines Fußes davon. Am teuflischsten ist eine Tretmine mit dem neckischen Namen „Schmetterling", die bei Auslösung 60 cm in die Höhe springt und dann explodiert. Relativ ungefährlich für Menschen sind Panzerminen, selbst wenn man drauftritt. Überall im ehemaligen Kampfgebiet können noch unentdeckte Minen sein, die auch fast zwanzig Jahre nach Beendigung der Kämpfe die Gesundheit und Leben von Menschen bedrohen.

Unsere letzte Station an diesem Tag war die ehemalige Schweinefarm in der Nähe von Vukovar, die im November 1991 zur Hinrichtungsstätte mutierte. In der Nähe wurde der Erschießungsgraben entdeckt, der zum Massengrab wurde. Hier wurde auch die Schwangere erschossen. Von allen aus dem Krankenhaus weggebrachten Menschen weiß man von über hundert noch nicht, was mit ihnen geschehen ist.

Heute ist die Betonscheune ein stylisches Denkmal, mit im Fußboden einbetonierten Patronenhülsen, künstlichem Sternenhimmel, abwechselnd beleuchteten Fotos der Ermordeten, einer „Todesspirale" in der Mitte, in der die mit Leuchtschrift projizierten Namen verschwinden. Das war mir zu viel. So wird Erinnerung zur Obsession. Das würdig als Gedenkort hergerichtete Massengrab in der Nähe hätte genügt.

Auf dem Rückweg kamen wir am zerschossenen Wasserturm vorbei, der ein Symbol des Widerstands der Vukovar ist. Die neunzig Tage, in denen die Serben die Stadt belagerten, ehe sie sie bezwangen, verschafften Restkroatien Luft, um die Verteidigung des Landes zu organisieren.

Wenn man heute als Gast durch das abendliche Vukovar schlendert und die schönen Spazierwege an der Donau oder dem Kanal genießt, bekommt man nicht mit, in welchem Minenfeld man sich bewegt. An der Oberfläche wirkt alles normal und entspannt. Unsere serbischen und bosnischen Begleiter aber verbergen lieber, woher sie kommen, um unangenehme Situationen zu vermeiden.

Bei unserem Gespräch mit dem Präsidenten der Dachverbände der serbischen Vereine der Familien von vermissten, ermordeten und getöteten Menschen aus dem ehemaligen Jugoslawien bekommen wir das zu spüren. Als der Kellner merkte, dass unser Gast aus Belgrad angereist war, ist es mit seiner professionellen Freundlichkeit vorbei. Wir müssen so lange auf unsere Getränke warten, dass die Veranstaltung verspätet begann.

Unser Referent ist der Meinung, dass die vergangenen Verbrechen der Sprit für zukünftige Kriege sein sollen. „Hier will jemand, dass der Krieg nicht aufhört." Wer dieser jemand ist, das sagt er nicht, er macht nur klar, dass dieser Wunsch nicht von der Bevölkerung ausgeht. So wie die Gewaltbereitschaft zu Beginn des Krieges geschürt wurde, so wird der Hass zwischen den Volksgruppen lebendig gehalten. Ein Hass, der eine Art Schimäre ist, denn von den Einzelnen wird er nicht gespürt. Als Kollektivgefühl vergiftet er dennoch die Atmosphäre.

Ich werde das beklemmende Gefühl nicht los, dass unsere Reise in die Vergangenheit des Bürgerkrieges im ehemaligen Jugoslawien eine Zeitreise in die Zukunft Europas ist.

Srebrenica

02. Juni 2016

Die Fahrt von Vukovar nach Srebrenica führt nicht nur über neue Grenzen, sondern durch idyllische Landstriche. Im Tal der Drina stelle ich fest, dass der Fluss tatsächlich, wie von Ivo Andrić beschrieben, smaragdgrünes Wasser führt. Die anschließenden Berge laden zum Wandern ein, besonders in diesem verführerischen Spätvormittagslicht. Keine gute Idee, denn sie sind noch mit Minen verseucht.

Srebrenica ist ein kleiner Bergort, viel zu winzig für den großen Namen, den die Stadt seit 1995 hat. Wir fahren an der berühmten Fabrikhalle, Stützpunkt der United Nations Protection Force (**UNPROFOR**) zunächst vorbei, weil wir uns erst einmal stärken wollen, bevor wir mit unserer Erkundungstour beginnen. So kommt es, dass mir Srebrenica - der Name kommt von Srebro-Silber - im Gedächtnis bleiben wird als der Ort, wo ich die beste Sauerkirschtorte meines Lebens gegessen habe. Als wäre das nicht genug, steht in der Nähe des Restaurants der schönste Rosenstrauch, den ich je sah. Bosnien ist voller wunderbarer Rosen, die jetzt in voller Blüte stehen. Manche ranken sich an zerschossenen Wänden hoch. Wie kann es sein, dass an Orten des Grauens es so viel Schönheit gibt?

Nachdem die Truppen von Ratko Mladić die Uno-Sicherheitszone Srebrenica im Juli 1995 erobert hatten, verkündete er, dass er die Stadt Serbien übergäbe. Bis heute ist Srebrenica Teil der Republik Srbska, ein serbisch dominiertes Gebiet in Bosnien- Herzegowina.

Im Bürgerkrieg wurde Srebrenica erst von bosniakischen Widerstandsgruppen, aus denen später die bosnische Armee wurde, zurückerobert und zum Ziel für Flüchtlinge aus den Orten jenseits des Drina-Tals. Als im April 1993 über Lautsprecher verkündet wurde, dass die UNO Srebrenica zur Schutzzone erklärt, war der Jubel auf den Straßen so groß, wie im Garten der Prager Botschaft, als Außenminister Genscher verkündete, alle Botschaftsflüchtlinge könnten in die BRD ausreisen. Leider gab es für die Flüchtlinge in Srebrenica kein gutes Ende. Zwar war von der UNO großspurig erklärt worden, die Schutzzone sei ein Gebiet „free from any armed attack or any hostile act", aber die serbischen Verbände hörten nicht auf, die Stadt anzugreifen und den Belagerungsring enger zu ziehen. Der Konfrontation wurde immer erbitterter, weil die bosnischen Einheiten in den umliegenden serbischen Dörfern Rache-Massaker verübten.

Als Srebrenica vollständig in seiner Gewalt war, gab Mladić den Befehl aus, nun nach Potocari weiterzuziehen, wo sich in und um den UNPROFOR- Stützpunkt an die 20.000 Flüchtlinge versammelt hatten, in der Hoffnung, von den Blauhelmen beschützt zu werden. Um die 5.000 befanden sich im Stützpunkt, die anderen lagerten auf den umliegenden Feldern. Die Schutztruppe bestand nur aus 450 Soldaten.

Als sich die Mladić-Truppen näherten, forderte der Kommandeur des Dutchbat (für dutch batallion) Unterstützung an. Das UN-Oberkommando lehnte das ab. Man wollte keine Störung in den bereits laufenden Friedensverhandlungen riskieren. Auch die von der Nato erbetene Luftunterstützung wurde verweigert.

Mladić war klar, dass 450 Soldaten nicht die Sicherheit von 20.000 Menschen garantieren können. Er spielte seine Überlegenheit skrupellos aus. Der Dutchbat-Kommandeur wurde zum zeitweiligen Quartier Mladićs zitiert. Er und seine Offiziere wurden von drei Vertretern der Flüchtlinge begleitet, darunter ein Professor, der für die Zivilisten sprechen soll und der Kommandeur der bosnischen Verteidiger von Srebrenica. Beiden stellte Mladić ein Ultimatum: Wenn Zivilisten und Kämpfer getrennte Busse besteigen und sich abtransportieren lassen würden, blieben sie am Leben.

Wenn sie sich weigerten, würden sie sterben. Auch die Menschen, die sich direkt im Stützpunkt befänden, müssten sich abtransportieren lassen.

So kam es, dass die holländischen Blauhelme ihre Schützlinge an Mladić auslieferten. Sie erfuhren erst nach ihrem Abzug, welche Massaker Mladićs Soldateska angerichtet hatte. Insgesamt wurden 8372 Männer und Jungen ermordet. Alle Männer zwischen 16 und 66, später zwischen 12 und 77, wurden von ihren Familien getrennt und abtransportiert. Dass sie unter den Augen der Blauhelme ermordet worden wären, ist allerdings eine Medienlegende. Die Menschen wurden in Gebieten umgebracht, die bis zu 50 km von Srebrenica entfernt lagen. Das Morden dauerte mehrere Tage. Hunderte Männer, die versucht hatten, sich über die Berge ins sichere Ostbosnien durchzuschlagen, wurden verfolgt und getötet. Nur wenige kamen im sichern Tuzla an.

Als das Massaker bekannt wurde, wurden die Blauhelmsoldaten zu Sündenböcken gemacht, um von den Fehlern der UNO-Verantwortlichen, der Politik und der Militärführung abzulenken. Die Blauhelme hatten kein so genanntes „robustes Mandat", das es ihnen erlaubt hätte, die Menschen, die sie beschützen sollten, mit einem Kampfeinsatz zu verteidigen. Selbst wenn sie es gehabt hätten, wären sie hoffnungslos unterlegen gewesen. Zudem hatten sie Mladićs Zusicherung, dass alle am Leben bleiben würden, die seinen Befehlen Folge leisteten.

Heute ist das ehemalige Dutchbat-Hauptquartier eine Gedenkstätte. In der Fabrikhalle ist noch eine verblasste Losung aus der sozialistischen Zeit zu sehen. Die Arbeiter der Fabrik ehren den Genossen Tito. Mitten in die Riesenhalle ist ein Kinosaal gebaut worden, in dem ein Film über die Ereignisse im Juli 1995 zu sehen ist. Es ist quälend, diese Menschen zu sehen, deren Schicksal bereits besiegelt ist. Man sieht aber auch, wie verzweifelt wenig Kräfte die Holländer hatten. Ihnen die Unterstützung zu verweigern, war ein unverzeihlicher Fehler.

Sehr berührend ist, dass keine der interviewten Frauen, die ihre Männer und Söhne verloren haben, Rache will. Dass sie heute das Gefühl haben müssen, dass kaum ein Verantwortlicher für die Verbrechen, die im Bürgerkrieg begangen wurden, einer gerechten Strafe zugeführt wurde, ist eine zusätzliche Quelle des Leides. Hier kommt nicht nur Serbien, das Mitglied der EU werden will, seiner Verantwortung nicht nach, sondern auch Europa versagt, indem es den Folgen dieses Krieges nicht die gebührende Beachtung schenkt und nicht über seine Fehler nachdenkt.

Wie explosiv die Situation ist, wird uns bei unseren Gesprächen mit zwei Betroffenen vor Augen geführt. Unser Führer durch die Ausstellung ist ein Mann, der als Neunzehnjähriger zu den ersten Männern gehörte, die sich entschlossen, über die Berge das sichere Tuzla zu erreichen. Deshalb hat er überlebt. Sein Vortrag ist eine einzige Anklage. Von fehlenden Rachegelüsten oder Versöhnung spricht er nicht. Seine Pauschalurteile über das Versagen des Westens sind auf Grund seiner emotionalen Betroffenheit verständlich, aber trotzdem nicht richtig. Er ist die verkörperte Verbitterung.

Ganz anders ist die Vorsitzende der „Mütter von Srebrenica", eine Bauersfrau, die beide Söhne und ihren Mann durch das Massaker verloren hat. Sie wohnt heute allein in ihrem Haus, das sie nach ihrer Rückkehr zurückbekommen hat. In ihrem Garten stehen drei Bäume, die ihr ältester Sohn gepflanzt hat. Sie schaut sich jeden Morgen als erstes diese Bäume an, sieht dabei ihren Sohn vor sich und findet darin die Kraft zum Weiterleben. Vom Jüngsten und ihrem Mann ist ihr nichts geblieben. Ihre Sachen waren alle bei ihrer Rückkehr verschwunden.

Sie sagt, sie wolle keine Rache, sondern nur Gerechtigkeit. Sie macht sich keine Illusionen darüber, dass es eine gerechte Verurteilung der Täter geben würde. Sie hält nichts von Carla Del Ponte und dem Internationalen Strafgerichtshof in Den Haag. Wenn es Gerechtigkeit gäbe, käme Versöhnung von allein. Aber offensichtlich wolle die Politik keine Versöhnung, sondern die Wunden offen halten für den nächsten Krieg. Die Menschen seien Spielball der Politik. Hoffnung gäbe es nur, wenn wir aus dem „Ghetto der schmutzigen Politik" herauskämen.

Als sie das sagt, stehen wir auf dem Friedhof von Potocari, auf dem alle aufgefundenen Opfer bestattet werden. Hier steht eine Gedenksäule, auf der es zwei Inschriften gibt. Auf Englisch heißt es: „Gerechtigkeit ist unsere Rache", auf Bosnisch „Unsere Rache ist Gerechtigkeit." Man kann das auch als Kampfansage verstehen. Nicht weit davon wird ein Musikvideo mit religiösen Gesängen und verschleierten Jungfrauen gedreht. Man bekommt das Gefühl, es handele sich um ein Propagandavideo für radikale Islamisten. Tatsächlich ist Bosnien im wachsenden Maße Zielpunkt für Islamisten. Hier kauft der IS in der Nähe der kroatischen Grenze systematisch Land auf. Das andauernde Politikversagen in Srebrenica ist eine Ursache dafür. Dass es in Frankreich, Belgien und Deutschland weit mehr IS-Kämpfer gäbe, als hier, wie uns später von politischer Seite versichert wird, ist keine Beruhigung.

Als wir im unvergleichlich sanften Abendlicht über die Berge nach Sarajevo fahren, erscheint jeder Gedanke an Krieg oder Terror absurd. Aber dieses zum Weinen schöne Licht hat auch die Verbrechen beleuchtet, die bis heute nicht gesühnt sind.

Sarajevo

02. Juni 2016

Als wir Sarajevo erreichten, ging gerade die Sonne unter. Die Stadt wirkte wie von Blut übergossen. Wir kamen aus den Bergen des Dinarischen Gebirges, die während des Krieges von den Serben besetzt waren. Hier standen die Geschütze, die die Stadt über 1425 Tage beschossen, mit durchschnittlich 320 Treffern am Tag. Am 22. Juli 1993 waren es sogar 3777. Die Belagerung dauerte länger als die von Leningrad im Zweiten Weltkrieg. Europa schaute drei endlos lange Jahre auf den Bildschirmen zu.

Der Belagerungsring war nur am Flugplatz unterbrochen. Hier saß die UNPROFOR. Flugzeuge konnten lediglich mit Erlaubnis beider Seiten starten und landen. Am Flugplatz war das Gebiet des freien Bosnien am nächsten. Hier verlief die Lebensader, mit der die Stadt versorgt wurde. Als die Serben begannen, den Ring zu schließen, wurde ein 900 m langer Tunnel unter der Flughafenpiste bis ins freie Bosnien gebaut. Mit seiner Hilfe konnten Soldaten verlegt, Waffen und Versorgungsgüter transportiert und Verwundete aus der Stadt gebracht werden. Er war aber auch eine Route für Schmuggler. Wer bezahlen konnte, brachte begehrte Güter, wie Zigaretten, in die Stadt.

Heute sind die begehbaren Reste des Tunnels eine begehrte Touristenattraktion. Man wird von ehemaligen Kämpfern geführt und kann sich in der drangvollen Enge des nur 1.60 m hohen Gangs ein bisschen gruseln. Wirklich eindrücklich dagegen ist der Tunnelfilm, der Bilder von Sarajevo unter Beschuss zeigt.

Es wurde nicht nur von den Bergen geschossen, sondern auch von den von Serben besetzten Hochhäusern. Die Frontlinie verlief zum Teil dicht am Stadtzentrum. Die

Uferstraße, mit einem eindrucksvollen Bestand alter Linden, wurde während der Belagerung zur Sniper-Allee. Am andern Ufer saßen die serbischen Scharfschützen auf den Dächern und zielten auf alles, was sich auf der Straße bewegte. Unser Stadtführer Adnan hatte sich als Soldat wochenlang in einem Haus auf der bosnischen Seite verschanzt, um die Versuche der Serben, den Fluss zu überqueren, zu vereiteln. Die Munition war so knapp, dass er über jeden Schuss Rechenschaft ablegen musste.

Sarajevos traurige Berühmtheit rührt daher, dass in der Stadt durch das Attentat von Gavrilo Princip auf den österreichischen Thronfolger Franz Ferdinand und seine Frau Sophie der Erste Weltkrieg ausgelöst und sie am Ende des Jahrhunderts zum Schauplatz des letzten europäischen Krieges wurde. Princip und seine Gruppe „Junges Bosnien" träumten von einem vereinten Jugoslawien, das entstehen sollte, nachdem die österreichische Herrschaft abgeschüttelt war.

Er erlebte die Erfüllung seines Traumes nicht. Weil er nach österreichischem Gesetz zu jung für ein Todesurteil war, wurde er zu zwanzig Jahren Festungshaft verurteilt, die er in Theresienstadt, später als Vorzeige- KZ der Nazis berüchtigt geworden, absitzen sollte. Er starb allerdings schon 1918 an Tuberkulose.

Am Ende Jugoslawiens war wieder ein hinterhältiger Mord der Auslöser des Bosnienkrieges. Am 5. April 1992, erschossen Heckenschützen vom Hotel *Holiday Inn* aus zwei Teilnehmerinnen einer Demonstration auf der Vrbanja-Brücke. Das Hotel war zu diesem Zeitpunkt das Hauptquartier von Radovan Karadžićs Serbischer Demokratischer Partei. Als die bosnische Polizei mehrere im Hotel befindliche bewaffnete Serben festnahm, stürmten serbische Paramilitärs die Polizeiakademie der Stadt, nahmen mehrere Geiseln und erzwangen die Freilassung der mutmaßlichen Täter.

Die folgenden Scharmützel wurden sehr schnell zu regelrechten Kriegshandlungen, die immer brutaler wurden und immer mehr Opfer forderten. Ein blutiger Höhepunkt waren die Monate Mai, Juni, Juli, August 1992, wo es monatlich tausende Opfer gab. Spätestens damals hätte die internationale Gemeinschaft eingreifen müssen, meint unser Gesprächspartner Mirsad Tokača, der ehemalige Leiter der Kommission für Kriegsverbrechen in Bosnien-Herzegowina. Aber Europa schaute lieber zu. Tokača hat es sich zur Aufgabe gemacht, Fakten über den Bosnienkrieg zusammenzutragen, die er den Mythen über diesen Krieg entgegenstellen will. Er hat unter anderem herausgefunden, dass 81% der Opfer Bosnier waren, 11% Serben, 8% Kroaten und 1% andere Ethnien. Kein Wunder, dass dieser Krieg für die Bosniaken ein Trauma ist, das selbst die Gräuel des Zweiten Weltkrieges in den Hintergrund treten lässt.

In Sarajevo, das sich stolz der „Treffpunkt der Kulturen" nennt, kommt man innerhalb von fünf Gehminuten an einer katholischen und einer orthodoxen Kirche, einer Synagoge und einer Moschee vorbei. Es ist eine vibrierende Stadt. Nur hat sich ihre Einwohnerstruktur grundlegend geändert. Lebten vor dem Krieg hier noch 43% Serben, sind es heute über 80% Bosniaken. Die verbliebenen Serben haben sich in den Stadtteil zurückgezogen, der zur Republik Srbska gehört. Dort sollte sich ein Bosniake oder ein Kroate besser nicht sehen lassen, wurde uns von mehreren Gesprächspartnern gesagt.

Schlendert man durch die Straßen der Altstadt oder am Fluss entlang, trifft man immer wieder auf Überbleibsel des Krieges. Wenn auf dem Gehsteig oder der Straße rotumrandete Löcher auftauchen, handelt es sich um Sarajevo-Rosen. Hier wurden von den Einschlägen mehrere Menschen getötet. Neben dem Eingang eines schicken Modegeschäftes hängt eine Tafel, die daran erinnert, dass an dieser Stelle acht Menschen von einer Artillerie-Granate getroffen wurden. In einer Parkanlage steht das Denkmal für die während der Belagerung ermordeten bosniakischen Kinder. Es gab eine Diskussion, ob man es nicht auch den umgekommenen serbischen Kindern widmen sollte - das wurde mehrheitlich abgelehnt. Wenige Meter entfernt steht die Statue eines rufenden Mannes auf dem Rasen. Ein Vater aus Srebrenica hatte seinem Sohn, der sich im Wald vor den Serben versteckte, zugerufen, er solle sich ergeben. Später wurden beide nebeneinander in einem Massengrab gefunden.

Die prächtige Bibliothek, die als erstes Gebäude der Stadt restlos zerstört wurde, steht wieder da, als wäre sie nie weg gewesen. Aber im Eingangsbereich hängen Bilder, die ihre Zerstörung zeigen. Weltberühmt wurde das Bild eines Cellisten, der im Innenhof der Ruine ein Konzert gibt.

Neben der Fußgängerzone ist eine Galerie, in der man zu jeder Stunde einen Film über das belagerte Sarajevo sehen kann. Gleichzeitig wird eine Ausstellung über Srebrenica gezeigt.

Den Touristen, die wieder zahlreich kommen, werden Souvenirs angeboten, die aus den Hülsen der Geschosse hergestellt sind, die einst auf die Stadt herabregneten. Kugelschreiber, Schlüsselanhänger, Autos, Flugzeuge, Panzer aus Gewehrpatronenhülsen, Vasen aus größeren Geschosshülsen. Puristen können auch unbearbeitete Hülsen erwerben.

Je nach Geschmack kann man finden, solche Erzeugnisse seien eine erfolgreiche Umwandlung von Kriegsmaterial für friedliche Zwecke oder Ausdruck des tiefen Traumas der Bosniaken.

Mostar

5. Juni 2016

Sollten wir geglaubt haben, dass die bisher im ehemaligen Jugoslawien erlebten Absurditäten kaum zu übertreffen sind, wurden wir im weltberühmten Mostar, dessen Alte Brücke und Altstadt zum Weltkulturerbe gehören, eines Besseren belehrt. Mostar ist eine geteilte Stadt. Die Mauer, die den kroatischen Teil vom bosnischen trennt, ist nach Aussage unseres Stadtführers undurchlässiger als die Berliner Mauer. Sie verläuft in der Mitte des Bulevar, der Hauptstraße der Stadt und ist unsichtbar. Bewohner der Stadt gehen nicht von der bosnischen Seite zur kroatischen und umgekehrt. Die Alte Brücke, die beide Teile verbindet, wurde von vielen jungen Menschen, die nach dem Krieg geboren wurden, noch nie überquert. Wer auf die andere Seite geht, ohne einen zwingenden Grund zu haben, gilt als Verräter.

Wir begannen unseren Rundgang auf der kroatischen Seite mit einer Besichtigung des Partisanendenkmals. Die Anlage aus dem Sechzigern, von Tito persönlich eingeweiht, ist auf einem Berghang errichtet. Auf gewundenen Wegen, die an die von den Partisanen benutzten Bergpfade erinnern, steigt man bis zu einem Plateau, wo ein großer Springbrunnen angelegt war, dem ein Wasserfall entsprang, der sich in einen Teich am Fuß de Abhangs ergoss. Selbst in ihrem ruinierten Zustand und total überwachsen wirkt die Anlage noch großartig. Dazu trägt die atemberaubende Aussicht über die Stadt bei. Die Kroaten lassen das Denkmal, wo immerhin mehr als 700 Partisanen begraben sind, absichtlich verfallen. Die Partisanen gehören zum sozialistischen Jugoslawien, Kroatien pflegt das Andenken an die Ustascha, die aus sozialistischer Sicht zu den Faschisten gehörte. Der Bann über das Denkmal ist so stark, dass wir unseren Besuch bei der Polizei anmelden mussten und von drei Polizisten begleitet wurden. Als wir sie ansprachen, stellte sich heraus, dass einer von ihnen sich um diesen Einsatz beworben hatte, weil er noch nie hier gewesen war und das Denkmal endlich einmal mit eigenen Augen sehen wollte. Als nächstes besuchten wir das Bruce Lee Denkmal im Stadtpark. Es war das erste Bruce Lee Denkmal der Welt und wurde von jungen Leuten aufgestellt, die dem wachsenden Nationalismus und seinen Monumenten etwas entgegensetzen wollten. Bruce Lee als Symbol des Weltbürgers für Weltbürger. Erst wurde die Statue entfernt, als sie wieder aufgestellt werden musste, wurde dann verboten, den Rasen zu betreten, auf dem die goldene Figur auf ihrem Sockel steht. Es half nichts. Bruce Lees Fans haben große Löcher im Rasen um das Denkmal herum hinterlassen.

Geht man vom Park in Richtung Bulevar, kommt man an prächtigen Villen vorbei, manche zerstört, andere restauriert. Passend dazu läuft man plötzlich auf Marmorplatten, mit denen nicht nur der Gehsteig, sondern auch die Straße belegt ist. Etwas weiter fällt in einer Anlage ein Gedenkstein auf, dessen Inschrift wir entnehmen können, dass er an Spanier erinnert. Unser Stadtführer hatte einfach vorbei gehen wollen. Als wir ihn fragten, was es mit diesem Denkmal auf sich habe, antwortete er, dass dieser Ort ihn die letzten Haare auf seinem Kopf kosten würde.

In Mostar war eine spanische UNPROFOR-Truppe stationiert, die seit Beginn des Bosnienkrieges an der Grenze zwischen dem bosnischen und den serbischen Teil der Stadt patrouillierte. Am 8. Mai 1993 zogen sich die Spanier plötzlich aus der Stadt zurück und nahmen in den Bergen Quartier. Am Morgen des 9. Mai griffen die Kroaten die Stadt an. Die nun folgenden Kämpfe waren so erbittert, dass die Stadt fast vollständig zerstört wurde. Heute spricht ein Bildband, der die Zerstörung der Stadt dokumentiert, von „Urbizid". Selbst die Alte Brücke, der weltbekannte Stolz der Gemeinde, wurde unter Beschuss genommen.

Man versuchte, sie durch ein Dach und mit am Geländer aufgehängten Autoreifen zu schützen. Vergeblich. Am 9. November 1993 erhielt die Brücke einen Volltreffer von einem schweren Geschütz und stürzte in die Neretva.

Der bosnische Teil war komplett umzingelt. Die Belagerten überlebten nur, weil strengstens jeder private Besitz und Verbrauch von Lebensmitteln verboten wurde. Armee und Bevölkerung wurden durch öffentliche Küchen versorgt. Die Kämpfer bekamen zwei Mahlzeiten pro Tag, die Bevölkerung eine. In den schlimmsten Zeiten war es Brot, das aus Viehfutter hergestellt wurde, das man in Zucker tauchte, der reichlich vorhanden war, weil sich im Kessel eine Zuckerfabrik befand.

Die Spanier sahen von ihrem Rückzugsort aus den Kämpfen zu. Sie verloren ein paar Soldaten, angeblich vor allem durch Autounfälle auf den unübersichtlichen Bergstraßen. Diesen Toten setze Spanien dann ein Denkmal. Der König selbst erschien zur Einweihung. Eigentlich wollten die Spanier einen ganz neuen „Spanischen Platz" bauen. Dann blieb es aber beim Marmorpflaster, mit dem auch ein Teil des Boulevards belegt ist, aber nur auf der kroatischen Seite.

Vor dem neuen Rathaus, in Friedenszeiten eine Schule, die geräumt werden musste, um der Administration Platz zu machen, nachdem das alte Rathaus zerstört worden war, hatte man ein Denkmal für die heldenhaften kroatischen Belagerer der Stadt errichtet. Daraufhin wurde daneben über Nacht ein Denkmal für die bosnische Armee aufgestellt. Die Kroaten versuchten, das massive Monument zu sprengen, schafften es aber lediglich, dem Stein einen Riss zuzufügen. Heute könnte man das für ein vom Künstler gewollten Effekt halten.

Nicht weit vom Bulevar beginnt die Altstadt, die komplett wiederaufgebaut wurde. Als wir uns der Alten Brücke näherten, die aus den alten Steinen, die aus der Neretva geborgen wurden und Ersatzteilen aus dem Originalsteinbruch wiederhergestellt wurde, stand einer der berühmten

Brückenspringer hinter dem Geländer. Es ist eine alte Tradition, dass junge Männer aus Mostar von der Brücke in die 34 Meter tiefer gelegene Neretva springen. Der erste aufgezeichnete Sprung fand 1668 statt. Da der Fluss nicht tief und sehr kalt ist, können es nur sehr gut trainierte, erfahrene Springer wagen, sich in die Tiefe zu stürzen. Heute versuchen die jungen Männer, damit Geld zu verdienen. Aber die Touristen sind knauserig, wie wir feststellten. Ein Mann aus unserer Gruppe gab 5 Mark, wie die Währung hier nach der DM heißt und bekam den Platz mit der besten Aussicht. Es war dann aber nicht der ältere Mann in Badehose, der auf der Brücke gestanden hatte, solange das Geld eingesammelt wurde, sondern ein junger Mann im Neoprenanzug, der den Sprung schließlich ausführte. Er sprang mit angezogenen Beinen und an die Brust gedrückten Kopf, um sich erst kurz vor der Wasseroberfläche aufzurichten und kerzengerade einzutauchen. Wer das nicht beherrscht, landet auf dem Bauch oder auf dem Rücken und ist im schlimmsten Fall tot, wie es einem Franzosen ging, der es in der Woche zuvor versucht hatte.

Die Altstadt ist wieder ein quirlige Touristenmeile, als hätte es den Krieg nicht gegeben. Kaum einer der Besucher weiß, dass auf dem Plateau des gegenüberliegenden Berges, auf dem heute ein weithin sichtbares Kreuz steht, die kroatische Armee stand und die Stadt beschoss. Die Spuren davon sieht man noch heute, sobald man die Altstadt verlassen hat. Hier stehen noch viele Ruinen oder Häuser mit zerschossenen Fassaden.

Neben der Hauptstraße befindet sich ein neuer Friedhof. An diesem Ort hatte es jahrhundertelang einen Friedhof gegeben, der in der jugoslawischen Zeit aber in einen Park mit Kinderspielplatz umgewandelt wurde. Das Unglück Jugoslawiens soll mit dieser Tat begonnen haben. Erst kam die Krise der Achtziger, dann der Zerfall und der Krieg. Während der Belagerung wurde aus dem Park wieder ein Friedhof, weil der bosnische Teil vom Friedhof abgeschnitten war und man einen anderen Begräbnisplatz brauchte.

Unser Stadtführer, der Schauspieler und Regisseur ist, im Krieg Soldat war, musste einmal die Totenrede für seine Kameraden halten, die aus kroatischer Gefangenschaft in Stücke zersägt zurückkamen. Nach dem Krieg hat er auf der gegenüberliegenden Straßenseite ein Kindertheater gegründet. Es soll für die Versöhnung arbeiten. Mir ist nicht ganz klar, wie das funktioniert, falls er den Kindern erzählt, dass in einigen Gräbern zersägte Menschen liegen.

Unser letzter Termin ist ein Gespräch im „Zentrum für Frieden und multiethnische Zusammenarbeit". Hier entstand das Buch über den „Urbizid". Hauptsächlich sammelt das Zentrum Material über die Belagerung und stellt Informationsmaterial für Schulen und andere Interessierte her. Was die Schulen betrifft, können es nur bosnische sein, denn in Mostar sind die Schulen ethnisch getrennt. Mit einer Ausnahme: In einer von der OSZE gebauten Schule sitzen kroatische und bosnische Schüler unter einem Dach, allerdings in getrennten Gebäudeteilen. Die Unterrichtszeiten sind so festgelegt, dass sich die Kinder nicht begegnen.

Wenn Delegationen aus aller Welt kommen, die sich über die gelungene Aufbauarbeit in Bosnien informieren, ist den wenigsten klar, dass ihnen eine Art Potemkin'sche Dörfer vorgeführt werden. Zwar sind viele Gebäude wiederhergestellt und noch mehr werden folgen, aber die mentalen Verwüstungen sind weit davon entfernt, überwunden zu werden. Mit Geld kann man materielle Schäden heilen, menschliche Seelen lassen sich damit nicht reparieren. Mostar ist ein Touristenmagnet, aber die Bewohner der Stadt fühlen sich, als wäre der Krieg nicht vorbei, sondern nur in eine längere Pause eingetreten.

Auf der Fahrt nach Mostar machten wir in Jablanica Station. Dieser Ort spielte im Partisanenkampf gegen die Wehrmacht eine entscheidende Rolle. Um dem deutschen Angriff auszuweichen, entschloss sich Partisanenführer Josip Broz, Kampfname Tito, die einzige Brücke über die Neretva zu sprengen. Der Plan ging auf. Die Partisanen gewannen so viel Vorsprung, dass sie selbst ihre Verwundeten mitnehmen konnten. Die Wehrmacht musste erst eine neue Brücke bauen, ehe sie den Fluss, der in einer tiefen Schlucht liegt, überqueren konnte.

Im Jahre 1978 wurde neben der zerstörten Brücke ein Museum errichtet, das von Tito selbst, jetzt Staatspräsident von Jugoslawien, eingeweiht wurde. Es ist dem heldenhaften Kampf der Partisanen gewidmet, der die Gründungslegende der Sozialistischen Volksrepublik Jugoslawien bildete. Der Zug mit den Verwundeten wurde mit lebensgroßen, gut vermummten Figuren nachgebildet. Wie es wirklich aussah, kann man auf den Fotos an der Wand sehen. Einer der Partisanen trug mitten im tiefsten Winter nur Sandalen. Über die Verbrechen, die auch die Partisanen verübten, findet man hier natürlich kein Wort. Dafür wird gezeigt, dass Tito ausgesucht hübschen Sekretärinnen diktiert hat.

Im Bosnienkrieg wurde das Museum zerstört und originalgetreu wiederaufgebaut, was man bei der Führung aber nicht erfährt. Alles atmet den Geist der sozialistischen siebziger Jahre. Auf Nachfrage wurde uns gesagt, es sei das erklärte Ziel, die Sicht der Siebziger mit ihren Mythen zu bewahren. Hauptsächlich ältere Leute kämen her, die sich gern an die sozialistische Zeit erinnern. Als wir da waren, sah das anders aus. Mehrere Schulklassen waren angereist. Mit größtem Interesse wurde die einzige Erneuerung des Museums besichtigt, ein Raum, der dem Bosnienkrieg gewidmet ist. Hier sieht man allerlei Waffen, auch selbst gebastelte, von der Pistole über Gewehre bis zu Granatwerfern. Die Jungen machten eifrig Handyfotos und waren sauer, als ihre Lehrerin zum Weitergehen aufforderte. Wie sehr der Krieg die Kinder faszinierte, war beklemmend.

Was uns und den Kindern nicht gesagt wurde war, dass der Keller des Museums während des Bosnienkrieges als Foltergefängnis für kroatische Soldaten missbraucht wurde. Es werden Ermittlungen wegen der hier begangenen Verbrechen durchgeführt. Ob es zu Verurteilungen kommen wird, ist ungewiss.

Im Museumsshop wurde der Film „Die Schlacht an der Neretva" angeboten, eine jugoslawische Produktion, die den Partisanenkampf und Tito verherrlicht. Für die Dreharbeiten wurde die von der Wehrmacht gebaute Brücke gesprengt. Dafür musste 100 Meter weiter ein Ersatz gebaut werden. Der Film wurde mit einem Großaufgebot an bekannten Schauspielern gedreht: Curd Jürgens, Hardy Krüger, Yul Brunner, Orson Wells, Maria Schell. Der Partisanenmythos war nicht nur der Kitt, der Jugoslawien zusammenhielt, er war ein Faszinosum für den Westen.

Litauen: eine allzu lebendige Vergangenheit

20. Juni 2016

Litauen hat eine der eigentümlichsten Staatsgeschichten Europas. Es wird meist nur als einer der drei kleinen baltischen Staaten wahrgenommen, wobei den Europäern kaum bewusst ist, dass Litauen, Lettland und Estland auf ganz unterschiedliche Vergangenheiten zurückblicken.

Vilnius war lange Zeit die Hauptstadt des Großfürstentums Litauen, eines riesigen Agglomerates aus zwei Sprachregionen, dessen zweite Hauptstadt Krakau war. Das Litauische gehört wie das Lettische, zur baltischen Sprachgruppe und ist so alt, dass es noch Teile aus dem Sanskrit beinhaltet. Der diese Sprache sprechende Stamm herrschte über eine slawische Bevölkerung, aus deren Dialekten das Weißrussische und das Ukrainische hervorgingen. Die Ukraine war ab Beginn des letzten Jahrtausends für viele Jahrhunderte zum großen Teil litauisch. Heute fahren viele Litauer gern in die Ukraine, um die Überreste litauischer Burgen zu besichtigen.

Ursprünglich heidnisch, übernahmen die litauischen Fürsten bald die christliche Religion. Bis heute ist der Katholizismus sehr stark, was dazu geführt hat, dass die Litauer eine höhere Geburtenrate aufweisen als Resteuropa. In Vilnius kann man in der Altstadt auf Schritt und Tritt Stellen finden, an denen man drei oder gar vier Kirchen sehen kann.

Trotzdem nannte man Vilnius zu Beginn des letzten Jahrhunderts das „Jerusalem des Nordens", denn fast die Hälfte der Bevölkerung war jüdisch. Die andere Bevölkerungshälfte war zu dieser Zeit polnisch, denn der Lauf der Geschichte hatte den Niedergang des litauischen Großfürstentums und den Anschluss an Polen gebracht. Der Anteil der Litauisch Sprechenden betrug gerade noch drei Prozent. Die Wiedergeburt des Litauischen im 20. Jahrhundert grenzt an ein Wunder. Paradoxerweise gab die zaristische Regierung, die, als Litauen zwischenzeitlich unter russische Herrschaft gefallen war, mit ihrer harschen Russifizierungspolitik dafür den Ausschlag. Als sie nach der Niederschlagung des antizaristischen Aufstandes von 1863 beschloss, die Russifizierung voranzutreiben, verbot sie unter anderem den Druck von Büchern im lateinischen Alphabet. Die Litauer ließen daraufhin ihre Bücher dicht hinter der Grenze des russischen Imperiums in Ostpreußen drucken und sie von Schmugglern ins Land bringen. Diese „Bücherträger" schleppten allein zwischen 1865 und 1886 über vier Millionen Bücher und Zeitschriften über die Grenze. Die Folge war die erste Generation, die litauisch lesen und schreiben konnte. Man kann ohne große Übertreibung sagen, dass ein wesentlicher Baustein des modernen Litauen die Philologie war.

Diesen erstaunlichen Widerstandsgeist haben die Litauer sich bewahrt. Als nach dem Hitler-Stalin-Pakt die Sowjets das Land, das ursprünglich anders als Estland und Lettland ein neutraler Staat bleiben sollte, okkupierten, leisteten die Litauer langanhaltenden Widerstand. Es gab nach dem Zweiten Weltkrieg, bei einer Bevölkerung von 3 Millionen, 54 000 Partisanen, die bis in die 60er Jahre sich in den Wäldern den Sowjets widersetzten. Der letzte Partisan wurde 1965 getötet. Deshalb wurde Litauen nie so sowjetisiert, wie die anderen baltischen Staaten. Heute gibt es nur 6% Russen im Land, während in Riga, der Hauptstadt Lettlands, 60% Russen leben.

Die Geschichte dieses Partisanenkrieges wird heute im Genozid-Museum von Vilnius erzählt. Seit Beginn der Unabhängigkeit haben die Litauer eine breit angelegte Forschung über ihre Partisanenbewegung betrieben. Seitdem ist eine Fülle von Büchern, Dissertationen und Studien entstanden.

Das zweite Thema des Museums ist die Deportation von

Litauern in den Gulag, die unmittelbar nach der sowjetischen Okkupation begann. Große Teile der Intelligenz und der Beamten wurden als erste deportiert, später auch einfache „Klassenfeinde". Die Deportation kam durch den Überraschungsangriff der Nazis zu einem vorläufigen Halt. Es standen noch mit Menschen beladene Waggons auf dem Bahnhof, als sich die Stadt schon in der Hand der Wehrmacht befand. Einen kurzen Augenblick glaubten die Litauer an ihre Befreiung, ehe sie realisierten, dass sie nur in die Klauen einer anderen Diktatur geraten waren.

Als erste bekamen das die Juden zu spüren, als die neuen Besatzer das alte Judenviertel zum Ghetto erklärten und es bald darauf hermetisch abriegelten. Im großen Ghetto lebten die arbeitsfähigen Juden mit ihren Familien, während in kleinen Ghetto hauptsächlich Alte und Kranke untergebracht waren. Hier begannen auch die Transporte nach Ponary, das sind die kleinen Eichenwälder auf den Hügeln in der Nähe der Stadt, in Vorkriegszeiten ein beliebtes Ausflugsziel der studentischen Jugend. Dort wurden die Menschen erschossen und in Massengräber verscharrt. Dabei haben Angehörige der Saguma, der litauischen Gestapo, die deutschen Einsatzkommandos unterstützt. Diesem düsteren Kapitel ist der dritte Teil der Ausstellung im Genozid- Museum gewidmet.

Untergebracht ist die Gedenkstätte in einem Flügel des ehemaligen KGB-Gebäudes, das während der Naziokkupation das Hauptquartier der Gestapo war. Nach der Vertreibung der Nazis aus der Stadt, nahm das NKWD, wie die Geheimpolizei in dieser Zeit hieß, seine Tätigkeit sofort wieder auf. Im Keller des Gebäudes befanden sich ein Gefängnis und eine Hinrichtungsstätte, deren Betrieb nach Stalins Tod stillschweigend eingestellt und deren Spuren verwischt wurden. Erst nach der Unabhängigkeit fand man die Überreste und konnte die Vorgänge rekonstruieren. Der Gefangene wurde in einen tiefer gelegenen Teil des Kellers geführt. Dort saß in einem kleinen Raum die so genannte „Troika", ein Gericht, dessen Urteil sofort vollstreckt wurde. Gleich nach der Verkündung wurde der Verurteilte in einen Nebenraum geführt und erschossen. Das Blut wurde durch einen speziell angelegten Bodenabfluss mit Wasser weggespült. Die Leiche schob man durch ein Fenster in den Hof und von dort auf einen Lastwagen, während schon der nächste Delinquent verurteilt werden konnte. Das ging wie am Fließband. Die Massengräber der so Ermordeten wurden erst nach 1991 entdeckt, die Toten exhumiert und würdig bestattet. Einige ihrer Habseligkeiten kann man im Keller sehen, die Namen der Ermordeten, die identifiziert werden konnten, wurden in die Fassade des Gebäudes eingraviert. Erschreckend viele Jugendliche sind dabei.

Dem KGB-Gebäude gegenüber befindet sich eine weiträumige Grünanlage, in deren Mitte ein Lenindenkmal stand. Mit ausgestrecktem Arm zeigte der verehrte Führer den Weg in Richtung Kommunismus. Er wies ironischerweise auf das Haus des Terrors.

Oberflächlich erinnert im heutigen Vilnius wenig an die Vergangenheit. Das ehemalige Ghetto ist heute ein exklusives Viertel mit teuren Boutiquen, Schmuckläden, Kunstgalerien und angesagten Restaurants. Am ehemaligen Ghettozugang hängt ein kunstvolles Schild, das auf die Vergangenheit hinweist. Beachtet wird es kaum, wie ich feststellen konnte. Die Touristen bewundern die „Perle des Barock", wie Vilnius auch genannt wird. Wenn man die längste Straße der Altstadt, die drei verschiedene Namen trägt, entlanggeht, kommt man an über 60 Baudenkmälern vorbei. Das ist rekordverdächtig. Der Mief der Sowjetzeit ist aus dem Stadtzentrum so vollständig verschwunden, dass man meinen könnte, er sein nie da gewesen. Selbst früher gerissene Lücken sind wieder gefüllt. So steht das Ende des 18. Jahrhunderts niedergelegte Renaissance-Schloss wieder in alter Pracht neben der Kathedrale. Es beherbergt heute ein kulturgeschichtliches Museum. Die wenigen Neubauten aus Sowjetzeiten sehen aus wie Bausünden, die man in jeder westlichen Stadt findet.

Spricht man aber mit den Litauern, stellt man fest, dass die

Angst regiert, die schlimmen geschichtlichen Erfahrungen der Vergangenheit könnten sich wiederholen. Das ist nicht nur die Furcht vor einer Aggression des russischen Nachbarn, dessen Militärzüge in Richtung Kaliningrad täglich Litauen durchqueren. Was geschähe, wenn 2000 russische Soldaten mit ihrer Ausrüstung in Vilnius ausstiegen? Wird der Westen wieder Verrat üben, wie 1941 oder später auf der Konferenz von Jalta, als Stalin seine baltische Beute von seinen Verbündeten zugesprochen bekam? Was ist von europäischen Politikern zu halten, die lange brauchten, um zu begreifen, dass es sich bei den baltischen Staaten um drei ganz unterschiedliche Gebilde handelt, die nicht, wie man sich das vorstellte, nur zu störrisch waren, einen einheitlichen Staat zu bilden? Der Dilettantismus, mit der die EU, allen voran Deutschland, die Ukrainekrise behandelten, hat das Vertrauen in europäische Politik nicht gestärkt.

Hier ist man an der Peripherie Europas und Russland nah. Dilettantismus ist das Letzte, was die Litauer gebrauchen können. Man setzt, was militärischen Schutz betrifft, auf die Amerikaner.

Der Henker von Riga

25. Juni 2016

Tallinn, die schönste Stadt an der Ostsee ist im Sommer hoffnungslos überlaufen. Besonders wenn Kreuzfahrtschiffe ankern, ist von den vielen Sehenswürdigkeiten kaum etwas zu erkennen. Beschauliches Schlendern und Beobachten fällt aus. Hat man einen der begehrten Aussichtsplätze auf dem Domberg endlich erobert und will sich am Blick auf die Altstadt erfreuen, drängen so viele kampferprobte Touristen nach, dass man seinen Posten bald wieder aufgibt. Erst am Abend wird es ruhiger und unter den vielen Besuchern sind einige Einheimische zu erkennen. Die Jugend trifft sich unter dem Freiheitsdenkmal, das an die erste Unabhängigkeit Estlands erinnert, die nach dem Ersten Weltkrieg errungen wurde.

Dem Denkmal schließt sich ein Hangpark mit uralten Linden an, der zum ältesten Turm der Tallinner Stadtbefestigung hinaufführt. Eine Treppe, geschmückt mit schmiedeeisernen Vasen erinnert an den Bürgermeister, der sie anlegen ließ. Ist man am Turm „Kieck in de Köck", wird man daran erinnert, wie sehr die Balkendeutschen die Region geprägt haben. Man findet überall in der Stadt deutsche Inschriften.

Der Tourismus-Boom hat die Preise in der Stadt verdorben. Man bezahlt für eine Kugel Eis 1,70 Euro, so viel wie in Berlin nur am Brandenburger Tor. Die Preise im Restaurant sind mit denen in Berlin vergleichbar. Das heißt, für estnische Rentner, deren Pension um die 300 Euro beträgt, ist Tallinn unbezahlbar.

Die Immobilienpreise sind astronomisch. Wir kamen an einem aufwendig restaurierten Jugendstilhaus vorbei, in dessen schön bepflanztem Hof ein moderner Springbrunnen plätscherte. Bis 1989 war hier der Sitz des KGB. Bis in die 50er Jahre wurde im Keller eine Hinrichtungsstätte betrieben, nach stalinistischem Muster: Der Delinquent wurde in einen Raum geführt, in dem die berüchtigte „Troika", das Tribunal, saß. Innerhalb weniger Minuten wurde der „Diversant" zum Tode verurteilt, in den Nachbarraum geführt und dort erschossen. Die Leiche wurde dann durch ein Fenster in den Hof geschoben, wo sich heute die Bewohner vom Touristen-Stress erholen können und auf einen Lastwagen geworfen. Unterdessen wurde der nächste Delinquent der „Troika" vorgeführt.

Wer Lust hat, in einer so geschichtsträchtigen Umgebung sein Domizil aufzuschlagen, muss 5000 Euro pro Quadratmeter berappen. Zwei Wohnungen sind noch zu haben. Am Gebäude erinnert nichts an seine frühere Funktion. Im Souterrain wird eine alternative Kneipe betrieben. Am Eingang hängt ein Spruch vom Dalai-Lama über den Wert jedes einzelnen Lebens. Das wirkt auf mich makaber, denn der Richtplatz war nur wenige Meter entfernt.

Mehr als 17% der Esten wurde während der sowjetischen Okkupation von den Sowjets umgebracht oder in Lager deportiert. In jeder estnischen Familie gibt es Opfer zu beklagen. Kein Wunder, dass auch die Esten äußerst misstrauisch beobachten, was beim Nachbarn Russland vor sich geht.

Narva ist eine Stadt, die von der estnisch-russischen Grenze geteilt wird. Auch auf der estnischen Seite sind über 90% der Einwohner Russen. Während der Krimkrise pilgerten hunderte Journalisten aus aller Welt nach Narva, weil sie erwarteten, dass russische Panzer über die Brücke rollen würden, um in Estland einzufallen. Das geschah nicht. Wider Erwarten blieb es auch unter der russischen Bevölkerung im estnischen Teil der Stadt ruhig. Die Russen haben kein Interesse daran, ihren estnischen Pass gegen einen russischen einzutauschen. Ihr Lebensstandard ist viel höher als in Putins Reich, sie genießen die Vorteile, EU-Bürger zu sein.

Das Verhältnis zwischen Esten und Russen wäre noch entspannter, wenn die Esten nach der Unabhängigkeit nicht alle Russen aufgefordert hätten, das Land zu verlassen. Viele, die in Estland geboren worden waren und hier ihre Heimat sahen, empfanden das als Affront, umso mehr, als sich auch viele Russen sich an der legendären baltischen Menschenkette am 23. August 1989 beteiligt hatten, die von Tallinn nach Vilnius reichte.

Sie wollten ebenso wie ihre estnischen Landsleute die Unabhängigkeit von der Sowjetunion. Die Unabhängigkeit kam im Sommer 1991. Im Unterschied zu den beiden anderen baltischen Staaten ohne blutige Kämpfe. Wie wir in Tartu, der zweitgrößten Stadt Estland erfuhren, ist das maßgeblich einem Generalmajor der sowjetischen Streitkräfte zu verdanken, der in den 80er Jahren in Tartu stationiert war: Dschochar Dudajew, Der als gebürtige Tschetschene sympathisierte mit den Unabhängigkeitsbestrebungen der Esten. Dudajew, der auch in Afghanistan kämpfen musste und sich durch außerordentliche Kühnheit gegen die Islamisten hervortat, war in der Armee hochangesehen. Seinem Einfluss soll es zu verdanken sein, dass die Truppe nicht intervenierte, als sich die Balten von der Sowjetunion lossagten. Dudajew, der als Kind die Deportation seiner Familie nach Kasachstan miterlebte und erst nach Stalins Tod nach Tschetschenien zurückkehren durfte, wurde der erste Präsident Tschetscheniens nach der Unabhängigkeitserklärung. Diese Unabhängigkeit wurde aber nicht anerkannt und es kam zu zwei blutigen Kriegen, der erste begann unter dem russischen Staatschef Boris Jelzin, den zweiten führte Wladimir Putin. Mehrere Anschläge auf Dudajew schlugen fehl, bis er schließlich im April 1996 durch einen gezielten Raketenschlag ums Leben kam, nachdem die Russen sein Satellitentelefon geortet hatten. Vom Freiheitskämpfer zum Outlaw ist es oft nur eine kleiner Schritt. Fakt ist, dass nach Dudajews Tod die gemäßigten Kräfte der tschetschenischen Unabhängigkeitsbewegung bedeutungslos wurden.

Dudajews Andenken wird in allen baltischen Staaten und der Ukraine hochgehalten. In Riga, Vilnius, Lemberg, sogar Warschau, sind Straßen nach ihm benannt. Während des Krieges in der Ukraine gab es ein Bataillon mit seinem Namen.

Um die reale Angst der Balten vor Putins Russland zu verstehen, muss man wissen, welche militärischen Muskelspiele die russische Armee aktuell betreibt.

Nach dem Besuch von Präsident Obama in Tallin verschleppten russische Geheimpolizisten einen estnischen Grenzoffizier von estnischem Territorium nach Russland. Dort wurde der Offizier in einem Schauprozess zu 15 Jahren verschärfter Haft verurteilt. Erst nach zwei Jahren konnte er gegen einen russischen Spion ausgetauscht werden. An dem Offizier sollte demonstriert werden, was die Russen tun können, wenn sie wollen.

Schlimmer ist, dass vom militärischen Flugplatz hinter Narva immer mal wieder ein russisches Kampfflugzeug aufsteigt, über der Ostsee, hart an der Nato-Grenze entlang, bis nach Dänemark und im Bogen zurück nach Kaliningrad fliegt. Diese Flüge werden nicht angemeldet und stellen eine nicht unbeträchtliche Gefährdung des Flugverkehrs dar. Deshalb hat es sich die Nato angewöhnt, solche Flüge mit einer eigenen Maschine zu begleiten. Die dafür nötige Nato-Einheit ist bei Narva stationiert. Kein Wunder, dass die baltischen Staaten zu den letzten begeisterten Befürwortern der EU gehören, denn zwischen EU und Nato wird nicht unterschieden.

Ist das kleine Estland lediglich europäischer Subventionsempfänger? Nein, dass man von diesem Land lernen könnte, wenn man denn wollte, hat sogar unsere Kanzlerin gemerkt. Sie hat unlängst den estnischen Staatschef zu einer Kabinettssitzung eingeladen, in der er über die Erfolge der Digitalisierung in seinem Land berichten sollte. Während die Kanzlerin und ihre Minister hinter den üblichen Bergen von Papier saßen, genügte dem Esten sein I-Pad. In Estland werden alle Behördengänge online erledigt. Die Steuererklärung nimmt dank Flattax nur wenige Minuten in Anspruch. Innerhalb von 14 Tagen bekommt man den Bescheid und in weiteren 14 Tagen ist das Geld, das man vom Finanzamt zurückbekommt, aufs Konto überwiesen. Rezepte werden nur noch online ausgestellt und in der Apotheke per Handy eingelöst.

Selbst ein Autokennzeichen kann man online beantragen. Man bekommt das Nummernschild per Post und muss es nur noch anschrauben. Die geplagten deutschen Autobesitzer, die, wenn sie es sich leisten können, Studenten bezahlen, um die langwierigen Behördengänge zu erledigen, werden das mit Neid zur Kenntnis nehmen.

Merkels Kabinett war so beeindruckt, dass die vorgesehene Stunde um das Anderthalbfache überschritten wurde. Hilfe von Estland wollte die Regierung dennoch nicht annehmen. Die Esten hatten angeboten, bei unserem Asylbewerberchaos Amtshilfe zu leisten. Sie wollten ihre Spezialisten schicken und ein System aufbauen, in dem jeder Einwanderer bei der Erstaufnahme so registriert wird, dass alle Behörden in Deutschland darauf zugreifen können. Das würde nicht nur die geplagten Ämter entlasten, sondern auch Mehrfachregistrierungen zum multiplen Bezug von Geldern verhindern. Aber es sollte wohl nicht sein, dass der legendäre Spruch: „Wir schaffen das" nur mit estnischer Hilfe Wahrheit werden kann.

Preußens Glanz in der Lüneburger Heide

30. August 2016

Bei einem Kneipenbesuch in Soltau hörte ich zum ersten Mal von Iserhatsche. Nein, noch nicht den Namen, oder was sich wirklich dahinter verbirgt. Mein Gesprächspartner sagte etwas, von einem verrückten Ort mit tausenden Bierflaschen, Streichholzschachteln und Leichenkarren. Ich müsste das unbedingt sehen. Zwei Tage später rief mich ein Freund aus Hamburg an. Ich machte mich gerade fertig, um in der Nähe von Bispinigen den Söhlbruch zu besuchen, einen feuchten Erlenbruchwald unter Naturschutz. Da könnte ich doch in Bispingen in der Nöllestraße 40 vorbeischauen, es wäre absolut überraschend, was ich da zu sehen bekäme. Als ich im Internet las, es handele sich um einen Landschaftspark, war mein Interesse endgültig geweckt.

Schon beim Ankommen wurde mir klar, dass es viel mehr war. Es ist ein Gesamtkunstwerk, der verwirklichte Traum eines Mannes, dessen Lebensmaxime es ist, dass Träume nur taugen, wenn sie umgesetzt werden.

Uwe W. Schulz-Ebschbach ist das, was man einen Selfmademan genannt hat, als Fleiß, Tüchtigkeit und Erfolg noch etwas galten.

Als er 1957 mit 16 Jahren von Ost- nach Westberlin wechselte, hatte Uwe 50 Westpfennige, eine alte Hose und ein altes Fahrrad. Vier Jahre später, mit 20, fuhr er ein eigenes Auto, nach weiteren zwei Jahren war er Besitzer seiner ersten Eigentumswohnung. Er erlernte das Malerhandwerk mit dem Ehrgeiz zu zeigen, dass Maler viel mehr könnten als Rauhfasertapeten zu kleben.

Preußen war immer sein Vorbild, auch als Preußen in Ost und West verpönt war. Ordnung, Sparsamkeit, Leistung, die von den Linken verspotteten bis verhöhnten Primärtugenden, verhalfen Schulz-Ebschbach zu einem Erfolg, wie er sonst nur in Legenden vorkommt.

Friedrich der Große, eines der Vorbilder von Schulz-Ebschbach, hat Sanssouci in nur zwei Jahren erbauen lassen, ohne Notstromaggregat, ohne Lastzüge, die Baumaterialien mussten mit Pferd und Wagen herangeschafft werden. Man muss nicht auf die Dauerblamage des Berliner Flughafens oder der Elbphilharmonie hinweisen, um zu verstehen, was Orientierung an den richtigen Werten bedeutet.

Die Lebensleistung von Schulz-Ebschbach ist mehr als beeindruckend. Neben dem Aufbau von Iserhatsche, was an sich schon Leistung genug gewesen wäre, hat der Mann teils allein, teils mit seinem Sohn, die Fassadenbemalung und Vergoldung von Schloss Sanssouci übernommen, wofür er das Bundesverdienstkreuz bekam. Er hat auch das Chinesische Teehaus, das Neue Palais in Potsdam, die Decke des Marmorpalais bemalt, er hat die Löwen vor dem Schloss Glienicke vergoldet und Schloss Philippsburg bei Braubach eine neue Fassade gegeben. Alles für jeweils einen symbolischen preußischen Taler oder eine DM. Nebenbei hat Schulz-Ebschbach noch die Grenadiergarde Nr. 6 von 1740 nachgestellt, die zum ersten Mal als Leibwache von Bundespräsident Richard von Weizsäcker 1984 in Bonn zum Einsatz kam. Anders als z. B. die Kunststätte Bossard, ebenfalls in der Lüneburger Heide, die von vielen Sponsoren abhing und abhängt, ist der Herr von Iserhatsche selbst Sponsor für öffentliche Vorhaben. Er bezieht keinerlei öffentliche Subventionen, eine absolute Rarität in unseren Zeiten. Im Gegenteil. Für sein jüngstes Vorhaben, das Schloss Lichtenstein mit Weinflaschen nachzubauen wollte die Bürgermeisterin von Bispingen eine Million Euro von Schulz-Ebschbach, nur für die Erteilung der Baugenehmigung. Es müssten Ausgleichsflächen geschaffen werden. So behindert die Politik Initiativen!

Die Geschichte von Iserhatsche beginnt mit Ernst Noelle, dem Großvater von Elisabeth Noelle-Neumann, der

Gründerin des Allensbacher Instituts. Noelle kaufte damals ein Areal von 2.300.000 m² und taufte das Grundstück auf den Namen Iserhatsche. Das war der Kosename, den ihm seine Mutter gegeben hatte. Er kommt aus dem alten Plattdeutschen und bedeutet ‚Eisenherzchen'. 1910 entdeckte Ernst Noelle auf der Weltausstellung in Brüssel eine Villa, die von der Wolgaster Häuserbaugesellschaft gefertigt wurde. Er kaufte die Villa und ließ sie auf seinen Jagdsitz versetzen. Somit war die Villa das erste Fertighaus in der Lüneburger Heide.

Nach vielen wechselnden Besitzen und unterschiedlichsten Nutzungen, erwarb Schulz-Etschbach das Grund-stück 1986. Der Umbau begann 1989, im Jahr des Mauerfalls und war für Park und Villa die Wiedervereinigung mit dem Urzustand. Nach Entfernung von allen möglichen Sportanlagen entstand der ursprüngliche Barockgarten nach den alten Pläne neu. Auch das Innere des Hauses erhielt die alte Pracht zurück. Dafür ließ Schulz-Ebschbach das wohl schönste Barockzimmer Deutschlands nachbauen - das Diana-Sanssouci-Zimmer. Im Jagdzimmer steht ein Sitzsarg, in dem der Hausherr dereinst bestattet werden will. Auch sein Totenhemd liegt seit Jahren bereit. Nicht, weil Schulz-Ebschbach demnächst zu sterben beabsichtigt, sondern weil er der Meinung ist, dass man sich schon im Leben mit dem Tod beschäftigen muss. Auch damit liegt er neben dem Zeitgeist, der den Tod gern verbannen würde, was dazu geführt hat, dass heute allzu viele Menschen in würdelosester Weise sterben müssen.

Das ungewöhnlichste Bauwerk des Parks ist zweifellos der Montagnetto. Es handelt sich hierbei um eine Miniaturdarstellung eines kleinen Schlosses, wie es im Pompey gestanden haben könnte, eingebunden in ein terrassiertes Seensystem, plus eingebautem Vulkan, der durch eine elektronische Schaltung betätigt werden kann. Im Innern des von Schulz-Ebschbach und seinem Sohn selbst gebauten Burgbergs befindet sich ein Festsaal für bis zu hundert Personen, der für Hochzeiten, Feiern oder feierliche Veranstaltungen genutzt wird. Außerdem werden hier Sammlungen von Menschen gezeigt, die sich auf bestimmte Alltagsgegenstände spezialisiert haben: Streichholzschachteln, Kerzen, Gießkannen, Kronkorken und vieles mehr.

Besonders die Streicholzschachtelsammlung von Lorenz ist interessant. Sie zeigt ein Stück Kulturgeschichte im Alltag. Alles ist vorhanden: Schachteln mit politischer oder kommerzieller Werbung, mit expressionistischen Gemälden, Landschaftsbildern oder Abbildungen von Tieren. Selbst die Riesaer Zündhölzer der untergegangenen DDR sind vertreten. An die 250 000 Schachteln umfasst die Sammlung, von denen 40.000 gezeigt werden.

Die Bierflaschen-Sorten-Sammlung von Peter Broeker hat es ins Guinnessbuch der Rekorde geschafft. Dort behauptet sie seit 19 Jahren ihren Platz, mit 16 000 original abgefüllten Bierflaschen aus 168 Ländern und 2850 verschiedenen Brauereien.

Dem Hausherren liegt besonders der rekonstruierte und rekultivierte Barockgarten, mit Werken des Berliner Bildhauers und Malers W.O. Hengstenberg am Herzen. Es ist ein Philosophischer Barocker Eisenpark, in dessen Mittelpunkt der Ebereschen-Eisen-Glocken-Baum steht. Jede Glocke steht für ein Lebensjahr des Eigentümers. Dieses Kunstwerk hat eine Höhe von 8 Metern, einen Stammumfang von 2,38 Metern, 7 goldene Blätter, 7 goldene Wurzeln und 12 bespielbare Glocken.

Mehr als 200 philosophische Sprüche laden zu einem philosophischen Spaziergang ein. Alle rufen dazu auf, nicht in Träumen zu verharren, sondern tätig zu werden. Das Leben an sich hat keinen Sinn, man kann ihm aber durch Taten einen Sinn geben. Darin hat sich Schulz-Ebschbach als Meister erwiesen. Bei ihm hat das Handwerk nicht nur goldenen Boden, sondern auch goldene Wände, Blätter, Steine, Wurzeln. Menschen wie Schulz-Etschbach bringen die Gesellschaft voran, nicht die Politik, die immer mehr Eigeninitiativen Steine in den Weg legt, weil sie deren Vorbild fürchtet. Denn sozial ist nicht, wer fremdes Geld verteilt, was die Quintessenz heutiger Politik ist, sondern wer die Werte schafft, die verteilt werden können. Das kann man auf einer der Inschriften lesen.

Wenn ich Iserhatsche eines wünsche, dann ist es, dass es ein Ziel für Schulklassen würde. Hier können die Kinder lernen, worauf es wirklich ankommt und was sie tun müssen, um ihr Schicksal in die eigenen Hände zu nehmen und sich nicht wie Touristen in ihrem Leben zu bewegen.

Das Traumland mit den 600 Massengräbern

18. September 2016

Passiert man, von Zagreb kommend, die kroatisch-slowenische Grenze, hat man das Gefühl, in Österreich eingereist zu sein. Die gepflegten Dörfer machen einen wohlhabenden Eindruck. Slowenien ist der wirtschaftlich erfolgreichste Staat Ex-Jugoslawiens. Das hängt sicher auch damit zusammen, dass es hier in den 80er Jahren eine sehr aktive Opposition gegen das kommunistische Regime in Jugoslawien gegeben hat.

Ein prominentes Mitglied dieser Opposition war Janez Janša, der später nach den demokratischen Wahlen im April 1990 Verteidigungsminister und ab 2004 für vier Jahre Ministerpräsident wurde. In diesen Jahren trat Slowenien der EU bei und wurde eines der erfolgreichsten Mitglieder. Die Regierung Janša hatte, ähnlich wie die Regierung Schröder, durch umfangreiche wirtschaftliche und soziale Reformen den Grundstein für hohe Wachstumsraten, niedrige Arbeitslosigkeit und steigenden Wohlstand gelegt. Wie Schröder wurde es Janša bei den Wahlen nicht gedankt. Seine *Slowenische Demokratische Union* (SDZ) musste den Sozialdemokraten die Regierung überlassen.

Ab 2012 war Janša noch einmal Ministerpräsident, im Augenblick ist er Oppositionsführer im Parlament.

Anders als andere europäische Politiker kann Janša auf eine erfolgreiche berufliche Karriere als Publizist zurückblicken. Die startete schon zu sozialistischen Zeiten, als er eine Studetenzeitung leitete, die mit der Publikation regimekritischer Artikel begann. Als sich dann auch die Jugendzeitung *Mladina* für seine Beiträge öffnete, wurde Janša endgültig zur Gefahr für die Kommunisten. Er wurde im Mai 1988 gemeinsam mit drei anderen Journalisten verhaftet. Der Prozess gegen die Vier wurde zum Symbol des Widerstandes gegen die Nomenklatura, denn die Proteste der slowenischen Öffentlichkeit waren so stark, dass sie nicht unterdrückt werden konnten. Die Massendemonstrationen in Ljubljana und Umgebung und der Beitritt von Zehntausenden zum *Komitee für den Schutz der Menschenrechte* wurden 1989 zum Slowenischen Frühling.

Anders als die Bürgerrechtsbewegung der DDR war die slowenische Opposition auf einen Machtwechsel vorbereitet. Janša und seine Mitstreiter hatten schon im Frühling 1988 einen Verfassungsentwurf für ein freies Slowenien veröffentlicht, der heute die Grundlage der slowenischen Verfassung bildet.

In Ljubljana ist der Erfolg Sloweniens auf Schritt und Tritt sichtbar. Im Zentrum der Stadt, das vom Fluss Ljubljanka malerisch durchschnitten wird, sind die prachtvollen Häuser komplett restauriert. Sie könnten als Kulisse für einen Mozart-Film dienen, ohne dass etwas verändert werden müsste. Die wunderschöne Dreierbrücke, die beide Teile verbindet, den Fluss aber sichtbar bleiben lässt, ist der Mittelpunkt. Von hier sieht man das Schloss, das auf einem Berg über der Stadt thront, am besten. Mehr als 60.000 Studenten, die an Ljubljanas Universität und Hochschulen studieren, erhalten die Hauptstadt Sloweniens jung. Die vielen Restaurants und Cafés am Flussufer und in den Straßen sind voll besetzt. Die Geschäfte sind elegant, Billigläden nicht zu sehen.

Ein Land der Seligen, ohne große Probleme? Nicht ganz. Die Schatten der Vergangenheit trüben das Bild. Das ehemalige Jugoslawien, den Westdeutschen bekannt als attraktive, aber billige Alternative zu den Sommerfrischen in Italien, Spanien oder Frankreich, hat eine grauenhafte Geschichte, die mit der von Timothy Snyders *Bloodlands* in der Ukraine und dem Baltikum vergleichbar ist. Der Massenmord, den die Kommunisten während und vor allem nach dem Zweiten Weltkrieg an Männern, Frauen und Kindern verübten, ist in Europa fast unbekannt.

Erst als im Jahre 2009 in einem ehemaligen Bergwerk tausende Leichen von Ermordeten entdeckt wurden, kamen die Verbrechen an die Öffentlichkeit. Allerdings nur in Südosteuropa. In Westeuropa wurde, mit Ausnahme von Österreich, kaum darüber berichtet.

Die Ermittler brauchten mehr als ein halbes Jahr, um in das Massengrab vorzustoßen. Es mussten zunächst Tonnen an Geröll aus dem Bergwerk mit dem bezeichnenden Namen "Huda Jama" ("Schlimme Grube") beseitigt werden. Die Täter hatten sich sehr viel Mühe gegeben, ihre Gräueltaten vor der Nachwelt zu verbergen. Insgesamt sechs Sperren – aus Beton, Geröll, Lehm und schließlich Holz – mussten bis zum Massengrab durchstoßen werden. In vierhundert Meter Tiefe befinden sich zwei vertikale Schächte, die randvoll mit Leichen waren. Die ersten Opfer sind wohl lebend in die Grube geworfen worden.

Als wir Ljubljana besuchten, waren in der Woche zuvor die Überreste der Ermordeten exhumiert und in einem Gedenkpark bestattet worden. In der lieblichen Landschaft Sloweniens befinden sich 600 weitere Massengräber. Im Land wird leidenschaftlich diskutiert, wie man mit diesem schaurigen Erbe angemessen umgehen soll. Europa beteiligt sich daran nicht, obwohl sich unter den Opfern tausende Menschen befinden, die sich in die britische Besatzungszone geflüchtet hatten, von den Briten aber an die Kommunisten ausgeliefert worden waren.

Dieses Beispiel zeigt, dass es sich nicht um eine isolierte slowenische, auch keine jugoslawische Geschichte, sondern um unsere gemeinsame europäische Geschichte handelt. Nur wenn Europa (West) endlich auch die Geschichte der kommunistischen Verbrechen der Nachkriegszeit aufarbeitet, wird die europäische Vereinigung gelingen.

Es ist kein Zufall, dass Janez Janša auch in dieser Frage seine Stimme erhebt. Menschen wie er sind die wahren Architekten des neuen Europas.

Helgoland – eine Insel zum Verlieben

27. Oktober 2016

Wenn mir zu DDR-Zeiten jemand gesagt hätte, dass es 27 Jahre dauern würde, ehe ich die Gelegenheit, Helgoland zu besuchen, wahrnehmen würde, hätte ich ihn für verrückt erklärt. Die rote Insel gehörte zu meinen Traumzielen. Als mich die DDR 1986 kurzzeitig entließ, damit ich den Onkel meines dänischen Mannes in Kopenhagen besuchen konnte, fuhr ich heimlich nach Hamburg. An den Landungsbrücken sah ich die Fähre nach Helgoland, aber ich hatte nicht genug Geld für die Überfahrt. Die traurige Gewissheit, als ich die Grenze zum Arbeiter- und Bauernparadies überschritt, wieder endgültig abgeschnitten zu sein von den Möglichkeiten, die in der freien Welt lockten, erwies sich als unbegründet. Die DDR verschwand, mit ihr auch der Druck, unbedingt reisen zu müssen. Helgoland musste warten. Aber endlich war es soweit. Ich bestieg den Katamaran nach Helgoland.

Die Landungsbrücken lagen im Nebel, als unser Gepäck in Metallkäfige gesteckt und mittels Kran an Bord gehievt wurde. Hamburg war freundlich zu mir gewesen, seit ich am Vorabend in der Stadt angekommen war. Ein Obdachloser überließ mir eine Tageskarte für 3 Euro, gleich darauf wollte mir eine junge Frau noch eine S-Bahnfahrkarte schenken. Als ich an den Landungsbrücken ankam, war mein Handy tot. Ich musste mich zu meinem Hotel durchfragen. Einer der Bierflaschenträger, die am S-Bahneingang müßig herumstehen, wies mir in reinstem Platt den Weg so genau, dass ich nicht noch einmal fragen musste.

Für Frühstück im Hotel hatte die Zeit nicht mehr gereicht, aber die Betreiberin des Imbisses, der noch nicht geöffnet hatte, machte mir dennoch ein frisches Käsebrötchen und einen Pott Kaffee.

Als das Schiff abfuhr, hatte sich der Nebel noch nicht gelichtet. Die Elbphilharmonie, die demnächst tatsächlich fertig werden soll, war nicht zu sehen. Den Fischmarkt und Sankt Pauli konnte man noch schemenhaft erkennen, auch der alte Schwede, ein Findling, der Anfang der Neunziger bei der Ausbaggerung der Elbe im Flussbett entdeckt und an Land gehievt wurde, war noch wahrzunehmen. Außerhalb Hamburgs verschwand alles hinter einer weiß-grauen Wand. Ich fuhr erstmals elbabwärts durch einen Nebeltunnel und sah nichts.

Erst in Cuxhaven klarte es auf. Auf hoher See schien dann die Sonne. Sie schien weiter, als wir auf der Insel ankamen. Schon am Pier konnte ich in der Ferne die berühmten roten Felsen ausmachen. Die unzähligen Kartoffelrosen prangten im Herbstgold, was der ganzen Insel einen rot-goldenen Schimmer verlieh.

Für die meisten Deutschen ist die Insel ein Tagesausflug wegen der günstigen Einkaufsmöglichkeiten. Hier gibt es das übliche Duty-free Angebot mehrwertsteuerfrei. Schon auf dem Schiff hatte ich mitbekommen, dass manche Passagiere nach einem nur vierstündigen Aufenthalt wieder zurückfahren würden. Auch wenn die Zeiten der Butterfahrten vorbei sind, in denen bis zu zehn Schiffe mit Schnäppchenjägern täglich anlegten, hat Helgoland den Ruf einer Shoppingmeile und des „Fuselfelsens", also eines nordischen Ballermanns, behalten. Die Einkaufsbuden reihen sich in der Nähe des Hafens aneinander. Es sind ehemalige Fischerschuppen, skandinavisch bunt angestrichen. Erst hinter der Einkaufsmeile beginnt die eigentliche Insel. Deren wechselvolle Geschichte ist nur wenigen Besuchern bekannt.

Alles, was man heute sieht, ist nach 1952 entstanden. Die Bewohner Helgolands waren seit Urzeiten Deutsche, die zeitweilig unter dänischer oder britischer Herrschaft gelebt haben.

Als Jacob Andresen Siemens 1826 ein Seebad gründete, wurde das bald ein Anziehungspunkt für deutsche Intellektuelle und Schriftsteller, denn unter britischem Protektorat waren die Gedanken, die in Deutschland Kerker bedeutet hätten, frei. Der Verleger Julius Campe machte hier Urlaub, Heinrich Heine und Hoffmann von Fallersleben. Ob Heinrich von Kleist auch hier war, ist nicht sicher. Aber er hat in seinen Berliner Abendblättern 1810 mehrmals über Helgoland berichtet, was Heinrich Heine zu seinen Besuchen animiert haben könnte. Heines erster, gescheiterter Versuch, auf die Insel zu gelangen, war der Beginn seiner Nordseelyrik. Später sind bei seinen Aufenthalten dutzende Verse aus dem „Buch der Lieder" entstanden.

Auch das Lied der Deutschen entstand hier, als sich Hoffmann von Fallersleben, wahrscheinlich aus Liebeskummer, nach Helgoland zurückgezogen hatte. Seine Wanderungen entlang der roten Klippen trieben die Verse förmlich aus ihm heraus, schrieb er selbst. Heute erinnert eine Büste an den Dichter, die ziemlich verloren auf dem Vorplatz eines Luxushotels steht, das der Hamburger Hotelier Arne Weber bauen durfte, um besser betuchte Touristen zu locken. Die Gemeinde war von der Idee so angetan, dass er ein Baugrundstück für einen Euro bekam und den Betonklotz so bauen durfte, dass die Sicht auf das Wasser versperrt wurde. Statt sein Versprechen zu halten, vermietete der Hotelier das Gebäude sofort nach Fertigstellung an die Stromkonzerne, die Unterkünfte für ihre Mitarbeiter brauchten, die im Nationalpark Wattenmeer riesige Windparkanlagen errichten. Der Edeltourismus muss warten.

Wenig bekannt ist die wechselvolle Geschichte der Insel. Helgoland kam erst 1890 zu Deutschland durch einen Vertrag zwischen Deutschland und Britannien über die Kolonien und Helgoland. Weil dieser Vertrag im Volksmund Helgoland-Sansibar-Vertrag genannt wurde, entstand der falsche Eindruck, es habe sich um einen Tausch von beiden gehandelt. Das Volk spottete, der Kaiser hätte eine Hose gegen einen Hosenknopf getauscht.

Erst nach und nach wurde klar, was der Kaiser mit Helgoland vorhatte. Er ließ die Insel zu einer militärischen Festung ausbauen. Es entstand ein Hafen für Kriegsschiffe, der heutige Südhafen. Das wurde von den Nazis auf die Spitze getrieben. Sie wollten aus Helgoland den größten eisfreien Hafen der Welt machen. Wenn auch der Plan, die Insel um das Vierfache zu vergrößern, unausgeführt blieb, entstand dennoch ein riesiges Bunkersystem von 13 km Länge in den Felsen. Der Hauptteil dieses Systems, in dem sich ein Krankenhaus und mehrere militärische Anlagen befanden, ist heute ein tiefes Tal am Abbruch des „Oberlandes" im südlichen Teil der Insel.

Kurz vor Kriegsende, am 18. und 19. März 1945 flogen die Engländer einen Großangriff mit tausend Bombern auf Helgoland, die etwa 7000 Bomben abwarfen. Eine davon, eine doppelt mannshoher „Tall Boy", eine 5,443 kg Bombe, steht heute vor dem Museum. Die Bevölkerung konnte rechtzeitig in die Bunkeranlage evakuiert werden. Oben blieben nur die 120 vierzehn- bis sechzehnjährigen Hitlerjungen, die die Flugabwehr-geschütze bedienen mussten. Von diesen Jungen hat keiner den Angriff überlebt. Auf Helgoland blieb kein Stein auf dem anderen. Mit Ausnahme eines Flakturms aus Stahlbeton, der, heute verklinkert, der Leuchtturm von Helgoland ist und einem Maulbeerbaum war alles dem Erdboden gleich gemacht.

Die Helgoländer wurden auf das Festland gebracht und durften ihre Heimat bis 1952 nicht mehr betreten.

Nach Kriegsende hörten die Bombardements auf die Insel nicht auf. Die Engländer sprengten am 18. März 1947 große Teile des Tunnelsystems. Mit dem so genannten Big Bang brachten sie 6700 Tonnen Sprengstoff zur Explosion. Wunderbarerweise führte das nur zu einer Zerstörung des Südteils. Der Rest der Insel blieb stehen. Bis 1952 setzen die Engländer ihre Bombardements fort.

Helgoland wäre militärischer Spielplatz geblieben, hätten nicht zwei Heidelberger Studenten, René Leudesdorff und Georg von Hatzfeld, die Insel im Dezember 1950 symbolisch besetzt und damit das Schicksal Helgolands in den Fokus internationaler Aufmerksamkeit gerückt. Den beiden Erstbesetzern folgten viele andere. Selbst aus der DDR wurden Mitglieder der Freien Deutschen Jugend geschickt, weil die SED die „Befreiung Helgolands von den imperialistischen Kriegstreibern" für ihre Propaganda benutzte.

Abgesehen davon war die Besetzung ein Akt gewaltlosen Widerstands, der von allen unterstützt wurde. Die Polizei, die Besetzer davon abhalten sollte, in Cuxhaven ein Boot nach Helgoland zu besteigen, war beim Gepäcktragen behilflich. In Cuxhaven hatte sich ein von Spenden aus aller Welt getragenes Hilfswerk gebildet, das die Verpflegung für die Besetzer organisierte. Der Cuxhavener Zoll, der das unterbinden sollte, erwiderte, dass es sich nicht um zollpflichtige Waren handelte, deshalb könnte er nicht eingreifen. Die Wasserschutzpolizei in Cuxhaven ließ verlauten, sie sei niedersächsisch, Helgoland gehöre zu Schleswig-Holstein, ihr seien die Hände gebunden. Selbst der Innenminister in Kiel erklärte: „Wir können gegen diese Invasion nichts machen; denn uns stehen keine seetüchtigen Schiffe zur Verfügung." Schiffe, die mit deutscher Besatzung unter englischem Befehl fuhren, erlitten, sobald sie die Weisung bekamen, die Besetzer von der Insel zu holen, Maschinenschaden oder liefen auf.

Man kann sagen, dass bei der friedlichen Besetzung Helgolands alle Formen gewaltlosen Widerstands entwickelt wurden, die später in der Geschichte der Bundesrepublik erfolgreich zur Anwendung kamen.

Es kam sogar zu einer in Deutschland sehr selten vorkommenden Befehlsverweigerung: Der Kommandant der den Engländern unterstellten deutschen Minensucheinheiten Adalbert von Blanc bekam den Befehl zur Evakuierung von Helgoland, den er mit der Begründung verweigerte, dass er in Nürnberg gelernt habe, dass man Befehlen nur gehorchen solle, wenn sie mit dem eigenen Gewissen zu vereinbaren seien. Er habe Minen zu suchen, keine Polizeiaktionen durchzuführen.

Von Blanc wurde vor ein Kriegsgericht gestellt, freigesprochen, aber zeitweilig vom Dienst suspendiert. Er war später Vizeadmiral der Bundeswehr.

Die Engländer mussten schließlich selbst mit einem bewaffneten Kommando die Insel von den Besetzern räumen. Die erklärten bei ihrer Ankunft in Cuxhaven umgehend, sie würden sofort wieder nach Helgoland aufbrechen, sollten die Engländer die Bombardierung wieder aufnehmen. Als auch noch der Deutsche Bundestag in einer Resolution die Rückgabe Helgolands forderte, mussten sich die Briten dem internationalen Druck beugen. Am 1. März 1952 wurde die Insel an Deutschland übergeben.

Anfangs konnte sich niemand vorstellen, dass die vollkommene Trümmerlandschaft Helgoland wieder zum Leben erweckt werden könnte. Es wurde eine Art vorgezogener Aufbau Ost, an dem sich das ganze Land beteiligte. Man entschloss sich, nicht die elegante Bäderarchitektur, die den Charme Helgolands ausmachte, wiederherzustellen, sondern völlig neu zu bauen. An die 250 Architekten entwickelten Ideen, wie das aussehen könnte. Heraus kam eine uniforme Architektur, die heute unter Denkmalsschutz steht und den Helgoländern individuelle Eingriffe weitgehend verwehrt. Allenfalls durch die Bepflanzung der winzigen Vorgärten konnten Akzente gesetzt werden. Am großartigen Gesamteindruck, der von den mächtigen roten Felsen und dem dramatischen Höhenunterschied zwischen Ober- und Unterland hervorgerufen wird, ändert das nichts. Die Insel ist etwas ganz Besonderes. Es ist nicht schwer, sich in sie zu verlieben. Dazu tragen auch die Helgoländer bei, die ein sehr eigenwilliger Menschenschlag sind. Deshalb haben sie die Diaspora überstanden, sind in ihre Heimat zurückgekehrt und haben sogar ihre eigene Sprache bewahrt, die heute neben dem Deutschen die zweite Amtssprache auf der Insel ist. Ihre sprichwörtliche Hartnäckigkeit hat sie die Insel wiederaufbauen und zum begehrten Reiseziel werden lassen. Sie sind jetzt dabei, die Renaissance ihrer Heimat zu vollenden.

1. November 20016

Der Hummer ist das heimliche Wappentier von Helgoland. Einst war das Tier so zahlreich rund um die Insel vertreten, dass in den dreißiger Jahren um die 80.000 Exemplare jährlich gefangen und verkauft wurden. Dieser Hummerboom hielt naturgemäß nicht lange an. Bald waren die Bestände so erschöpft, dass sie sich bis heute nicht erholt haben. Nur wenige hundert der begehrten Meerestiere dürfen wieder gefangen werden. Ist ein Weibchen darunter, das Eier an der Bauchseite trägt, muss es zur Biologischen Anstalt auf Helgoland gebracht werden. Seit den 1990er Jahren gibt es dort ein „Öko-Labor" mit speziellen Becken für die Hummeraufzucht. Hier werden die kleinen Hummer bis zu einem Alter von einem Jahr aufgezogen. Dann werden sie markiert und im Sommer auf dem Helgoländer Felssockel ausgesetzt. Man kann für wenig Geld übrigens Hummerpate werden und dabei sein, wenn sein Hummer ausgesetzt wird.

Rund um die Felseninsel haben die Tiere gute Chancen, in den vielen Spalten, Klüften und Höhlen zu überleben, obwohl ihr natürlicher Feind, der Taschenkrebs, zahlreich vor Ort ist. Jeder Urlauber, der auf Helgoland Knieper, das aromatische Fleisch der Taschenkrebsscheren, verzehrt, leistet unbewusst einen Beitrag zum Hummerschutz.

Es hat sich neuerdings herausgestellt, dass auch in der Deutschen Bucht ideale Hummer-Standorte zu finden sind. Etwa 30 Kilometer vor Helgoland sind drei Offshore-Windparks entstanden. An den Sockeln der bis zu 20 Meter in den Meeresboden gerammten Windräder wurden große Mengen an Natursteinen aufgeschüttet, um die Bauwerke besser vor dem Einfluss der Wassermassen zu schützen. Wie sich schnell herausstellte, sind die Hohlräume zwischen den Felsbrocken ideale Lebensräume für Hummer.

Ob die Hummer sich so vermehren, dass sie zu einem wirtschaftlichen Faktor werden, ist unsicher. Noch unsicherer ist, ob die teuren Offshore-Anlagen jemals wirtschaftlich betrieben werden können.

Als der politische Startschuss für die Windkraftanlagen in der Nordsee fiel, gab es noch keine funktionierenden Prototypen. Der Bau begann nach dem Try-and-Error-Prinzip. Als der erste Windpark stand, stellte man fest, dass es keine Leitung gab, die den produzierten Strom an Land befördern konnte. Vier lange Jahre mussten die Windräder mit Diesel betrieben werden, damit sie funktionstüchtig blieben. Statt Strom produzierten sie munter volkswirtschaftliche Verluste, über die der Mantel des Stillschweigens gebreitet wurde.

Inzwischen gibt es drei Windparks und eine Leitung ist auch da. Der Strom wird zum Umspannwerk des stillgelegten AKWs Brunsbüttel geleitet und von dort weiter verteilt. Die Parks werden von verschiedenen Aktiengesellschaften betrieben. Eine davon war eine amerikanische, von der erwartet wurde, dass sie von Anfang an Gewinne ausschüttet. Das ist ihr dank kreativer Buchführung auch gelungen, sogar Gewerbesteuer wurde abgeführt. Damit war Helgoland erstmals nicht mehr allein auf die Fremdfinanzierung angewiesen, sondern hatte stattliche Einnahmen. Allerdings sind die Amerikaner inzwischen von einem chinesischen Konsortium aufgekauft worden. Ob sich der Geldsegen wiederholen wird, steht in den Sternen. Es ist zu befürchten, dass sich die Erfahrungen wiederholen, die Helgoland zur Zeit der Kontinentalsperre gemacht hat. Damals war die Insel über Nacht reich geworden, weil sie zum Umschlagplatz für Schmuggelware avancierte. Mit der Aufhebung der Kontinentalsperre war die Scheinblüte sofort vorbei.

Was die Windparks betrifft, so erfahren wir, als wir eine Wartungsfirma besuchen, dass sie frühestens nach 18 Jahren wirtschaftlich betrieben werden können. Ihre Lebensdauer ist auf 20, höchstens 25 Jahre berechnet, dann muss die Anlage abgebaut werden. Ob sich die Anlage in der kurzen Zeit der Wirtschaftlichkeit wirklich rentiert, ist zweifelhaft. Auf Jahrzehnte ist sie ein reines Subventionsunternehmen, das von den Stromkunden bezahlt werden muss. Alle, auch die Ärmsten der Armen, finanzieren die Geldanlagen in die „Erneuerbaren". Es ist die größte Umverteilung von unten nach oben. Aber vielleicht werden die Hummer in ihren neuen Habitaten so zahlreich und billig, dass sich auch die Ärmsten ab und zu einen Hummer leisten können. Wenn das kein Trost ist!

In der Wüste

27. März 2017

Es war ein angenehmer Flug mit Air Berlin nach Tel Aviv. Wir kamen bei strahlendem Sonnenschein und frühsommerlichen Temperaturen eine Viertelstunde zu früh auf dem Flughafen Ben Gurion an. Bei der Passkontrolle musste ich etwas warten. Mir kam dabei der Gedanke, dass ein Land, das genau hinschaut, wer seine Grenzen überschreiten will, mehr Respekt einflößt, als eines, das in diesem Punkt Interesselosigkeit demonstriert.

Als der Passkontrolleur hörte, dass ich zum sechsten Mal nach Israel gekommen war, wünschte er mir sichtlich erfreut einen schönen Aufenthalt. Das Flughafengebäude ist für mich eines der schönsten der Welt. Wenn man die lange Rampe herunterkommt und dann von oben einen Blick in die Rotunde hat, wo die Fluggäste am Springbrunnen entspannt ihren Tee oder Kaffee genießend auf ihren Abflug warten können, fühlt man sich gleich wohl.

Leider geriet mein Schwung, mit dem ich das Land erobern wollte, am Gepäckband ins Stocken. Der Albtraum aller Flugpassagiere wurde für mich und etwa zwanzig Mitreisende wahr. Unsere Koffer kamen nicht an. Wir mussten uns am Schalter für das verloren gegangene Gepäck anstellen. Es dauerte ewig. Ich hatte mich auf eine schöne Nachmittagsfahrt in die Wüste Negev, mein Ziel, gefreut. Es ging auf den Abend zu, als feststand, dass mein Koffer nicht in Tel Aviv angekommen war. So musst ich nur mit meiner Handtasche die Fahrt nach Metar antreten.

Auch bei der Autovermietung Hertz gab es lange Schlangen. Da ich aber schon im Internet bestellt hatte, ging ich einfach nach vorn. Ich hatte Glück. Ich bekam mein Auto und ein iPad mit dem neuesten israelischen Navigationssystem. Der freundliche junge Mann tippte meine Adresse ein. Ich fand mein Auto nach einigem Suchen und fuhr los – in einen blutroten Sonnenuntergang. Nachdem ich den Flughafenbereich verlassen hatte, merkte ich, dass etwas nicht stimmen konnte. Ich fuhr Richtung Tel Aviv und sollte in zwanzig Minuten am Ziel sein. Da ich schon einmal in Metar gewesen war, wusste ich, dass die Fahrt über eine Stunde dauern würde.

Ich nahm also die nächste Ausfahrt, suchte eine Stelle, an der ich anhalten konnte, was nicht einfach war, und konsultierte das Navi. Es gibt HaKoveshim-Straßen in zwanzig Orten Israels. Ich gab also die Adresse neu ein und fuhr wieder los – von Tel Aviv weg.

In einer Stunde sollte ich das Ziel erreichen. Das Navi war fantastisch. Es warnte mich vor Radarfallen (1), Unfällen (4), Staus (3) und teilte mir mit, wie lange ich brauchen würde, den Stau zu passieren. Ohne weitere Zwischenfälle kam ich in Metar an der palästinensischen Grenze an. Hier wohnt seit vielen Jahren der Schriftsteller Chaim Noll mit seiner Familie. Vom Dach seines Hauses kann man weit ins palästinensische Land sehen. Das weiß ich von meinem ersten Besuch. Jetzt war es dunkel. Obwohl es erst 21 Uhr war, wirkte der Ort wie ausgestorben. Nur Gebell war zu hören. Die Straßen waren von Katzen bevölkert. Die Katzen brauchen die Bewohner des schnell wachsenden Ortes gegen die Schlangen und die Skorpione, die sich sonst in den Gärten breit machen würden. Die Hunde gegen die Wölfe und die Schakale.

Bei Chaim und seiner Frau, der Malerin Sabine Kahane, bekam ich noch eine köstliche Kascha, wie sie wohl die russischen Juden in Israel eingeführt haben und zuckerlosen Kuchen, der erstaunlich gut schmeckte. Mit einem Gläschen Rotwein stießen wir auf meine Ankunft an, bevor ich zu meinem Zimmer gebracht wurde.

Heute muss ich vor die Studenten der Ben-Gurion-Universität in Beer Sheva treten, mit meinen Reiseklamotten. Mein Vortrag über den wachsenden Antisemitismus in Deutschland ist in meinem Koffer wer weiß wo unterwegs. Glücklicherweise habe ich meinen Laptop entgegen meiner ursprünglichen Absicht in mein Handgepäck genommen, so dass ich meinen Text bei mir habe. Das Abenteuer kann beginnen.

29. März 2017

Selten habe ich so gut geschlafen, wie hier in der Wüste. Nach dem Aufstehen musste ich mir ein paar Sachen besorgen, denn schon am Nachmittag hatte ich meinen Auftritt in der Ben-Gurion-Universität. Meine Gastgeberin fuhr mich zum Einkaufszentrum des Ortes, vorbei an drei Schulen. In Metar leben mehr (jüdische) Kinder und Jugendliche, als Erwachsene. Als wir unser Ziel auf einer Anhöhe erreichten, von wo sich ein weiter Blick auf die Westbank öffnete, sah ich als erstes, dass der Grenzzaun durch eine Mauer ersetzt worden war. Auf der Straße zum Grenzkontrollpunkt herrschte lebhafter Verkehr. Jeden Morgen kommen die Palästinenser, um in Israel zu arbeiten. Sie fahren mit ihren Autos bis zur Grenze, die sie zu Fuß überqueren müssen. Auf der anderen Seite steht eine meist von Beduinen betriebene Fahrzeugflotte, mit der die Grenzgänger zu ihren Arbeitsstellen gefahren werden. Wer in Metar einen Job hat, ist auf Fahrzeuge nicht angewiesen. So wurde der Grenzzaun immer löchriger, weil jeder bestrebt war, den kürzesten Weg zu wählen. Das ist nun vorbei. Metar wächst schnell. Nun gibt es ein Baugebiet, das sich in Richtung Grenze hinzieht. Die Häuser müssen aber eine Schussweite von der Mauer entfernt bleiben. An einem der nächsten Tage werde ich das Grenzgebiet näher erkunden.

Heute muss ich nach Beer Sheva, neben Hebron die älteste Stadt Israels. Der Ortsname geht zurück auf Abraham. Der biblische Stammvater soll hier einen Brunnen gegraben und mit dem Philisterkönig Abimelech einen Bund zur Nutzung geschlossen haben. Beer Sheva heißt sowohl Sieben- als auch Eidbrunnen. Was lange ein verschlafenes

Provinznest war, ist heute eine schnell wachsende Metropole, Israels sechstgrößte Stadt. Vielleicht ihre jüngste, denn das Stadtbild wird in erheblichem Maße von den Studenten geprägt, die an der immer noch größer werdenden Ben-Gurion-Universität studieren. Die Forschungsinstitute der Universität zählen zu den renommiertesten der Welt. Deshalb haben sich rund um das Unigelände High Tech-Unternehmen wie Satelliten angesiedelt. Mein Begleiter Chaim Noll, der vor über zwanzig Jahren hierherkam, weist mich immer wieder darauf hin, dass er damals überall noch Sand gesehen hat, wo heute hochmoderne Gebäude stehen. Eine wunderschöne, kühne weiße Brücke verbindet den High Tech-Compound mit der Universität.

Das moderne Beer Sheva ist architektonisches Kleinod und Experimentierfeld zugleich. Ich glaube sofort, dass man nirgendwo in Israel so viele ungewöhnliche Gebäudekonzepte auf einmal bestaunen kann. Sie haben eins gemeinsam: Innenhöfe und Häuserschluchten sind so konstruiert, dass sie vor den häufigen Sandstürmen schützen und Schatten spenden.

Der Unicampus ist ein Traum: Es gibt Wiesen, Kolonnaden aus weißem Sandstein, sogar einen künstlichen Bach, schattenspendende Bäume und Blumen. Man sieht unter den Studenten auch Beduinenmädchen, die zum Teil direkt aus dem Zelt ihrer Familie kommen und oft gegen den Widerstand ihrer Familie hier studieren. Auch in meiner Veranstaltung sollte eine von ihnen sitzen. Ich hätte sie gern gefragt, was sie am Thema „Wachsender Antisemitismus in Deutschland und Europa interessiert, aber sie war am Ende zu schnell verschwunden.

Mir wurde gesagt, dass vergleichsweise viele Studenten zu meinem Vortrag gekommen seien. Immerhin waren fast alle Plätze besetzt. Die Diskussion war jedenfalls sehr lebhaft. Zu meiner Überraschung wurde ich gefragt, ob ich mit Deutschland nicht zu hart ins Gericht gehe. Ich hatte am Ende von der verdienstvollen Recherche Anabel Schunkes über Antisemitismus in der Rapperszene und das Einsickern antisemitischer Zerrbilder in Sendungen wie „Tatort" berichtet. Mir wurde schmerzlich bewusst, wie positiv das Deutschlandbild in Israel immer noch ist. Ein Kapital, das von unserer unfähigen Politik verzockt wurde.

Noch profitieren wir von diesem positiven Bild. Israel bildet viel mehr High Tech-Studenten aus, als es beschäftigen kann, trotz der vielen Firmengründungen. Viele Studenten gehen noch nach Deutschland, besonders nach Berlin, wo sie mit der Gründung von Unternehmen einen Wirtschaftsaufschwung bewirkt haben, über dessen Ursachen sich die meisten Berliner im Unklaren sind. Was wird, wenn diese jungen Unternehmer beginnen, sich unsicher zu fühlen, weil der importierte Antisemitismus im Alltag wachsend spürbar wird? Mark Gelber, der mich in die Uni eingeladen hat und ein großer Deutschlandfreund war, würde nun nicht mehr auf Berlins Straßen seine Kippa tragen.

Beim abendlichen Gespräch mit Chaim und seiner Frau Sabine, stellen wir fest, dass Deutschland auch in Sachen Israel ein tief gespaltenes Land ist. Es gibt die unverbesserlichen Israelfeinde und die enthusiastischen Israelfreunde. Dazwischen ist ein weites, leeres Feld.

Einer der Israelfreunde war der deutsche Unternehmer Heinz Horst Deichmann, der die Ben-Gurion-Universität großzügig unterstützt und ganze Forschungseinrichtungen finanziert hat. Seine Tochter Ute hat sich entschieden, ganz nach Israel zu ziehen, hat hier spät geheiratet und unterrichtet heute als Professorin an der Uni.

Unter meinen Zuhörern waren auch junge Deutsche, die sich entscheiden haben, sich in Israel niederzulassen. Der Hauptgrund ist wohl, dass Israel ein entspanntes, erwachsenes Land ist, während Deutschland zunehmend in den Infantilismus abgleitet.

31. März 2017

„Israels Potentiale in Wissenschaft und Forschung werden sich in der Wüste Negev erweisen." Dieser prophetische Satz des Staatengründers David Ben Gurion wird heute Wirklichkeit. Wissenschaft und Technik haben bereits Wunder in der Wüste vollbracht und werden aus dem heute noch rückständigsten Gebiet Israels einen blühende Landschaft machen.

Weil ich unbedingt ans Rote Meer wollte, machten der Schriftsteller Chaim Noll und ich uns auf, die Negev zu durchqueren. Auf der Fahrt, während ich den grandiosen Anblick der Landschaft genoss, machte mich Chaim auf die Details aufmerksam: Hier war in den letzten zwei oder fünf Jahren eine neue Stadt entstanden, dort lagen Farmen, wo Wein, Käse oder Olivenöl produziert wurde. Die Farmer sind Aussteiger aus dem In- und Ausland. Legendär ist der Holländer Arthur, in dessen Schlafzimmer in der Nacht ein Leopard stand, die Hauskatze bereits im Maul. Arthur nahm tollkühn seine Bettdecke, warf sich auf den Leoparden und hielt ihn fest. Der überraschte Leopard ließ seine Beute fallen, die Katze konnte entkommen. Zwanzig Minuten hielt Arthur den Leoparden fest, bis der Tierarzt erschien und dem Leoparden eine Betäubungsspritze gab. „Was hast Du in den zwanzig Minuten gemacht?" „Ich habe mit ihm geredet, habe ihm gesagt, er solle keine Angst haben, es passiere ihm nichts." Auf Holländisch! Der Leopard ließ sich anscheinend überzeugen. Nach einer gründlichen medizinischen Untersuchung und Behandlung, wurde er die Attraktion des Nationalparks bei Eilat.

Wein in der Wüste? Die Farmen nutzen fossiles Wasser, das sich in großen Mengen unter der Negev befindet und von dem die biblischen Vorväter schon gewusst haben.

Unser erster Halt ist Ben Gurions Wohnsitz in der Wüste. Ein bescheidenes Haus, abgesehen von zwei Bädern ohne Komfort, aber mit einer großen Bibliothek. Auf seinem Schreibtisch liegen u. a. eine Bibel und ein deutschsprachiges Buch über Wüsten. Ben Gurion sprach mehrere Sprachen und war ein eifriger Bibelleser. Er suchte im Buch der Bücher nach den spirituellen Hintergründen des Lebens in der Wüste. Chaim erzählte mir, dass Ben Gurion hier Besuch vom damaligen Bundestagspräsidenten Eugen Gerstenmaier bekam. Die beiden alten Herren sprachen eine Nacht lang über Bibelstellen und die biblischen Hintergründe der Wüste.

Damals, als sich die Politiker noch nicht „Eliten" nannten und sich als Diener ihres Landes sahen, waren sie noch gebildet. Können sie sich die abgebrochene Theologiestudentin Göring-Eckhard als Bibelkennerin vorstellen? Oder Heiko Maas als Cicero-Experten?

Chaim, der gerade an einem Buch über Wüstenliteratur schreibt, erzählt mir, dass in der Bibel schon auf das fossile Wasser hingewiesen wird, das heute erst wiederentdeckt wurde. Die Bibel unterscheidet zwischen aus dem Felsen fließenden und unterirdischem Wasser. Wörtlich heißt es in Psalm 33,7: *noten b ozrot t'homot*, „Er gibt (Wasser) in der Tiefe/in Abgründen liegende Speicher"; Luther übersetzt: „Und sammelte in Kammern die Fluten." Er kannte die Wüste ja auch nicht. Heute werden diese Reservoirs zu verschiedenen Zwecken genutzt, zur Bewässerung von Pflanzen, zur Fischzucht in Teichen, sogar für Thermalbäder.

Nur vier Kilometer von Ben-Gurions-Haus entfernt liegt Merchat Am, ein Ort, der 2002 von jungen Siedlerfamilien aus der Westbank gegründet wurde. Er ist ein Symbol für Israels Entwicklung. Die jungen Leute kamen mit Anfang zwanzig hierher und lebten anfangs in Containern. Sie trotzten der Verwaltung alles ab: Steuererleichterungen, Strom, Wasser und begannen die Wüste zu kultivieren. Erst waren es vier Familien, dann sieben. Heute sind es achtzig. Die Container stehen noch und zeugen von den bescheidenen Anfängen. Inzwischen gibt es asphaltierte Straßen und eine Bushaltestelle. Die villenartigen Häuser, die in den letzten Jahren entstanden sind, zeugen von der Prosperität ihrer Bewohner. Die zauberhaften Gärten, mit denen sie umgeben sind, von der Fähigkeit der Israelis, die Wüste zum Blühen zu bringen.

Während Europa von seiner Politkaste ruiniert wird, entwickelt sich Israel prächtig. Das hat etwas mit dem Geist zu tun, der hier herrscht. Es ist der Geist des Forschens und der Innovation, wie er in Deutschland um 1900 zu finden war, nicht die nihilistische Untergangsstimmung und geistige Verwahrlosung, von der Europa heute beherrscht wird.

Der nächste Stopp ist Avdi, ein Berg mit unzähligen Wohnhöhlen, gekrönt von einer Ruinenstadt der Nabatäer. Chaim ist der Überzeugung, dass die vielen Wohnhöhlen Flüchtlingen nach dem gescheiterten Bar Kochbar-Aufstand Zuflucht geboten haben. Sie konnten jedenfalls Tausende aufnehmen. Hier findet man eine Grabplatte, auf der sowohl ein Kreuz, als auch eine Menora eingraviert sind. Die ersten Christen waren wohl Juden, was beiden Religionen bis heute Schwierigkeiten bereitet.

Avdat, das an der Weihrauchstraße liegt, erlebte unter den Römern eine zweite Blüte. Sie bauten eine Tempelanlage und legten ein großes Militärlager an. Auf dem Berg mit seinem Rundumblick konnte ihnen nichts entgehen. Ernährt wurden die Bewohner durch die Landwirtschaft, die auf Terrassen betrieben wurde, die das Sturzwasser vom Berg im Frühling auffingen und festhielten. Gegenüber liegt eine inzwischen verlassene Farm, in der der ein Forscher versucht hat, diese antike landwirtschaftliche Technik wiederzubeleben. Den Erfolg sieht man teilweise heute noch, aber die Forschungen wurden nach Entdeckung des fossilen Wassers nicht weitergeführt.

Unser nächster Stopp ist Mitzpe Ramon, eine Anfang der fünfziger Jahre des letzten Jahrhunderts entstandene Arbeitersiedlung, wo wir den riesigen Erosionskrater bewundern, den 34 km langen, 12 km breiten und 300 Meter tiefen Maktesh Ramon. An seiner Westseite befindet sich der Rosh Ramon, der höchste Berg der Negev. Inzwischen gibt es einen attraktiven Aussichtspunkt, gebaut aus den weißen Kalksteinen der Negev mit Café und Bar für die Nachtschwärmer. Aber Rauschmittel braucht man hier eigentlich nicht. Die Aussicht ist berauschend genug.

Auf der Weiterfahrt zum Roten Meer muss man auf Serpentinen bis zum Grund des Kraters fahren, vorbei an Steilwänden unterschiedlichster Formationen, gespickt mit Ammoniten. Diese fossile Wunderwelt kann man auf zahlreichen Wanderwegen erkunden, was ich in diesem Leben unbedingt noch machen will.

Dass wir in die Nähe des Roten Meeres kommen, kündigt die Gebirgskette an, die sich schon in Jordanien befindet. Im frühen Nachmittagslicht sehen die Berge blassrot aus. Auf der Rückfahrt werden wir sie in tieferes Rot getaucht sehen. Schon für diesen Anblick hat sich die lange Fahrt gelohnt. Israel wird hier zur Spitze, die sich zwischen Jordanien und Ägypten bis ins Rote Meer bohrt. Ben Gurion, der geniale Stratege, hat darauf bestanden, dass dieses Gebiet gehalten wird. Israel hat damit nicht nur einen mondänen Badeort, der besonders gern von der jeunesse dorée des Landes besucht wird, sondern auch einen wichtigen Hafen. Als wir ankamen, betrug die Lufttemperatur 30 Grad. Das Wasser war mindestens 20 Grad warm. Der Strand war dicht bevölkert mit den üblichen Badenixen aller Alter und Formen und ihren männlichen Counterparts. Die Strandpromenade gleicht leider Disneyland, was die grandiose Naturkulisse in den Hintergrund treten lässt. Viel Zeit haben wir leider nicht, um nach unberührten stellen zu suchen. Wir müssen den langen Rückweg antreten.

Auf der Fahrt zurück nach Metar machen wir am Ben Gurion-Grab Halt. Es befindet sich, wie sein Haus, auf dem Gelände des Kibbuz Sde Boker, Hirtenfeld, oder romantischer, Morgenfeld, wie man es laut Chaim auch übersetzen könnte. Von den Gräbern des großen Staatsmannes und seiner Frau Paula hat man einen atemberaubenden Blick über das Zin-Tal. Auf meinen Wunsch steigen wir hinunter bis zum Fluss, der nur noch ein Rinnsal ist. Von hier aus gibt es Wanderwege durch ein Trockental, bis zu zwei Oasen und zu einem Hochplateau. In der näher gelegenen Oase gibt es einen Wasserfall, in der ferneren einen Badesee. Das muss ich mir für spätere Besuche aufheben. Für diesmal muss das überwältigende Panorama, das die Zin-Schlucht bietet, genügen.

1. April 2017

Zwischen Beer Sheva und Jerusalem, unserem gestrigen Ziel liegt das palästinensische Autonomiegebiet. Ich hatte nicht vor, da durch zu fahren, zumal in meinem Reiseführer stand, dass der Versicherungsschutz für Mietautos in den Gebieten nicht greifen würde. Auf dem Hinweg leitete das israelische Navi uns auch brav über den Umweg.

In Jerusalem hatte ich zwei Ziele: Das Israel-Museum und die Ausgrabungen in der Davidstadt. Ich hatte einen neuen Reiseführer von Dumont über Jerusalem in der Tasche, dessen Inhalt ich an Ort und Stelle nachprüfen wollte.

Beim Lesen des sehr ansprechend aufgemachten Büchleins stolperte ich allerdings schon auf Seite 25 das erste Mal: unter der Rubrik „Frauen" steht dort wörtlich: „Die Belästigung von Frauen ist von der Uni bis in die Armee eines der größten Übel in Israel. Obwohl breit in den Medien und in der Öffentlichkeit thematisiert, ist der Prototyp, dem frau begegnet, nach wie vor der oriental macho. In Israel, mehr noch in den palästinensischen Gebieten, gilt daher leider der Rat...dezentes Auftreten und entsprechende Kleidung."

So wird ein Problem der rückschrittlichen palästinensischen Männer und einiger ultraorthodoxer jüdischer Wohnviertel zum Problem von ganz Israel erklärt. Bei Dumont scheint man lieber eine antisemitische Unterstellung zu drucken, als die Wahrheit über muslimische Frauenfeindlichkeit. Ich kann jedenfalls versichern, dass ich weder an der Ben-Gurion-Universität Mädchen gesehen habe, die gezwungen waren, sich „dezent" zu kleiden, um der Anmache ihrer jüdischen Mitstudenten zu entgehen, noch wurde meine viel jüngere und reizvolle Begleiterin Lilly „vom größten Übel Israels" belästigt. Nur den ständigen Beduinen-Markt, auf dem alle Frauen tief verschleiert waren, haben wir nach ein paar Minuten vorsichtshalber wieder verlassen, weil Lilly dort nicht sicher gewesen wäre.

Bei der Beschreibung der Ausgrabungen in der Davidstadt wird Dumont dann offen antisemitisch. Schon in der Überschrift: „Paläste, Tunnel und Provokationen – die Davidstadt" wird dem ahnungslosen Touristen klar gemacht, dass hier nicht alles mit rechten Dingen zugeht: „Seien sie sich darüber bewusst, dass die Davidstadt eine politisch höchst kontroverse Grabung darstellt, hinter der die umstrittene siedlernahe, jüdische Organisation Elat steckt." Ob der Ort tatsächlich einen Bezug zum biblischen David hätte, sei „alles andere als bewiesen".

Es kommt noch schlimmer. Unter der Zwischenüberschrift „Siedler nisten sich ein" (sic!) wird der Eindruck erweckt, dass die Ausgrabungen, die damit verbundene „Bibel-archäologie und der Aufbau eines wissenschaftlich unbewiesenen David-Mythos zur schleichenden Enteignung instrumentalisiert werden, um für Israel Land zu okkupieren." Erste jüdische Siedler hätten schon Häuser „besetzt" und lebten vom Militär bewacht, unter den 40 000 Palästinensern.

Der Schriftsteller Chaim Noll, mit dem ich auch diesmal unterwegs bin, erzählt mir, dass ihm bei Lesungen in Deutschland immer wieder vorgehalten wird, die Siedler würden den Frieden verhindern und die Palästinenser unmenschlich behandeln. Er antwortet dann in der Regel: „Bitte wiederholen Sie ihre Ausführungen noch einmal und ersetzen Sie dabei das Wort Siedler durch Juden." Das konnte oder wollte bisher kein einziger Diskutant. Die meisten fanden das Ansinnen „unfair". Dabei sind die Siedler Juden.

Chaim erklärt mir auch, warum die Berichterstattung über die Siedler in Deutschland und Europa von Unkenntnis geprägt ist. Den jüdischen Siedlern ist es nach den Festlegungen des Völkerbundes, die 1947 von der UN übernommen wurden, im gesamten ehemaligen britischen Mandatsgebiet gestattet, sich niederzulassen, mit Ausnahme des Landes, das nachweislich Privateigentum von Arabern ist. Wenn auf solchem Land gebaut wurde, mussten die Siedler weichen, wiederholt wurden illegale Siedlungen von der israelischen Polizei geräumt. An allen andern Orten sind die Siedlungen nach geltendem Völkerrecht legal.

Auf dem Rückweg von Jerusalem führt uns das Navi auf einen anderen Weg. Ich dachte mir erst nichts dabei und schob es auf das Einbahnstraßen-System. Dann wurde aber klar, dass wir komplett anders fuhren. Zuerst sah ich den berühmten Zaun, dann fielen hohe Wälle auf, die offenbar die Schnellstraße vor Steinwurf schützen sollten. Schließlich passierten wir zwei, allerdings unbesetzte, Kontrollpunkte. Wir befanden uns nun im Gebiet der Palästinensischen Autonomie. Für die nächsten rund hundert Kilometer. Mir war nicht ganz wohl bei dem Gedanken an mögliche Komplikationen. Aber vor uns und hinter uns fuhren viele Autos mit gelbem, israelischen Kennzeichen. Die palästinensischen Autos haben weiße oder grüne Nummernschilder. Die Landschaft änderte sich. Die Dörfer sahen ungeordnet und ziemlich vermüllt aus. Aber nicht arm! Die Häuser sind zum Teil sehr groß und wohlhabend, die Autos deutsche Mittelklasse und Oberklassewagen, besonders viel Audis und BMWs. Den Palästinensern geht es weit besser als ihren arabischen Nachbarn in Syrien, Ägypten oder Jordanien. Die meisten, die er kennt, versicherte mir Chaim, würden lieber heute als morgen israelische Staatsbürger werden wie ihre Cousins, die israelischen Beduinen, wegen der Sozialhilfe, der Krankenversorgung und sonstigen Leistungen des Staates.

Wir passierten eines von über hundert joint venture Gewerbegebieten mit israelischen und palästinensischen Firmen, die dokumentieren, wie groß die wirtschaftlichen Verflechtungen inzwischen sind. Was das Wasser betrifft, das die Israelis angeblich den Palästinensern stehlen sollen, kann ich nicht bestätigen, dass es knapp sei. Ich sah einen palästinensischen Pflanzenmarkt, der großzügig per Schlauchspritze bewässert wurde – und das an einem der wenigen Regentage, die es hier gibt. Chaim fängt sogar das Wasser aus seiner Waschmaschine auf, um seinen Garten damit zu gießen. In Palästina würde man das niemals tun. Wassersparen, wie es die Israelis kultiviert haben – vor allem durch ein entwickeltes Recycling-System – ist ihnen fremd. Der Verbrauch pro Kopf liegt höher als in Israel.

Die Palästinenser erhalten viel Geld, ohne etwas dafür tun zu müssen – von der EU, der UNO, von den reichen sunnitischen Golf-Staaten, aus anderen Quellen. Mir kam der Gedanke, dass sie sich verhalten, wie die Ostdeutschen, die nach der Vereinigung mit Westgeld zugeschüttet wurden und deren Politiker bald lernten, immer neue Forderungen zu stellen und mit Jammern zu unterstreichen, damit weiter Geld fließt. Deshalb gibt es nach 27 Jahren immer noch keine selbsttragende wirtschaftliche Basis in Ostdeutschland und ist auch Palästina alles andere als selbstständig lebensfähig. Kein Wunder, dass die Zweistaatenlösung zwar laut-stark propagiert, tatsächlich aber torpediert wird. Einen eigenen Staat müssten die Palästinenser zunächst mit einem Wohlstandsverlust bezahlen, weil dann der „Flüchtlingsstatus" und die damit verbundenen Zahlungen wegfielen. Dazu ist offenbar niemand bereit.

Wenigstens wirtschaftlich scheinen die verhassten Siedler ein Gewinn zu sein, denn es ist keine Rede mehr davon, dass sie die Gebiete wieder verlassen sollten. Das wäre auch kaum vorstellbar bei mittlerweile rund 700 000 Juden, die in der Westbank und Ost-Jerusalem leben. Es ist nur noch von einem „Siedlungsstopp" die Rede. Doch auch dieser erweist sich angesichts der stark wachsenden jüdischen Bevölkerung in den „Gebieten" (die Geburtenrate liegt bei fünf Kindern pro Ehepaar) nicht mehr als realistische Option.

Es wäre höchste Zeit für Deutschland und Europa, die Scheuklappen abzulegen und sich die Realität in Israel und Palästina anzusehen. Solange das nicht geschieht, ist eine Lösung nicht in Sicht.

6. April 2017

Mein letzter Tag in Israel ist der Höhepunkt meiner Reise. Wir machen uns auf zur Wüstenfestung Masada. Es ist mit 30 Grad der erste richtig heiße Tag. Aber ein um diese Jahreszeit noch kühler Wind macht die Hitze erträglich. Wir halten am Beduinenort Chura, um handgepresstes Olivenöl zu kaufen, für das der Ort berühmt ist. Den Beduinen geht es in Israel gut. Zwar stehen ihre Häuser nach unserem Geschmack chaotisch in der Gegend herum, sie sind aber ansehnlich und solide, mit allem modernen Komfort. Man kann kaum glauben, dass die Bewohner vor wenigen Jahren noch in Zelten gewohnt haben.

Hinter der Wüstenstadt Arad beginnt der wildeste und vielleicht schönste Teil der Negev. Hier dominiert ein sanftes Ocker, nur an wenigen Stellen sieht man etwas Grün. Die wilden Kamele, denen wir begegnen, finden trotzdem Futter.

Wir nähern uns Masada von Westen, wo die Römer-Rampe den Berg hinaufführt. Anders als auf der Ostseite mit Besucherzentrum und Seilbahn, ist hier nicht viel los. Der Parkplatz ist fast leer. Der russische Jude am Imbiss-Stand ist froh, dass er uns Tee verkaufen kann.

Auf dem Platz steht eine nachgebaute römische Belagerungsmaschine. Unvorstellbar, dass so ein mächtiges Ding den Berg hinauf bugsiert wurde.

Die Wüstenfestung wurde von den Hasmonäern um 160-143 v. Chr. gebaut. König Herodes stattete sie mit Palästen aus, unter anderem mit dem Felsenpalast an der Nordseite, an dessen Wänden noch Malereien im pompejanischen Stil vorhanden sind – was zeigt, dass es damals schon einen globalen Geschmack und globale Moden gab.

Neben Palästen, Wehranlagen, 37 Wachtürmen, Ställen, Kommandanturen, 12 Zisternen gab es Römische Bäder und sogar Schwimmbecken. Dazwischen wurde auf Feldern alles angebaut, was die Festungsbewohner brauchten. Die Festung war autark. Die Römer fanden nach monatelanger Belagerung immer noch reichliche Lebensmittelvorräte. Von den Dattelkernen, die bei modernen Ausgrabungen in antiken Tonkrügen gefunden wurden, ist eine übrigens in einem Jerusalemer Labor erfolgreich zu einer Dattelpalme geworden. Nach zweitausend Jahren. Ein Zeichen, wie stark Natur auf Überleben ausgerichtet ist.

Von der Festung aus hat man einen fantastischen Blick in alle Himmelsrichtungen. Die Belagerten konnten von oben sehen, was sich in den Römerlagern, die um den Berg herum verteilt waren, tat. Neben der Festung gibt es zahllose Wohn- und Vorratshöhlen im Berg, die leider derzeit nicht besichtigt werden können.

Außer auf die Wüste blickt man auch auf das Tote Meer, das in den letzten 25 Jahren erschreckend zurückgegangen ist. Die Stelle, wo ich 1990 zum ersten Mal badete, liegt heute mehrere hundert Meter vom Ufer entfernt. Ein Landzunge ist dabei, das Meer in zwei Hälften zu teilen. Grund für die Verlandung ist, dass in Syrien und Jordanien aus den Zuflüssen zum See Genezareth fast alles Wasser entnommen wird. Von denjenigen, die ebenso eifrig wie verlogen Israel Wasserdiebstahl vorwerfen, gibt es keinerlei Proteste gegen die fortschreitende Zerstörung eines der Naturwunder der Erde.

Aber auch Israel scheint eher gelassen zu regieren. Der Wasserbedarf des Landes ist durch die Meerwasser-Entsalzung so ausreichend gedeckt, dass Israel sogar Wasser nach Jordanien exportiert. Auch die palästinensischen Gebiete hängen am israelischen Wassersystem Mekorot.

Zwar gab es immer wieder Pläne, dem Toten Meer Wasser aus dem Mittelmeer oder dem Roten Meer zuzuführen, die aber aus unterschiedlichen Gründen nicht ausgeführt wurden. Aber auch der nächstliegende Schritt, Jordanien per Vertrag zu verpflichten, den Zuflüssen kein Wasser mehr zu entnehmen, wird anscheinend nicht in Betracht gezogen. Dabei ist Jordanien von Israel so abhängig, dass so ein Vertrag durchzusetzen wäre.

Während die Politik viel Aufwand betreibt, um eingebildete „Katastrophen" wie den sogenannten Klimawandel zu bekämpfen, steht sie den wirklichen Umweltkatastrophen gleichgültig gegenüber. Das scheint leider auch auf die Politiker meines Lieblingslandes zuzutreffen. Dabei könnte man mit einem Bruchteil der für „Klimarettung" verpulverten Gelder nicht nur das Tote Meer, sondern auch den Aralsee, einst der größte Binnensee der Welt, in meiner Lebenszeit zu 95% zur Salzwüste geworden, die hunderttausenden Menschen die Gesundheit ruiniert und Landwirtschaft nur nach dreimaligen „waschen" der Felder möglich macht. Im über hundert Kilometer entfernten Nukus liegt das Salz wie Schnee auf der Straße.

Der Schriftsteller Chaim Noll, auch bei diesem Ausflug mein Begleiter, erzählt mir vom Sewansee in Armenien eine ähnliche Horrorgeschichte. Was das Tote Meer betrifft, gibt er sich philosophisch. Es gäbe einen versteinerten Palmenhain, der immer noch unter Wasser läge, wie die biblischen Städte Sodom und Gomorrha.

Mag sein, aber eine Seerettungs-Konvention der UNO wäre gute Realpolitik, die aber immer mehr aus der Mode kommt.

Am Abend sitzen wir im Garten von Chaim und Sabine. Er ist in dieser Jahreszeit von tropischer Üppigkeit. Sabines Katzen leisten uns Gesellschaft und während wir Rotwein trinken, heulen plötzlich die Wölfe und Schakale, bellen die Hyänen, als wollten sie mir *Auf Wiedersehen* sagen. Darauf können sie sich verlassen. Nächstes Jahr in Meitar!

Moskau am Tag des Sieges

10. Mai 2017

Ich kenne Moskau, seit ich 1967 das erste Mal mit meinen Eltern da war. Es war Februar, die Temperaturen bewegten sich um die minus 10 Grad Celsius. Die Stadt erschreckte mich. Ein braungraues Steinmeer, bestückt mit Losungen, die auf alle nur denkbaren Weisen vom Sieg des Sozialismus und die Unschlagbarkeit des Marxismus-Leninismus kündeten.

Meine Schwester und ich wurden in unseren neuen Nylonkutten sofort als Westler identifiziert (so sah man in der SU die DDR) und permanent angesprochen. So kamen wir schnell mit Jugendlichen in Kontakt, was im Plan des Reisebüros nicht vorgesehen war. Während meine Eltern im GUM, dem berühmten Kaufhaus am Roten Platz nach Gold und Kaffee, der unglaublich billig und zehn Jahre später bereits aus den Geschäften verschwunden war, anstanden, lernten wir die Schrecken der Moskauer Kommunalwohnungen kennen, in die uns die Jugendlichen einluden. Ich sprach damals fließend Russisch und hatte keine Verständigungsprobleme. Heute weiß ich, dass in diesen Kommunalkas im Zentrum eher die Privilegierten wohnten, auch wenn eine Familie sich ein Zimmer und Bad und Küche mit anderen Familien teilen musste. Die anderen wohnten in den endlosen Vorstädten, durch die wir vom Flugplatz kommend gefahren waren.

Heute ähneln diese Vorstädte eher amerikanischen Stadtrandbebauungen. Die Hochhäuser sind heller geworden und die Straßenränder sind mit schreienden Riesenreklamen, oft als Videos, gepflastert.

Wir passieren das Denkmal der Panzersperren. Früher wurde allen Reisegruppen erklärt, bis zu diesem Punkt hätten es die Deutschen geschafft, dann wurden sie zurückgedrängt. Stimmt nicht, meint mein Begleiter Saadi. Die Wehrmacht wurde schon vierzig Kilometer vor Moskau angehalten. An dieser Stelle gab es zwar Panzersperren, aber die wurden nie gebraucht. So wird aus Geschichte Legende.

Gleich nach der Stadtgrenze hören die Werbungen fast auf. Ich war sehr gespannt auf die Stadt, die ich zum letzten Mal 2004 besucht habe. Schon damals war ich beeindruckt, in welchem Tempo Moskau seine alte Schönheit zurückerlangte. Jetzt war ich überwältigt. Wir fuhren die Twerskaja entlang, die frühere Gorkistraße und sahen fast ausschließlich sorgfältig restaurierte Gebäude. In Anbetracht der prachtvollen Stalinbauten musste ich daran denken, welches Schicksal der ehemalige Chef des Bauhauses Hannes Meyer der Hauptstadt der Sowjetunion zugedacht hatte. Stalin hatte ihn damit beauftragt, einen Plan für den Umbau zu entwickeln. Meyer präsentierte einen radikalen Vorschlag: Rund um den Kreml sollte alles abgerissen und wie Tortenstücke ein Dutzend Stadtteile gruppiert werden: Ein Stadtteil für die Sportler, einen für die Wissenschaftler, einen für die Musiker, einen für die Maler, einen für die Arbeiter usw. Das war Stalin zu totalitär. Er entband Meyer von seiner Aufgabe und bestellte zwei Lieblingsarchitekten des ermordeten Zaren, die den berühmten Zuckerbäckerstil schufen.

Das berüchtigte Hotel Lux, in dem die kommunistischen Emigranten aus ganz Europa untergebracht waren, bis sie im Lager oder den Erschießungskellern landeten, war unter einer Bauplane bedeckt. Dafür strahlte die gefürchtete Lubjanka, die Zentrale des sowjetischen Geheimdienstes, in Sonnengelb und Rot.

Später fuhren wir die Moskwa entlang, am „Haus am Ufer" vorbei, das im originalen Grau-Beige immer noch die kommunistische Tristesse ausstrahlt. Hier wohnten Regierungs-mitglieder, Armeeführung und höchste Parteifunktionäre in großen Wohnungen mit Personal, bis sie von den Schergen der Staatssicherheit abgeholt und liquidiert wurden. Unter anderen lebte der General Michail Nikolajewitsch Tuchatschewski hier, legendärer Bürgerkriegsheld, Liebhaber von Musik und schönen Ballerinen, Schutzengel von Dimitri Schostakowitsch, bis er sich selbst nicht mehr schützen konnte. In seine Wohnung zog ein anderer General. Juri Trifonow beschreibt in seinem Roman „Das Haus am Ufer", wie sich seine Bewohner in Erwartung ihrer Verhaftung nur noch vollständig bekleidet ins Bett gelegt oder sich mit Koffer gleich neben dem Fahrstuhl postiert haben, damit die Familie nicht gestört würde, wenn sie abgeholt werden.

Die mit Blick über den Fluss zum Kreml wohnten, haben vielleicht nächtliche Bittgebete in Richtung des Fensters geschickt, hinter dem jede Nacht das Licht bis zum frühen Morgen brannte. Die in der zweiten Reihe untergebracht waren, sahen vor ihren Fenstern eine kleine Kirche. Aber auch der Gott, den sie längst abgeschafft hatten, konnte ihnen nicht helfen.

Die Erlöserkathedrale, die gegenüber dem Wohnhaus der Bonzen gestanden hatte, war auf Befehl Stalins abgerissen und durch ein Schwimmbad ersetzt worden. Diese Schwimmhalle hatte ein Außenbecken, in dem man auch im tiefsten Winter schwimmen konnte, was ich 1967 getan habe. Durch den enormen Unterschied zwischen Außen- und Wassertemperatur war die Halle in tiefsten Nebel gehüllt. Als Schwimmer sah man einen anderen Schwimmer oft erst im letzten Moment oder erst beim Zusammenstoß.

Schon kurz nach dem Zusammenbruch der Sowjetherrlichkeit wurde die Kathedrale mit ihren goldenen Kuppeln wieder errichtet und spiegelt sich heute im Fluss, als wäre sie nie weg gewesen.

Moskau glänzt, als wäre es die Hauptstadt eines Imperiums, aber das Imperium ist nicht mehr da.

Ich bin hier, um mir die Feierlichkeiten zum Tag des Sieges anzuschauen und den von der Zivilgesellschaft initiierten Marsch des „Unsterblichen Regiments" mitzumachen. Auf diesem Marsch, der zum ersten Mal 2007 in der westsibirischen Stadt Tjumen durchgeführt wurde und seit 2010 auch in Moskau stattfindet, werden die Kriegsteilnehmer von ihren Familienangehörigen geehrt.

Am Vormittag findet die traditionelle Militärparade statt. Dafür wird der Rote Platz weiträumig abgesperrt, was tausende Menschen, vor allem junge, daran hindert, dem Ereignis nahe zu kommen. Nachdem die Uhr auf dem Spaskiturm vernehmlich geschlagen hat, beginnt die Parade mit einem weithin vernehmbaren dreifachen „Hurra!". Die Generalität sitzt in offenen Kübelwagen, mindestens ein General bekreuzigt sich, als der Wagen unter einem Kremltor durchfährt, über dem ein Heiligenbild angebracht ist. Neu ist auch, dass Staatschef Putin nicht auf einer Tribüne sitzt, sondern auf die Kriegsveteranen zugeht und sie begrüßt. Das scheint eine Referenz an die Stimmung in der Bevölkerung zu sein. Nachdem die Parade den Roten Platz passiert hat, werden die Kanonen an der Kremlmauer abgeschossen, was an die Kanonade bei Kriegsende erinnert.

Am frühen Nachmittag versammeln sich die Demonstrationsteilnehmer für den Marsch des „Unsterblichen Regiments" am Puschkinplatz. Viele haben Schilder mit Fotos ihrer Familienangehörigen in den Händen, weiß-rote Luftballons, die russische Nationalflagge oder die Fahne der Roten Armee. Andere halten die Bilder ihrer Lieben im Arm, so wie sie von der Wand genommen wurden. Man liest auf den Aufschriften, wie lange der Soldat oder die Krankenschwester gedient haben. Manchmal, wann sie gefallen sind. Eine 19 deutet an, dass derjenige vermisst gemeldet wurde. Es ist ein rührender Anblick. Viele der Gesichter auf den Fotos sind erschreckend jung. Schon mit 17 Jahren wurden die Soldaten an die Front geschickt. Es sind auffällig viele Mittelasiaten und Sibiriaken dabei. Besonders gegen Ende des Krieges wurden immer neue „frische" sibirische Verbände im Krieg verheizt.

Nicht die Generäle, schon gar nicht der Generalissimus, haben den Krieg gewonnen, sondern diese Menschen. Es hat sehr lange gedauert, bis sie die Ehrung erfahren haben, die sie verdienen. Die Millionen Toten wurden vom Sowjetregime als „Heldentote" instrumentalisiert und damit der Gesellschaft entrückt. Mit diesem Marsch der Angehörigen werden sie zurückgeholt.

Im letzten Jahr hatten sich 600 000 Menschen spontan versammelt. In diesem Jahr sollen es 750 000 gewesen sein.

Als der Zug in den Roten Platz einbog, erwartete uns eine Überraschung. Das Leninmausoleum, auf dessen Dachterrasse sich in den vergangenen Jahrzehnten die Partei- und Staatsführer und ihr Gefolge präsentiert hatten, war hinter einer großen bunten Wand verschwunden. Auf den Bänken vor dieser Wand saßen die Kriegsveteranen, denen von den Vorbeiziehenden für ihren Einsatz und ihren Sieg gedankt wurde. Ein spontanes „Spasibo" aus tausenden Kehlen. So belohnt die Zivilgesellschaft die von der Politik Vergessenen.

Die Stimmung war keineswegs feindselig. Wir konnten Deutsch reden, ohne befürchten zu müssen, angemacht zu werden.

Überhaupt sind die Menschen hier höflich, freundlich und rücksichtsvoll. Moskau ist auffallend sauber. Keine Spur von Verwahrlosung. Der Rote Platz als Müllhalde, zu der sich der Alexanderplatz entwickelt hat, ist undenkbar. Keine Graffiti verunzieren die sorgfältig restaurierten Gebäude. Auch die Züge und die Bahnhöfe der Metro sind frei von herumliegenden Flaschen, Tüten oder gar Essensresten, wie es bei uns üblich geworden ist. Keinem Moskauer würde es einfallen, seinen Burger im Zug zu mampfen oder seinen Sitznachbarn mit den Krümeln seines Croissants zu beglücken. Die Jungen machen den Alten höflich Platz. Mein 60+Begleiter bekam fast Herzrasen, als ein hübsches Mädchen für ihn aufstand.

Die Liebe zur Heimat scheint den Menschen zu einem angenehmeren Mitbürger zu machen, als die verbissenen Weltoffenen und Toleranten, die bei uns sich mit den Ellenbogen stets die besten Plätze sichern und mit ihrem Gepäck die Nachbarsitze blockieren.

Wenn man den Vergleich vor Augen hat, wie es anderswo zugeht, fragt man sich, wo der Westen seinen Dünkel hernimmt. Ostrom existierte jedenfalls noch tausend Jahre nach dem Untergang Westroms.

Das Land der Seen, Sümpfe und der SS 20

27.Mai 2017

Es gibt sie noch, die weitgehend unbekannten Teile der Welt. Eines davon ist Karelien. Schon der Landeanflug eröffnet bei wolkenlosem Himmel den Blick auf eine atemberaubend Landschaft: Der herrliche Onega-See, der Alexander Puschkin so beeindruckt haben soll, dass er dem Helden seines berühmten Versepos' den Namen Eugen Onegin gab, hat zahllose kleinere Begleiter. Zwischen den Seen liegen ausgedehnte Birkenwälder, die gerade dabei sind, sich frisches Grün zuzulegen. Eine Wohltat für die Augen.

Unser Ziel ist Petrosawodsk, eine Stadt, die von Peter dem Großen gegründet wurde und als erste seinen Namen trug. Sawod ist das russische Wort für Werk, die Stadt war also Teil des Plans, Russland zu industrialisieren. Wegen der reichen Eisenvorkommen der Gegend wurden hier vor allem Waffen hergestellt. Eine wesentliche Rolle wurde dabei den Verbannten zugewiesen, die in diese entlegene Region in Russlands Weiten geschickt wurden. Im letzten Jahrhundert wurden die Solowezki-Inseln das Modell des sowjetischen Lagersystems. Das Lager Solowki war Russlands erstes großes Häftlingslager. Als Alexander Solschenizyn den Begriff Archipel Gulag prägte, dachte er auch an den Archipel Solowki.

Im vergangenen Jahrhundert war der Stadt Petrosawodsk eine wechselvolle Geschichte beschieden. Im zweiten Weltkrieg war sie vier Jahre lang von den Finnen besetzt. Das war besonders pikant, weil Stalin geplant hatte, Petrosawodsk zur Hauptstadt der Karelo-Finnischen Sowjetrepublik zu machen. Dass sich Finnland im so genannten Winterkrieg erfolgreich dagegen wehrte, Teil der Sowjetunion zu werden, durchkreuzte diese Absicht. Durch die Nähe zur finnischen Grenze war dieses Gebiet immer stark militärisch genutzt. Hier wurden viele der Waffen stationiert, von denen die Sowjetunion nach Einschätzung ihrer Generalität mehr besaß, als die USA und die anderen westlichen Staaten zusammen. Auch etliche der Sowjetischen Atomraketen SS 20 waren hier eingebunkert. Die starke Militärpräsenz ist bis heute sichtbar. An den Zivilteil des Flughafens grenzt unmittelbar ein militärischer. Als wir das Flugzeug verlassen, startet gerade ein Kampfjet.

Von Flughafen kann kaum die Rede sein. Es ist eine Piste, ein kleines Gebäude, in dem das Check In stattfindet. Das Gepäck wird direkt vom Flugzeug zum Vorplatz gebracht, wo die Passagiere unter freiem Himmel warten müssen.

Die Autoflotille ist inzwischen auch hier ganz modern, allerdings müssen die Wagen viel aushalten. Die Straßen sind löchrig, teils muss man auf Sandwege ausweichen. Es gibt kaum Verkehrsschilder, gefahren wird, wie jeder denkt, dass er am schnellsten vorankommt. Unser Fahrer sieht sehr jung aus, als hätte er seine Fahrerlaubnis schon mit 15 gemacht. Bei manchen seiner kühnen Manöver muss ich vorsichtshalber die Augen schließen und beten. Aber es geht alles gut. Irgendwann taucht ein Schild auf, das den Weg nach St. Petersburg anzeigt, das knapp 500 km entfernt ist. Dann erscheint die Aufschrift „Murmansk". Ich bin überzeugt, dass es sich um eine kleine Siedlung gleichen Namens in der Nähe handelt. Das nächste Schild klärt mich auf: Murmansk 945 km. Hier gelten andere Maßstäbe.

Petrosawodsk soll eine der schönsten russischen Städte sein, ein Eindruck, der sich bestätigt, wenn man sich das Stadtbild imaginiert, nachdem alle Bauten restauriert und Straßen und Gehwege in Ordnung gebracht worden sind. Natürlich muss man sich die Vorstädte wegdenken, aber das ist bei allen russischen Städten der Fall.

Ein besonderer Blickfang ist der in den 50er Jahren im stalinschen Prunkstil gebaute Bahnhof. Für die Arbeiter und

Bauern sollte es Paläste geben. Das wurde nicht auf die Wohnungen bezogen, sondern auf die öffentlichen Bauten. Der Wartesaal mit seinen prächtigen Kandelabern und den goldenen Ziergittern bietet ein fürstliches Ambiente. Den Gefangenen, die in Viehwaggons diesen Bahnhof passiert haben, ist diese Pracht verborgen geblieben.

Die Universität, die uns eingeladen hat, strahlt noch viel sowjetisches Flair aus. Es fällt aber sofort auf, wie gepflegt alles ist. Keine Spur von Wohlstandsverwahrlosung, wie sie in unseren Bildungsstätten Einzug gehalten hat. Die Studenten sind sehr gut gekleidet und sorgfältig frisiert. Den großen Einkommensunterschied zu Deutschland sieht man den jungen Leuten nicht an. Wahrscheinlich haben sie aber statt 20 Teilen nur ein bis zwei im Schrank hängen.

Wir haben noch eine halbe Stunde Zeit, ehe unsere erste Veranstaltung beginnt. Wir gehen in eine kleines Café auf der anderen Straßenseite, das wie eine Hommage an die Zarenzeit wirkt, mit Stofftapeten und antiken Möbeln. Das Angebot ist klein, aber sehr verlockend. Wir haben keine Zeit, Kuchen zu ordern, können aber einen ausgezeichneten Kaffee genießen.

Auf dem Rückweg sehe ich mir ein Großplakat näher an, das mir schon aufgefallen war. Ein Rotarmist lächelt den Betrachter an, aber der Text droht: „Hundert Jahre Große Sozialistische Oktoberrevolution – wir kommen wieder". Es ist das Plakat der örtlichen Kommunisten. Mehrheitlich wird die angebliche Revolution als Staatsstreich gegen die demokratische Regierung Kerenski betrachtet. Darin sind die Russen uns voraus.

Unsere ersten Referate halten wir vor den Vertretern des Lehrkörpers. Es handelt sich überwiegend nicht um Historiker, sondern Juristen und Wirtschaftswissenschaftler, die sich weiterbilden wollen. Ihre Einlassungen sind interessant und zeugen davon, dass sie sich sorgfältig vorbereitet haben.

Am Nachmittag gibt es einen Ausflug mit den Studenten zu einem Wasserfall „ganz in der Nähe". Die Nähe betrug dann 66 km. Aber die Fahrt hatte sich gelohnt. Der Kivach-Fall, einer der größten Flachlandwasserfälle Europas, befindet sich im gleichnamigen Naturpark. Besonders für Geologen ist Karelien ein Paradies. Die Steine am Ufer des Wasserfalls zählen zu den ältesten der Erde – zwischen 1 und 2 Milliarden Jahre alt, Teile der ehemaligen Erdkruste. Sie sind so hart, dass ihnen kaum beizukommen ist. Hier kann man die geologische Erdgeschichte studieren: Altes kristallines Grundgestein, Gneis, Granit, Amphibolit, Grabbo-Basalt, um nur einige Formationen zu nennen, die es so sonst nur noch in Kanada gibt.

Der vierstufige Wasserfall ist immer noch mächtig, obwohl ihn die Sowjets durch eine Staumauer im Oberlauf des Flusses auf ein Viertel seiner ursprünglichen Größe reduziert haben. Am Ufer wächst die seltene Karelische Birke, ein unansehnlicher Baum, krumm und schief mit grauer Rinde, dessen Holz im Inneren keine Jahresringe, sondern eine marmorartige Struktur aufweist. Viele Möbel in den Zarenpalais` sind aus Karelischer Birke gefertigt. Das Holz ist so hart, dass es ursprünglich auch beim Eisenbahnbau verwendet worden sein soll. Seit man seinen Wert für die Möbelindustrie erkannt hat, wird es nur noch dafür benutzt. Inzwischen wird es auf dem Weltmarkt nicht nach Festmetern, sondern pro Kilogramm verkauft. Die Nachfrage ist so hoch, dass der Baum auf der roten Liste der akut bedrohten Arten landete. Die Karelische Birke ist eine Spontanmutation. Aus hundert Birkensamen können hundert karelische Birken entstehen, oder keine. Bis heute hat die Forschung nicht entschlüsseln können, warum sich eine Birke entschließt, nach sechs bis sieben Jahren zu mutieren.

Zurück in Petrosawodsk werden wir mit einem prächtigen violettburgunderfarbenen Sonnenuntergang überrascht, ein Naturspektakel, das nur der hohe Norden bietet. Wie St. Petersburg hat auch Petrosawodsk weiße Nächte, aber die sind noch dreißig Tage entfernt. Am nächsten Morgen werden wir zur Juristischen Fakultät gefahren, die am Stadtrand liegt. Auf dem Weg dorthin müssen wir durch die sowjetischen Hochhausviertel, die immer noch deprimierend wirken, trotz einiger zaghafter Verschönerungsversuche. Ein Viertel aller 650 000 Bewohner Kareliens lebt in Petrosawodsk, die Mehrheit wohl in diesen Plattenbauvierteln. Eine Wohnung im Zentrum kostet ab 1,2 Millionen Rubel, das sind rund 20 000 Euro. Die Baukredite sind sehr teuer, um die 15%. Wer kann sich das leisten, habe ich mich immer wieder gefragt.

Unsere Veranstaltung mit den Studenten wird eine Überraschung. Sie sind exzellent vorbereitet und stellen erstaunliche Fragen. Unser Thema ist die Aufarbeitung der beiden Diktaturen in Deutschland. Ein Student will Näheres über die Rolle des ehemaligen Vertriebenenministers Theodor Oberländer wissen, der bei uns schon fast vergessen ist. Aber auch nach der aktuellen Flüchtlingskrise wird gefragt. Es wird eine lebhafte, kurzweilige Diskussion.

Am Abend eines langen Unitages werden wir mit einem Spaziergang an der Seepromenade der Stadt belohnt. Das Wasser ist tiefblau und soll sauberer sein, als der Baikalsee. Es gab auch für diesen See Pläne, seine Wasser mittels Kanälen umzuleiten, dazu ist es zum Glück nie gekommen. Am Beginn der Promenade steht ein Denkmal von Peter dem Großen. Die meisten anderen Skulpturen sind Geschenke aus anderen Städten. Die sehr unterschiedliche Qualität hat zu dem geflügelten Spruch geführt, dass man Petrosawodsk das geschenkt hat, was man selbst nicht mehr haben wollte. Wenn überhaupt, trifft das aber nur zum Teil zu. Es sind sehr schöne, elegante und interessante Plastiken dabei.

Von der Seepromenade aus ist die „Alte Stadt" zu sehen, eine Art bewohntes Freilichtmuseum, in dem die schönsten Holzhäuser der Gegend versammelt wurden. Es gibt einen Eindruck von der Vielfältigkeit der sibirischen Holzarchitektur. Von den legendären Kirchen und Klosterbauten haben wir leider nichts sehen können. Im Onegasee gibt es die Kizhi-Insel, deren Klosterbauten und Kirchen zum Weltkulturerbe gehören.

Allein dafür lohnt es sich, noch einmal nach Karelien zu kommen, bevor es vom Massentourismus entdeckt wird.

Die Macht der Machtlosen

17. August 2017

Danzig ist im August immer überlaufen. Es wird der inzwischen dreiwöchige Dominikanermarkt abgehalten, den es mit Unterbrechungen im Krieg und im Sozialismus seit dem Mittelalter gibt. Wir kamen an einem der geschichtsträchtigsten Augusttage in der Stadt an. Am 15. August 1920 siegte bei Warschau die polnische Armee über die sowjetischen Invasoren. Polen konnte noch nicht ins sowjetische Imperium eingegliedert werden.

Am 15. August 1980 wurde bekannt, dass ein Streik auf der Danziger Leninwerft begonnen hatte. Anlass war die Entlassung der Kranfahrerin Anna Walentynowicz, offiziell wegen „erheblicher Verletzung der Arbeitspflichten", in Wahrheit, weil die seit 1950 auf der Werft angestellte Arbeiterin für die oppositionellen Freien Gewerkschaften tätig war.

Lech Wałęsa, der bereits 1976 aus der Werft entlassen worden war, schloss sich den Streikenden an und wurde ihr Anführer. Das war der Beginn des Endes der kommunistischen Gewaltherrschaft und die erste Wehe der Geburt eines freien Europas.

Heute steht neben dem legendären Werktor Nr.2, das zum Symbol des Widerstandes wurde, ein spektakulärer Bau. Das mit rostigen Eisenplatten verkleidete Gebäude in Form eines Schiffes beherbergt das Europäische Solidarność-Zentrum, das sich zur Aufgabe gemacht hat, die Erinnerung an die großartige Freiheitsbewegung wach zu halten und gleichzeitig den Solidaritäts-Gedanken im neuen Europa zu befördern. Dazu dient vor allem eine Dauerausstellung, die letztes Jahr mit dem renommierten Museumspreis des Europarates ausgezeichnet wurde. Das Zentrum ist aber auch Kultur- und Forschungsstätte mit einer bedeutenden Fachbibliothek. Außerdem beherbergt es das Büro des Staatspräsidenten a.D. Lech Wałęsa.

Die Gründer des Zentrums wollten eine mitteleuropäische Agora schaffen. Es ist ihnen gelungen. Das Zentrum zieht Besucher aus aller Welt an, die sich überzeugen, dass die „Erfahrungen des polnischen Wegs zur Freiheit auch heute noch gesellschaftliches Potential besitzen und das Erbe von Solidarność immer noch eine inspirierende Quelle für Europa ist".

Im ersten Saal wird die Geburt von Solidarność gezeigt. Das Material ist vorbildlich aufgearbeitet und auf eine Weise präsentiert, die unter die Haut geht. In der Krankabine von Anna Walentynowicz kann man sich über die Hintergründe des Streikbeginns informieren. Auf einem der Elektrokarren, für deren Wartung Lech Wałęsa als Elektriker zuständig war und der in den Streiktagen als mobile Rednertribüne gebraucht wurde, erfährt man mehr über den Verlauf des Ausstands.

Schließlich steht man vor den 21 Forderungen der Streikenden, die von zwei Arbeitern auf 3 Sperrholzplatten geschrieben wurden, weil es keine Möglichkeit gab, sie anders sichtbar zu machen. Sie wurden am 17.August 1980 der Öffentlichkeit präsentiert.

Die Platten wurden später während der Kriegsrechtsjahre auf einem Dachboden versteckt und 1996 dem Museum übergeben. Heute gehören die Tafeln zum UNESCO-Weltregister „Gedächtnis der Menschheit".

Die erste Forderung ist die nach freien Gewerkschaften, die dritte die nach Meinungsfreiheit durch Abschaffung der staatlichen Zensur. Zensur-Minister Heiko Maas sollte eine ähnliche Sperrholzplatte vor sein Ministerium gestellt werden. Was die polnischen Arbeiter unter Einsatz ihres Lebens erstritten, schaffen die Regierenden Europas heute wieder ab.

Der Streik griff bald auf andere Betriebe in ganz Polen über. Die Kommunisten waren gezwungen, einzulenken.

Die meisten Forderungen der Arbeiter wurden erfüllt, sogar die nach einem Denkmal für die im Streik von 1970 ermordeten Werft-arbeiter: drei riesige Kreuze, an denen drei Anker, Symbole der Hoffnung, hängen. Solidarność wurde zur Massenbewegung, die auf ganz Osteuropa ausstrahlte und erheblich zur Entstehung und Stärkung der Oppositionsbewegungen in den anderen sozialistischen Ländern beitrug.

Sogar der Westen war beeindruckt. So sehr, dass Czesław Miłosz, ein in Amerika lebender polnischer Schriftsteller, dessen Werke für die Opposition sehr bedeutend waren, im Oktober 1980 den Literaturnobelpreis erhielt. Andrzej Waida bekam für seinen Film „Der Mann aus Eisen", in dem er die Augustereignisse auf der Leninwerft beschreibt, im Mai 1981 die „Goldene Palme" in Cannes. Daraufhin trat der Film einen Siegeszug durch die freie Welt an. Auch die polnische Regierung musste die Aufführung gestatten. In den wenigen Monaten von Juni bis Dezember 1981, dem Beginn des Kriegsrechts, hatten Millionen Polen den Film gesehen.

Es fanden freie Rockfestivals zur Unterstützung von Solidarność statt. Im ganzen Land herrschte eine euphorische Aufbruchstimmung. Das machte den kommunistischen Machthabern Angst. Das sowjetische Politbüro plante einen Einmarsch in Polen, wie 1968 in der Tschechoslowakei zur Unterdrückung des Prager Frühlings.

Die polnischen Kommunisten wollten eine „interne Lösung". Das war die Verhängung des Kriegsrechts im Dezember 1981. Es war ein Krieg gegen die Gesellschaft. Ein Symbol dafür wurde das Foto eines kanadischen Journalisten, das einen Panzerwagen vor dem Warschauer Kino „Moskau" zeigt, an dessen Fassade die Werbung für den Film „Apocalypse now" prangte. Das Negativ übergab der Fotograf einem unbekannten deutschen Studenten mit der Bitte, es im Westen den Agenturen zu übergeben, was der wirklich tat.

Im selben Raum ist auch ein Einsatzwagen der Polizei zu sehen, wie sie damals in den Straßen herumfuhren. Im Inneren läuft ein Film über die Polizeieinsätze gegen die Bevölkerung. Aber auch die Arbeit der Opposition im Untergrund ist dokumentiert. Man kann sich an den Schreibtisch von Jacek Kuron setzen, von dem aus er die Welt über die Vorgänge in Polen unterrichtete und an dem er seine berühmten Flugschriften verfasste. Man bekommt einen Einblick in die illegalen Druckereien, den illegalen Sender von Solidarność, aber auch in die Haftbedingungen der politischen Gefangenen.

Die letzten Räume sind der Krise des Imperiums und dem Weg zur Demokratie gewidmet. Im Frühjahr 1990 war die polnische Regierung gezwungen, sich mit der noch verbotenen Solidarność an einen „Runden Tisch" im Warschauer Schloss zu setzen und die ersten freien Wahlen im Ostblock auszuhandeln. Eine Nachbildung dieses Tisches sieht man in einem Saal, an dessen Wände abwechselnd die Bilder vom Original-Verhandlungsraum oder Szenen von den Massendemonstrationen zur Unterstützung von Solidarność während der Verhandlungen projiziert werden. Man kann sehen, wer wo saß und wem er in die Augen schauen musste.

Am Ende dieses Ausstellungsteils ist zu sehen, wie sich die Freiheitsbewegung 1989 über ganz Osteuropa ausbreitete und das kommunistische Regime zum Einsturz brachte. Folglich ist der letzte Raum dem Triumph der Freiheit gewidmet.

Diese Ausstellung zu sehen, bedeutet sich zu fragen, warum diese großartige Freiheitsbewegung nicht zum Gründungsmythos eines Vereinten Europas wurde. Der Wunsch, dass dem Danziger Solidarność-Zentrum ähnliche Einrichtungen in anderen Ländern folgen würden, hat sich bis jetzt nicht erfüllt. Aber es hat auch fast ein Jahrzehnt gedauert, bis Solidarność überall Schule machte. Die Polen sind uns vielleicht wieder einmal einen Schritt voraus.

Mir ist in der Ausstellung schlagartig klar geworden, was in der deutschen Aufarbeitung der SED-Diktatur fatal falsch gelaufen ist. Sie ist als Opfer-Geschichte behandelt worden, statt den Widerstand und den Freiheitswillen in den Mittelpunkt zu stellen. Von Opfern kann man nichts lernen, sie fordern Mitleid, das letztlich unpolitisch ist. Deshalb ist unser „Einheits- und Freiheitsdenkmal" eine entpolitisierte Wippe, auf der die Menschen plan- und ziellos hin und herlaufen können, ohne viel zu denken. Jegliche Inspiration fehlt und von Ermutigung zur Freiheit ist nichts zu spüren.

Die Polen haben es vorgemacht, wie man fruchtbringend mit seinem politischen Erbe umgeht. So wie Solidarność zum Vorbild wurde, muss auch der Geist dieses Zentrums in ganz Europa wirksam werden, dann könnte das Vereinte Europa noch gelingen.

Die Wolfsschanze

19. August 2017

Masuren ist das Land der tausend Seen, nein, es sind 3312 Seen, die unter einem Hektar nicht mitgezählt. Wenn man durch die alten Lindenchausseen wie durch einen grünen Tunnel fährt, beim Auftauchen einen hellen See erblickt, in den Wiesen die Störche waten sieht, kann man glatt vergessen, was sich in der übrigen Welt abspielt.

Aber die Idylle hat schon immer getrogen. Am Vormittag haben wir noch die Orgelvorführung in der herrlichen Barockkirche von Heilige Linde erlebt, auf deren Höhepunkt die Figuren auf der Empore anfangen, ihre Instrumente zu spielen, Erzengel Gabriel sich zu der Figur der Maria neigt und diese mit einem Kopfnicken den Empfang seiner Botschaft bestätigt. Am frühen Nachmittag nähern wir uns der Stadt Rastenburg, deren Name an die düsterste Zeit unserer Geschichte erinnert. Hier ganz in der Nähe befinden sich die Überreste der Wolfsschanze, dem Führerhauptquartier für den Feldzug gegen die Sowjetunion.

Schon ein Jahr nach der Unterzeichnung des berüchtigten Hitler-Stalin-Pakts, die sich in wenigen Tagen, am 23. August zum 68. Mal jährt, begannen die Bauarbeiten. Am 24. Juni 1941, zwei Tage nach dem Angriff auf die Sowjetunion, wurde es von Hitler bezogen. Insgesamt verbrachte der "Gröfaz" hier 800 Tage.

Anfangs bestand es nur aus einfachen Steinbaracken, denn das Hauptquartier sollte recht bald weiter nach Osten verlegt werden, später wurden es dicke Betonbunker, mit meterdicken Wänden und sieben Meter tiefen Fundamenten. Hier fand das Attentat Stauffenbergs auf Hitler statt. Letztmalig kam Hitler Anfang November 1944 hierher. Er konnte seinen Bunker, der gerade noch einmal verstärkt wurde, erst nach ein paar Tagen beziehen, ehe er am 22. November die Wolfsschanze für immer verließ. Die Rote Armee war nur noch etwa 130 km entfernt. Trotzdem war Hitler der Meinung, dass er wiederkommen würde und gab den Befehl, die Bauarbeiten fortzusetzen. Während die Arbeiter weiter mit der Verstärkung der Anlage beschäftigt wurden, bereiteten die Pioniere gleichzeitig die Sprengung vor. Erst Mitte Januar 1945 wurde den Arbeitern gestattet, sich nach Westen abzusetzen. Die Rote Armee stand nun unmittelbar vor Rastenburg.

Am 24. und 25. Januar wurde die gesamte Anlage gesprengt. Einen militärischen Sinn hatte das nicht. Offenbar sollten Propagandafotos sowjetischer Generäle in Hitlers Hauptquartier verhindert werden.

Heute ist die überwachsene Trümmerlandschaft ein Anziehungspunkt für Touristen. Etwas 300.000 Neugierige kommen hierher, darunter viele polnische Schulklassen. Es gibt Reiseführer zu kaufen, in denen alle Orte verzeichnet sind, an denen sich die Nazigrößen bevorzugt aufgehalten haben.

Ribbentrop, erfährt man da, logierte in Schloss Steinort des Grafen von Lehndorff, Göring im Schloss Romickaheide, das heute zu Russland gehört. Mich beschleicht beim Lesen ein ungutes Gefühl. Diese Detailversessenheit grenzt an Faszination. Ein Guide absolviert seinen Rundgang im Kampfanzug. Auf Nachfrage erfahre ich, dass er das aus Protest gegen die PIS-Regierung tut. Ob die Jugendlichen, die mit gepanzerten Fahrzeugen durch das Gelände kutschiert werden, damit auch lediglich ihre Regierungs-ferne ausdrücken wollen, konnte ich nicht herausfinden.

Das Gegenstück zu diesen fragwürdigen Spektakeln ist eine Gedenktafel für Claus Schenk Graf von Stauffenberg und seinen Atjudanten Oberleutnant von Haeften. Sie wurde am 20. Juli 1992 im Beisein der drei Söhne Stauffenbergs eingeweiht. Sie wirkt verloren unter den vielen mächtigen Betonbrocken, die überall im Gelände herumliegen. Dies ist kein Ort, an dem der Widerstand gegen den Nationalsozialismus im Mittelpunkt steht. Europa hat im vergangenen Jahrhundert zwei totalitäre Diktaturen erlebt und offensichtlich trotz aller Lippenbekenntnisse nicht die richtigen Lehren daraus gezogen.

Kein Phönix aus der Asche

22. August 2017

Nach Königsberg, heute Kaliningrad, zu kommen ist heutzutage möglich, aber beschwerlich. Lange Zeit war der Kaliningrader Oblast ein Sperrgebiet, das kein Ausländer betreten durfte, Sowjetbürger nur mit Spezialgenehmigung, wenn sie hier Verwandte hatten. Wenige Jahre gab es zwischen Polen und der russischen Enklave einen visumfreien kleinen Grenzverkehr. Die Polen kamen hierher zum Tanken, die Russen fuhren zum Lebensmittelkauf in die polnischen Nachbarorte. Nun brauchen auch die Polen wieder Visa, die etwa 100 Euro kosten. Da kann man nichts mehr mit Fremdtanken verdienen. Entsprechend ruhig ist es an den Grenzübergängen geworden.

Als unser Bus auf polnischer Seite hielt, kam eine Kontrolleurin und sammelte unsere Pässe ein. Sie verschwand damit für eine Viertelstunde, dann bekamen wir sie wieder und durften weiter. Auf der russischen Seite mussten wir an der ersten Schranke Auskunft erteilen, wer wir seien. Zwei Polen und 13 Deutsche. Das versetzte die Grenzerin in Aufregung. Sie warf einen Blick in unsere Pässe und überzeugte sich, dass wir, wie wir versichert hatten, alle in Visum besaßen.

Trotzdem telefonierte sie. Ein Vorgesetzter kam und fragte noch einmal, ob wir wirklich alle Visa hätten und kontrollierte das noch einmal. Am Vortag war tatsächlich ein Auto mit Deutschen angekommen, die nicht gewusst hatten, dass man ein Visum braucht, um nach Russland zu kommen. Das war für die Grenzer offensichtlich ein traumatisches Erlebnis gewesen.

Dann standen wir etwa eine Viertelstunde an der ersten Schranke, obwohl hinten, am Schalter für die Busse alles leer war. Schließlich sah ich, dass dort eine Absperrung entfernt wurde. Kurz darauf ging die Schranke vor uns hoch und wir durften weiterfahren. Vor einer Baracke hielten wir ein zweites Mal. Wir wurden instruiert auszusteigen, den Pass am Schalter kontrollieren zu lassen und danach unbedingt im Raum hinter dem Schalter zu warten. Neben dem Bus stand schon ein Grenzer mit Hund zur Kontrolle auf Sprengstoff oder Drogen bereit, außerdem wurde mit Spiegeln der Unterboden abgeleuchtet. Es war mein dritter Grenzübertritt nach Russland in diesem Jahr. Ich hatte angenommen, das würde die Sache erleichtern, aber das Gegenteil war der Fall. Ich wurde noch überprüft, während mein Reisegefährten am Nachbarschalter bereits durch waren. Am Ende durfte auch ich im Raum hinter dem Schalter darauf warten, wieder in den Bus steigen zu dürfen.

Endlich war es so weit, aber es brauchte weitere zehn Minuten, bis unser Fahrer endlich seine Papiere für den Bus bekam. Als wir von der Grenze losfuhren, war eine Stunde vergangen. nicht auszudenken, wie lange wir gebraucht hätten, wären ein oder gar zwei Busse vor uns gewesen!

Die Landschaft änderte sich schlagartig. Vernachlässigtes Kulturland ist kein schöner Anblick. Statt der gepflegten Dörfer, wie auf der polnischen Seite, sah man fast nur Verfall. Die Häuser waren grau und wirkten zerlumpt. Kein Wunder, dass die jungen Grenzer so grimmig dreinschauten. Wer in so einer deprimierenden Gegend zu wohnen gezwungen ist, kann schwerlich fröhlich ein.

Nach einer knappen Stunde erreichten wir die Vororte von Kaliningrad. Der Verfall wurde dichter. Nur ab und zu stand ein neues Gebäude wie ein Fremdkörper dazwischen. Auffällig viele junge Männer in Tarnkleidung oder T-Shirts mit dem Aufdruck „Donetzkaja Respublika". Als ob Separatisten-Kämpfer auf Heimaturlaub wären.

Bis zum Zentrum waren es acht Kilometer. Als wir uns ihm näherten, wurde der Straßenbelag besser, dann fuhren wir auf frischem Asphalt. Kurz darauf ging die Fahrbahn in eine neue Hochstraße über. Rechts sahen wir ein nigelnagelneues Stadion in Blau-Weiß auf einer riesigen Sandfläche. Es sah aus, als wäre ein UFO in der Wüste gelandet. Hier sollen im nächsten Jahr bei der Fußballweltmeisterschaft mehrere Spiele stattfinden. Kaum vorstellbar, dass bis dahin die Umgebung fertiggestellt sein könnte. Auch die Hochstraße war noch nicht ganz befahrbar. Wir mussten sie verlassen, auf einer ungesicherten Baustelle ein gewagtes Wendemanöver durchführen, ehe wir die Zufahrt zu der Straße erreichten, in der sich unser Hotel „Königshof" befand. Bisher waren wir nur an Häuserreihen in unterschiedlichem Stadium des Verfalls vorbeigefahren. Wobei wir feststellen mussten, dass die Plattenbauten aus den 60er oder 70er Jahren weit hässlicher altern, als die Häuser, die vor dem Zweiten Weltkrieg gebaut wurden. An der Uferstraße des Pregel, die wir nun erreichten, änderte sich das Bild schlagartig. Am Fluss steht ein Block schöner alter Häuser, die einen Leuchtturm in ihre Mitte genommen haben. Es sah aus, als wäre hier durch ein Wunder ein Stück Königsberg stehengeblieben und zu alter Pracht restauriert worden. Auch die Uferpromenade glänzte mit neuem Belag und einem wunderschönen Eisengeländer, ergänzt mit alten Laternen. Im Hintergrund die Dominsel mit dem wiedererstandenen Dom. Man bekam einen Eindruck davon, was Königsberg mal gewesen war.

Später erfuhren wir von unserer Stadtführerin, dass das ganze Ensemble erst seit 2003 steht. Vorher herrschte auch hier die Plattenbautristesse, die sonst überall das Bild prägt.

Nebenan, flussaufwärts, ist bereits ein ehemaliges Militärgelände planiert. Hier sollen weitere Nachbauten des alten Königsbergs entstehen.

Diese Veränderungen hat die Stadt einem Bürgermeister zu verdanken, der auf die Idee kam, 2005 das 750-jährige Bestehen Königsbergs zu feiern. Damit begann die Auseinandersetzung mit der Geschichte der Stadt, die vorher erst 1945 begann. Inzwischen hat ausgerechnet Wladimir Putin eine neue Debatte angestoßen. Bei seinem kürzlichen Besuch hatte er gefragt, ob die Kaliningrader sich nicht in Königsberger umbenennen wollten.

Tatsächlich werden immer mehr verschüttete Relikte der Stadtgeschichte freigelegt und rekonstruiert. Der Kern des alten Königsbergs war die Dominsel, die dicht bebaut war. Heute steht der Dom wieder aufgebaut in einem Park. Aber Tafeln mit Bildern der alten Straßen stehen überall in der Anlage verteilt.

Dass der Dom wieder aufgebaut werden konnte, ist dem Kaliningrader Parteikomitee zu verdanken. Als die Anweisung aus Moskau kam, die Ruinen des Doms abzutragen, erhoben die Genossen vorsichtig Einwände. Sie verwiesen darauf, dass Immanuel Kant am Dom begraben ist und Kant von Lenin in seinen Schriften als Vorläufer des Marxismus zitiert wird. Das half. Anfang der 90er Jahre begann der Wiederaufbau des Doms, der heute am Eingang eine orthodoxe, eine evangelische und eine katholische Kapelle besitzt. Der Hauptraum wird als Konzertsaal genutzt.

In der Nähe des Doms stand das Königsberger Schloss, dessen Ruine als „fauler Zahn des Kapitalismus" beseitigt wurde. Heute finden archäologische Grabungen nach seinen Überresten statt. Mittendrin steht ein Hochhaus, das in den 60er Jahren begonnen wurde und seit Mitte der 70er als Bauruine weithin sichtbar das Stadtbild prägt. Das sollte das „Haus der Räte" werden und alle Verwaltungen des Kaliningrader Gebiets beherbergen.

Der letzte Gouverneur des Kaliningrader Oblast wollte dieses Haus abreißen und das Schloss wieder aufbauen. Leider wurde er abgewählt, bevor er das verwirklichen konnte. Der neue Gouverneur will das Rätehaus fertig bauen lassen. Bisher tut sich dort aber nichts, denn die Stadt braucht alle Mittel, um sich für die bevorstehende Fußballweltmeisterschaft aufzuhübschen. Dafür sollen alle Plattenbauten, die vom Fußballstadion aus zu sehen sind, neue Fassaden erhalten. Die Ersten bekamen noch eine Verkleidung, die an die Silhouetten der alten Königsberger Häuser erinnert. Dafür reicht aber das Geld nicht bei allen.

Die Anderen müssen sich mit bunten Wänden begnügen. Auch am Ufer des Pregel, des Ober- wie des Unterteiches im Zentrum gibt es nur auf einer Seite die aufwändige Rekonstruktion der schönen alten schmiedeeisernen Gitter, die andere Seite muss sich mit einer bescheideneren Abgrenzung begnügen. Königsberg ist an seinen Ufern am schönsten. Auf den Promenaden am Wasser kann man die allgemeine Tristesse fast vergessen.

Stadtenthusiasten, die es auch hier gibt, wollen entlang der alten Wallanlagen, die samt Toren fast vollständig erhalten sind, einen Grünzug um die Innenstadt errichten, was Königsberg eine neue Qualität verleihen würde. Man könnte um das Zentrum spazieren, nach Lust und Laune entweder eins der schönen Restaurants, Cafés oder Museen besuchen, die in den alten Mauern entstehen und zwischendurch die alten Wehranlagen bewundern.

Bei unserer Stadtrundfahrt kommen wir immer mal wieder an einem Vorkriegsgebäude vorbei, das stehengeblieben ist und etwas von der früheren Stadt erahnen lässt. Die Revitalisierung vollzieht sich rund um diese Überreste. Das Experiment Kaliningrad, eine sozialistische Stadt auf den Trümmern des Kapitalismus zu errichten, ist vollständig gescheitert. Ein Denkmal des Namensgebers, das auf dem Vorplatz des liebevoll restaurierten Bahnhofs steht, ist charakteristisch dafür: hinter Kalinins Rücken entsteht eine orthodoxe Kirche, vor Augen hat er eine McDonalds-Filiale.

Kaliningrad ehrt den größten Sohn der Stadt, Immanuel Kant. Die hiesige Universität trägt seinen Namen. Im Dom ist ihm eine interessante Ausstellung gewidmet. Dort sind unter anderem Kantausgaben und Schriften über ihn aus aller Welt zu sehen. Von der „Kritik der reinen Vernunft" in Chinesisch bis hin zu Steffen Dietzschs Kant-Biografie.

Vor dem Universitätshaupteingang steht eine Replik des historischen Kant-Denkmals. Die Figur ist von Marion Gräfin Dönhoff beim Herannahen der Roten Armee abgebaut und auf ihrem Gut versteckt worden. Allerdings fand sie nach ihrer späten Rückkehr das Denkmal nicht wieder. Deshalb hat sie eine Kopie anfertigen lassen. Als es aufgestellt werden sollte, bekannte ein ehemals hoher Parteifunktionär, dass sich der Sockel in seinem Garten befände. Er gab ihn zurück und war, wie Gräfin Dönhoff bei der Wiederaufstellung dabei. Jahrelang wurden den Absolventen der Uni ihre Diplome feierlich an diesem Denkmal ausgehändigt. Heute empfangen sie diese im Dom.

Der Platz vor der Universität ist aus einem anderen Grund interessant: Unter der Erde befindet sich der Bunker für den Armeestab, der die Verteidigung Königsbergs leitete. Um die Ruinen der Stadt, die durch zwei alliierte Angriffe im Sommer 1945 stark zerstört worden war, gab es erbitterte Kämpfe. Der Bunker wurde im März 1945 fertig. Mitte April wurde hier die Kapitulation der „Festung", zu der Königsberg erklärt worden war, beschlossen.

Im heutigen Bunkermuseum ist ein Raum Michael Wieck gewidmet, der als Sohn einer jüdischen Mutter und eines „arischen" Vaters Kindheit und Jugend in Königsberg verbrachte. In seinem Buch: „Zeugnis vom Untergang Königsbergs - Ein Geltungsjude berichtet" beschreibt er seine Erlebnisse während der Zeit des Nationalsozialismus und nach dem Einmarsch der Roten Armee.

Die erlebte er nicht als Befreiung, sondern als Beginn einer neuen Leidensgeschichte. Geschätzte 80% der Königsberger, die den Krieg überlebt hatten, starben in den zwei Jahren danach an Hunger, Kälte, Krankheiten. Im Winter erfroren die Menschen auf offener Straße. Niemand dachte daran, die Leichen wegzuräumen. So gab es überall in der Trümmerlandschaft Eisskulpturen in allen Lagen zu sehen. Als der Strom wiederkam, installierten die Sowjets Lautsprecher und beschallten die gespenstische Szenerie mit Beethovenmusik. Die Jagd nach etwas Essbaren wurde zum Überlebenstraining. Es hungerten nicht nur die Königsberger, auch die Russen, die von den Sowjets in der Stadt angesiedelt wurden, hatten wenig zu essen und hausten in den Ruinen nicht viel besser, als die alten Königsberger. Wieck beschreibt eine Verfolgungsjagd, nachdem er einem Russen eine Kartoffel gestohlen hatte.

Die Sowjets hatten die Stadt Wochen nach der Einnahme evakuiert und in Brand gesetzt. Anschließend mussten die Königsberger in ihre gebrandschatzte Stadt zurückkehren. Die Szenen, die Wieck beschreibt, sind so irreal, dass sie aus einem Katastrophenfilm zu entstammen scheinen, der die Herrschaft einer außerirdischen Macht beschreibt.

Heute ist dieses Stadtkapitel fast vergessen. Umso verdienstvoller ist seine Darstellung in einem Raum des Museums. Unsere Stadtführerin Katja, deren Begeisterung für Kaliningrad uns sehr rührte, versicherte uns an dieser Stelle, dass den Kindern in der Schule beigebracht würde, dass es einen Unterschied zwischen Nazis und den Deutschen gegeben hätte und man beide nicht in einen Topf werfen dürfe. Damit wissen es die Schulkinder in Kaliningrad heute besser als unsere Antifa und etliche linke Politiker, die sich das Verschwinden der Deutschen auf die Fahnen geschrieben haben, weil angeblich alle, außer Antifa und Linksextreme natürlich, Nazis seien.

Königsberg/Kaliningrad ist ein Lehrbeispiel dafür, was totalitäre Diktaturen anrichten und dass es die der Widerstand, bzw. die Abkehr von Ideologien ist, was das Leben ermöglicht.

In Sibirien steppt der Bär!

1. Juni 2018

Es gibt noch Weltgegenden, die man mit Abenteuer verbindet. Dazu gehört Sibirien. Das ehemalige Land der Verbannten ist heute ein innovativer, dynamischer Ort. Die Nachfahren der Verbannten haben den Freiheitsgeist ihrer Vorfahren geerbt - und der Zar ist immer noch weit weg.

Nachdem wir in Berlin bei fast 30°C abgeflogen waren, landeten wir in Novosibirsk mitten im Spätwinter. Nur 5°C und ein feiner, kalter Nieselregen. Außerhalb der Stadt waren die Bäume noch kahl, in der Stadt hatten sie gerade ein erstes feines Grün angelegt. Vor wenigen Tagen hatte es noch geschneit. Es sei ein ungewöhnlich kalter Mai, wurde uns versichert. Die Klimaerwärmung hat es noch nicht bis hierher geschafft.

Morgens um sechs kamen wir im Hotel an. Natürlich standen unsere Zimmer noch nicht zur Verfügung. Aber die Sessel in der Lobby waren bequem, so dass wir die Zeit bis zum Frühstück um sieben gut überstanden. Zuhause war es zwei Uhr nachts, vor den Fenstern des Frühstücksraums heller Tag. Man übersteht die Zeitumstellung am besten, wenn man sich sofort anpasst. Also zogen wir los, Novosibirsk zu entdecken. Der einzige Reiseführer, der über Sibirien aufzutreiben gewesen war, erwies sich als hilfreich.

Novosibirsk, ursprünglich nach dem letzten Romanow Nowonikolajewsk genannt, entstand mit dem Bau der Transsibirischen Eisenbahn an der Stelle, an der die Brücke über den Ob gebaut wurde. Ein Merkmal der Stadt ist der größte Bahnhof Sibiriens. Nicht weit davon gibt es ein Denkmal für eine Lokomotive, die in der Sowjetunion zur „Heldin der Arbeit" gekürt wurde. Sie heißt „Feliks Dzierzynski".

Bei dem Namen fragt man sich unwillkürlich, ob sie „Heldin" wurde, weil sie so viele Gegner des Sowjetregimes in den Gulag transportiert hat. Das ursprüngliche Dorf, von dem nur noch einige wenige Holzhäuser zeugen, wuchs rasant. Aus dieser Zeit stammen die schönen roten Backsteinbauten, von denen man noch ein paar im Zentrum sieht. Außerdem zeugt ein imposanter Handelsbau von der Pracht der Zarenzeit.

Die Alexander-Newski-Kathedrale, ein Wahrzeichen der Stadt, war die erste Steinkirche in Sibirien. Die kleine Kapelle St. Nikolai, die an der Stelle gebaut wurde, die der Mittelpunkt des Zarenreiches war und die von den Bolschewiken abgerissen wurde, steht seit 2015 wieder in alter Pracht da, als wäre sie nie weg gewesen.

Novosibirsk ist eine Pachtwork-Stadt. Neben den Bauten aus der Zarenzeit beansprucht die Sowjetarchitektur viel Raum. Dort, wo sich der große Bauernmarkt befand, steht heute das größte Opernhaus Russlands. Die Planungen stammen aus dem Jahr 1929, der Bau begann 1939 und geriet währen des Krieges ins Stocken. Das riesige Gebäude beherbergte im 1941-1945 die gesamte Sammlung der Tretjakow-Galerie und Teile der Ermitage. Das prachtvolle Gebäude erinnert an das kommunistische Versprechen, für die Arbeiter und Bauern Paläste zu bauen.

Ein anderes palastartiges Gebäude wurde für die Sowjet-Verwaltung gebaut. Ursprünglich beherbergte es im Erdgeschoß auch ein Warenhaus. Eine Fotoausstellung am Rande des Kirow-Parks, eine der wenigen grünen Oasen im Zentrum, zeigt Bilder von den prachtvoll für die Eröffnung dekorierten Schaufenstern. Vor den Fenstern stehen aber abgerissene Gestalten. In der von Stalin verordneten Hungerzeit in der Ukraine 1932/33 ließen sich viele ukrainische Flüchtlinge am Stadtrand nieder. Sie lebten hauptsächlich von Bettelei. Sie waren so zahlreich, dass sie offensichtlich nicht aus den offiziellen Fotos herausgehalten werden konnten. Andere Bilder zeigen den ehemaligen Bauernmarkt zur Zarenzeit. Pferdewagen an Pferdewagen, auf denen die Produkte angeboten wurden, reihte sich aneinander. Nur ein Jahrzehnt später sitzen ein paar zerlumpte Männer vor ihren Häufchen mit Plunder – ein Zeichen der Verelendung unter der Sowjetherrschaft.

Novosibirsk leistete den Bolschewiken lange Widerstand. Erst 1919 gelang der Roten Armee die endgültige Eroberung. Danach begann eines der ersten kommunistischen Massaker gegen die Bevölkerung. Die Massenerschießungen wurden zur Blaupause für die folgenden Repressionen überall in der Sowjetunion.

Der eigentliche Aufschwung begann im Großen Vaterländischen Krieg. Die Evakuierten aus Leningrad wurden nach Novosibirsk gebracht, wo die technische Intelligenz in den nach hier verlegten Rüstungsbetrieben eingesetzt wurde. Nach dem Krieg kehrten nicht alle Evakuierten nach Hause zurück. Etliche blieben und prägen die Stadt bis heute. Die Novosibirsker gelten als die weltoffensten, höflichsten Sibirier. Bis heute sind die Verbindungen nach St. Petersburg sehr eng. Die Kultur, die von den Leningradern mitgebracht wurde, bereichert Novosibirsk noch heute. Das riesige Opernhaus bietet ausgezeichnete Inszenierungen. Den zauberhaftesten „Nussknacker", mit den schönsten Kostümen und der vollendetsten Ballettkunst habe ich hier gesehen.

Heute ist Novosibirsk die drittgrößte Stadt Russlands. Und eine der jüngsten und dynamischsten, was im Straßenbild unschwer zu erkennen ist. Man begegnet vielen jungen, elegant gekleideten Menschen, die sehr aufrecht gehen und zielbewusst wirken. Sie kommen aus allen Teilen Russlands hierher, um zu studieren.

Das Patchwork-Stadtbild, das nach dem Zusammenbruch der Sowjetunion durch viele, nicht immer schöne Bauten westlichen Stils ergänzt wurde, ist auch durch die vielen Baustellen geprägt. Das noch vorherrschende sowjetische Grau wird immer mehr aufgelockert. Die Wunden der Sowjetzeit sind noch nicht alle geschlossen, was besonders an den Gehsteigen und den Schlag-löchern in den breiten Straßen sichtbar ist. Aber die Stadt wirkt sehr gepflegt. Keine Wohlstandverwahrlosung, kein Müll im öffentlichen Raum. Im Kirow-Park wirkt der gläserne Kasten, der eine westliche Pizza-Kette beherbergt, wie ein UFO zwischen den hell ergrünten Birken.

Den aufrührerischen Geist bekommen wir bei unseren Vorträgen zu spüren. Eingeladen hat ein „Unabhängiger Diskussionsclub", den Arkadi, ein ehemaliger Politiker, vor achtzehn Monaten gegründet hat. Die Redner kommen sogar aus Moskau, das über 3000 km entfernt ist, hierher. Michail Gorbatschow war schon da, der deutsche Konsul, nun wir.

Thema ist der Umgang mit der diktatorischen Vergangenheit. Der Raum ist sehr speziell. Wir passieren einen Eingang, der aussieht, als führte er zu einer U-Bahn. Tatsächlich geht es in ein unterirdisches alternatives Shopping- und Kneipenareal. Ein Mädchen auf einem Roller fährt uns voran zum Vortragssaal. Der erinnert an die Kellerräume, in denen wir uns zu DDR-Zeiten oft getroffen haben, nur größer und mit moderner Technik ausgestattet. Es sind alternative Medien anwesend, Blogger, Bürgerrechtler, unabhängige TV-Sender, aber auch Studenten und Doktoren freier und staatlicher Universitäten. Ab und zu hört man eine U-Bahn an- und abfahren. Dafür kann in der Taiga life mitgesehen werden.

Das Publikum ist überdurchschnittlich informiert, interessiert und diskussionsfreudig. Es ist eine der seltenen Veranstaltungen, bei der man auch als Vortragender etwas lernt. In der Pause kann ich mir die schrägen Kreationen eines sibirischer Designer anschauen und bedaure, nicht mehr jung genug für diese kühne Mode zu sein. Nebenan ist ein Friseur, bei dem man sich die passenden Haarschnitte machen lassen kann. Das Essen, das serviert wird, ist multikulti. Leider fehlen die sibirischen Pelmeni, dabei hätten die gut zum Ambiente gepasst.

Die modische Alternative sahen wir dann später in der Oper. Hier zieht man sich noch schön an für den Kunstgenuss. Die jungen Frauen tragen Pumps mit waffenscheinpflichtigen hohen Absätzen und haben die passende Haltung dazu. Jede ein Model. Die älteren Jahrgänge gleichen Matronen. Es ist ein Phänomen, wie diese Verwandlung vor sich gehen kann. Das ändere sich allmählich, versichern uns unsere russischen Begleiter.

In der Vorstellung sind viele Kinder. Keins davon quengelt oder stört anderweitig. Hier wird noch erzogen. Die Kleinen wirken aber keineswegs eingeschüchtert, oder verbogen. Sie bewegen sich mit natürlicher Grazie und jedes Mädchen ist eine Prinzessin, was sie bei uns höchstens noch bei einem Kostümfest sein dürfen.

Das Innere der Oper ist frisch renoviert. Das Erdgeschoss prangt in einem royalen Rot-Weiß, im ersten Stock dominiert ein lichtes Blau. Hammer und Sichel über der Bühne sind nicht entfernt worden. Die Straßen von Novosibirsk heißen noch „Krasni Prospekt, Sowjetskaja, Komsomolskaja, sogar Dzerdzinskaja. Auf dem ehemaligen Stalin-, heutigen Leninplatz steht noch sein Denkmal, begleitet von Matrosen und Soldaten und einem jubelnden Paar. Letzteres sieht heute aus, als wollte es den Verkehr regeln, steht im Reiseführer. Stimmt, denn die Gruppe steht noch da, wie früher, ist aber von einem gänzlichen anderen Geist umweht. Der hat so gar nichts mehr sowjetisches – und darauf kommt es an!

Chile: Champion Lateinamerikas

12. Dezember 2018

Wenn man in die zu neuem Leben erweckte Speicherstadt der argentinischen Hauptstadt kommt, fallen als Erstes große Kräne ins Auge, die an jeder Brücke stehen. Die sorgfältig restaurierten Ungetüme entstammen dem VEB Kranbau Eberswalde. Den Betrieb gibt es so schon lange nicht mehr, er ging bald nach der DDR den Bach runter. Hier haben die Zeugen der volkswirtschaftlichen Errungenschaften des Arbeiter- und Bauernstaates ein attraktives Nachleben.

Auch sonst steckt Buenos Aires voller Überraschungen. Die Stadt ist sichtbar auf dem aufsteigenden Ast. Die schönen Belle-Epoque-Gebäude der Innenstadt sind in schönster Form. Die kilometerlangen Parks der Stadt sind gepflegt, wie man das von deutschen Parks schon gar nicht mehr kennt. Wir besuchten kurz den berühmten Rosendal-Park und staunten. Die zahlreichen Besucher latschten nicht über die Rasenflächen, deponierten nicht ihren Müll in der Anlage und hielten sich an das Verbot, ihre Hundes draußen zu lassen. Dafür herrschte allgemeine Freude an der zauberhaften Anlage. Die Altstadt von Buenos Aires ist durch die europäische Einwanderung geprägt. Die Geschichte der Stadt findet man in ihrem Telefonverzeichnis: Sergej Romanow, Ferdinando Rommel, Emilio Kirchner, Rosita de Rose Ladislao Radziwil, Sara Kalniente, Zorano Krzanic.

Im 19. Jahrhundert kamen Italiener, Kroaten, litauische Juden, im 20. Jahrhundert Russen, Ukrainer. Deutsche während der Wirtschaftskrise, deutsche Juden in den Dreißigern, nach 1945 deutsche Nazis und Osteuropäer. Argentinien galt im 19. Jahrhundert als eines der reichsten Länder der Welt. Wie reich, davon zeugen die palastartigen

Wohnhäuser, die heute nicht mehr von Privatleuten bewohnt werden, weil sie nicht mehr unterhalten werden können, oder die zahllosen prächtigen Mausoleen auf dem Hauptfriedhof.

In einem dieser Mausoleen, dem der Familie Duarte, liegt die berühmte Evita Peron. Nach ihrem Tod 1952 war es mit Juan Peron, dem Diktator mit den sozialistischen Neigungen, bergab gegangen, bis 1955 gegen ihn geputscht wurde. Peron flüchtete nach Frankreich, die Leiche Evitas fand Exil in Italien. Erst als Peron in den 70er Jahren nach Argentinien zurückgerufen wurde, fand auch Evitas Sarg den Weg zurück nach Hause zu ihrer jetzigen Ruhestätte. Neben Peron konnte sie nicht beigesetzt werden, denn der hatte seine dritte Frau, die 35 Jahre jüngere Isabel geheiratet, die nach seinem Tod die Regierungsgeschäfte übernahm. Verkompliziert wurde die Bestattungsfrage noch durch die Verhältnisse der Familie Duarte. Evitas Vater war verheiratet, Evitas Mutter nur seine Geliebte. Vater Duarte gab aber allen seinen Kindern, den ehelichen und den unehelichen, seinen Namen. Eine komplizierte Familiengeschichte, wie sie nicht untypisch für Argentinien sein soll. Evita ist unvergessen, auch bei den Touristen, die ihr Grab belagern. Die Ära ihres Mannes ist bis heute umstritten.

Die Einwanderung nach Argentinien hat sich stark verändert. Heute kommen vor allem Venezulaner, Kolumbianer und andere Lateinamerikaner. Arbeit gibt es ausreichend, aber die Löhne sind nicht sehr hoch und werden zusätzlich durch die Inflation vermindert.

Das Herz von Buenos Aires ist die Plaza de Mayo. Hier stehen die wichtigsten Regierungsgebäude; das Rathaus, der Präsidentenpalast, von dessen legendärem Balkon Evita einst Hunderttausende Demonstranten begeisterte. In der Mitte des Platzes ist ein Brunnen. An diesem Brunnen versammelten sich die Mütter und Großmütter der während der Militärdiktatur nach dem zweiten Sturz Perons verschwundenen Söhne und Enkel. Nach Untersuchungen wurden bis zu 30.000 Menschen ermordet. Die Mütter gehören zu den wenigen Menschen in Argentinien, die dagegen öffentlich protestierten. Sie kleideten sich weiß und trugen weiße Kopftücher. Als die Polizei die Frauen aufforderte, nicht stehenzubleiben, sondern sich zu bewegen, begannen sie, immer um den Brunnen herum zu laufen. Danach ließ die Polizei die Frauen in Ruhe. Sie waren aber nicht außer Gefahr. Ihre erste Vorsitzende, Azucena Villaflor, verschwand ebenfalls spurlos. Der Protest wurde weltberühmt. Das bot Schutz. Bis heute kommen die mittlerweile betagten Frauen einmal in der Woche auf den Platz. Noch immer ist das Schicksal nicht aller Vermissten geklärt. Aber die Zeiten haben sich geändert. Als Ehrung der Frauen wurden rund um den Brunnen weiße Kopftücher auf das Pflaster gemalt.

In der nahe gelegenen Kathedrale befindet sich das Grab von General Martin, dem Anführer der Befreiungskriege der dreißiger Jahre des 19. Jahrhunderts. Es wird flankiert von zwei Soldaten, die bewegungslos auf einen Degen gestützt für anderthalb Stunden Ehrenwache halten müssen, bis sie von zwei Kameraden abgelöste werden. Der feierliche Wachwechsel erinnert an eine Zeremonie der DDR an der Neuen Wache Unter den Linden.

Lateinamerika war immer wieder von kriegerischen Auseinandersetzungen heimgesucht worden, deshalb stehen überall Denkmäler siegreicher oder glückloser Generäle herum, nach denen auch zahllose alte Straßen benannt sind. Eine Sinnesänderung hat sich längst vollzogen. Im schicken neuen Speicherstadtviertel sind alle Straßen nach Frauen benannt.

Im krassen Gegensatz zur Speicherstadt steht der Bezirk la Boca am alten Hafen, dessen einst schöne Häuser völlig heruntergekommen sind. Ein kleiner Teil ist ein grellbuntes Künstlerviertel, das eher als Honigfalle für Touristen angelegt ist. In den vielfarbig getünchten Häusern, wie man sie inzwischen in vielen anderen Städten auch sieht, gibt es in den Erdgeschossen zahlreiche Restaurants und Bars. Auf kleinen Podien tanzen vor fast jeder Kneipentür junge Paare

Tango. Wer sich mit ihnen fotografieren lassen möchte, muss zahlen. Eine Tango-Dame in den Arm zu nehmen oder auf seinen Schoß ziehen zu dürfen, ist ebenfalls gegen ein Entgelt gestattet. Ansonsten gibt es statt Kunsthandwerk hauptsächlich Touristenkitsch, der aussieht, als sei er in China produziert worden. Ein paar Puppen schauen aus den Fenstern im ersten Stock, auf dem Podest eines Eckhauses steht der Papst.

Am Hafen ist das Bemerkenswerteste ein kleines Schiff mit einer Art rotierender Wassermühlräder, die den Plastikmüll aus dem Wasser ziehen sollen.

Gleich neben dem Künstlerviertel wird es grau. Der Verfall der ehemals schönen Kapitänshäuser erinnert an schlimmste DDR-Zeiten. Man kann nur hoffen, dass es bald „gentrifiziert" und damit die schöne Architektur gerettet wird.

Am Ende unseres Rundgangs stellten wir fest, dass wir mindestens noch 30 Minuten auf unseren Bus warten müssen. Wir haben noch ein paar Pesos und nehmen am Tisch einer Eckkneipe Platz, deren raffzähniger Lockvogel bisher ohne Erfolg versucht hat, Touristen zum Hinsetzen zu bewegen. Als uns der Preis für zwei Bier und einen Kaffee genannt wird, fällt uns fast die Kinnlade herunter. Meine Reisefreundinnen müssen auf ihre Dollarreserven zurückgreifen.

An der Tür steht ein Sänger, dessen gar nicht so schlechte Stimme ebenfalls dazu animieren soll, sich niederzulassen. So lange wir dasitzen, gelingt das nicht. Schließlich macht der Troubadour einem Tangopärchen Platz. Das grüne Glitzerkleid der Dame sieht aus, als müsste es dringend gewaschen werden. Die Hosen und die Schuhe des Tänzers sind sichtbar staubig. Das Ganze hat etwas Trauriges. Touristen zu neppen ist kein einfaches Geschäft.

Wir verlassen diesen Ort mit dem Gefühl, dass die verordnete „Buntheit" der Multilateralisten die Welt einförmig und langweilig macht.

Auf dem Weg zum Flughafen kommt unser Guide Adrian auf den G-20-Gipfel zu sprechen, der in der Vorwoche Buenos Aires heimgesucht hatte. Er tagte im restaurierten Teatro Colón, einem Schmuckstück, das am 24. Mai 2010, zur 200-Jahr-Feier der argentinischen Unabhängigkeitsbewegung, wiedereröffnet wurde. Die Stadt war für die Hälfte der Bewohner gesperrt. Die 5% des Stadtgebietes, in dem sich der G-20-Tross bewegte, war komplett abgeriegelt. Kein normaler Mensch kam da hinein. So schottet sich Politik heute ab.

14. Dezember 2018

Das unweit von Santiago gelegene Valle Central ist eine der ältesten und traditionsreichsten Gegenden Chiles. Es ist schon seit präkolumbianischen Zeiten besiedelt. Die einst hier ansässigen Mapuche wehrten sich schon gegen die Eingliederung in das Inka-Reich, wie sie sich heute gegen die Eingliederung in den chilenischen Staat wehren. Der bewaffnete Kampf zwischen Indigenen und Spaniern dauerte mehr als 300 Jahre, seitdem Pedro de Valdivia Chile 1541 erobert hatte und die Hauptstadt Santiago gründete. Der Konquistador verlor die Schlacht bei Tucapel 1553 und wurde von den Mapuche geköpft und aufgespießt.

Trotzdem kolonialisierten die Spanier ab dem Jahr 1541 das Tal erfolgreich. Heute ist es der wohlhabendste Teil Chiles. Das ist vor allem seinen erfolgreichen Weingütern zu verdanken. Chilenischer Wein ist längst kein Geheimtipp mehr, sondern sehr begehrt bei den globetrottenden Gourmets. Jedes Weingut ist deshalb auf zahlreiche Besucher eingerichtet. Die angebotenen Weinverkostungen sind ein Muss. Für den Normalreisenden stellt die Gewichtsbegrenzung von Fluggepäck einen beträchtlichen Hinderungsgrund dar für den Drang, von allen angebotenen Sorten mindestens eine Flasche mit nach Hause zu nehmen.

Hat man das Valle Central durchquert, gelangt man nach Valparaíso. Die 1544 gegründete Stadt war bis Ende des 19. Jahrhunderts der größte Hafen im Südpazifik. Heute gilt die Stadt als kulturelle Hauptstadt Chiles. Im Juli 2003 wurde der historische Stadtkern mit seiner Architektur aus dem 19. und 20. Jahrhundert von der UNESCO zum Weltkulturerbe erklärt. Ein Grund dafür ist die Street-Art, die in der ganzen Stadt verbreitet ist. Es begann damit, dass die Häuser, die sehr stark der Meereswitterung ausgesetzt sind, mit den Farben gestrichen wurden, die von der Reparatur der Schiffe übrigblieb. Da Schiffe ganz unterschiedliche Farben haben, wurden auch die Häuser bunt. Später kamen die Graffiti dazu, die anders als in Deutschland, nicht einfach Schmierereien, sondern zum Teil wirkliche Kunstwerke sind.

Das Besondere ist, dass Valparaíso auf 45 Hügeln liegt, die steil an einem schmalen Küstenstreifen aufragen. Man hat die Wahl, die Hänge zu erklimmen, oder eine der vielen Seilbahnen zu nehmen, die es in der Stadt gibt. Man wird mit immer neuen, atemberaubenden Aussichten belohnt.

Aber auch politisch spielt die Stadt eine Rolle. Der Militärputsch in Chile von 1973 nahm seinen Anfang im Hafen Valparaíso. Nach dem Sturm auf die Moneda und Allendes Selbstmord wurde sein Leichnam, zuerst geheim, auf dem Friedhof des nahegelegenen Viña del Mar beerdigt. Am Ende der Ära Pinochet wurde der chilenische Nationalkongress in die Stadt verlegt. Ein Beschluss, der bis heute nicht rückgängig gemacht wurde. Jedes Jahr am 21. Mai spricht der Präsident des Landes vor dem Kongress. Dann kommt es regelmäßig zu Straßenschlachten zwischen linksgerichteten Demonstranten und der Polizei.

Mitten in dieser pittoresken Stadt soll der „letzte Bürger der DDR" wohnen. Der sich so nennt, ist der Enkel des langjährigen Staats- und Parteichefs der DDR, Erich Honecker. Während der Regierung Allende und nach dem Militärputsch kamen ein paar hundert chilenische Kommunisten in die DDR. Sie bereicherten die graue musikalische

Landschaft mit ein paar Andenweisen und waren bei den Mädchen sehr begehrt. Eines davon war Sonja Honecker, die ihren chilenischen Erwählten, Leonardo Yánez, der unter Allende zum Studium in die DDR geschickt worden war, heiraten durfte. Die Ehe hielt nicht, aber Chile gewährte dem Ehepaar Honecker Asyl, nachdem es Moskau verlassen musste, Honecker in Deutschland im Gefängnis Moabit landete, aber schließlich wegen Haftunfähigkeit frei gelassen wurde.

Enkel Roberto lebte in einer Hippie-Kolonie in der Atacamawüste, schrieb Gedichte und malte. Er musste wegen der Folgen seines Drogenkonsums 1994 in einer Klinik auf Kuba behandelt werden. Seinen Lebensunterhalt verdiente er unter anderem als Kellner, Bibliotheksgehilfe, Straßenmusikant und Übersetzer. Oder er lebte von seiner Großmutter Margot Honecker, in deren Haus er auch überwiegend wohnte. Nach dem Tod von Margot Honecker soll er die Urne von Erich wieder ausgebuddelt haben. Beide Urnen sollen nun darauf warten, nach Deutschland überführt und dort begraben zu werden. Bislang scheint sich keine nennenswerte Unterstützung für das Vorhaben von Yánez gefunden haben.

Gegenüber von Valparaíso liegt Vina del Mar, ein eher langweiliger Badeort, dessen prächtige Blumenrabatten diese Tatsache etwas überdecken können. Der Ort ist aber ein Muss für alle, die nicht unbedingt auf die Osterinsel reisen, die ja auch zu Chile gehört, aber eine ihrer berühmten Figuren im Original sehen wollen. Das kann man am Eingang des Museo de Arqueologia e Historia Francisco Fonck, das über eine herausragende Sammlung von Objekten der Osterinsel verfügen soll. Wir mussten uns mit dem Moai vor dem Eingang begnügen. Trotz der fremden Umgebung und des Touristenrummels um ihn herum, spürt man etwas von der Magie dieser unerklärlichen Kultur.

Ob Roberto Yánez ab und zu hierherkommt, um sich einem Schicksalsgenossen nahe zu fühlen, der wie er, ungefragt aus seiner Heimat hierher verfrachtet wurde?

15. Dezember 2018

Das Flugzeug nach Calama, der Bergarbeiterstadt mitten in der Wüste Atacama, ist an einem Montag außer uns mit jungen Männern voll besetzt, die in der größten Kupfermine Chiles arbeiten. Sie verdienen dreimal mehr als der Durchschnittsverdienst in Chile beträgt, arbeiten zehn oder fünfzehn Jahre und setzen sich dann in einem Haus am Meer zur Ruhe.

Beim Landeanflug sehen wir Solarfelder und einen Windpark, Strom für die Kupfermine. Die Stadt macht einen eintönigen Eindruck: Niedrige Häuser, gleichförmig wie Bienenwaben. Sie wirkt abweisend. Das ist gewollt. Besucher sollen sie links liegen lassen.

Das tun wir und fahren sofort nach San Pedro de Atacama, ein malerisches Oasendorf im Norden Chiles. Die Straße, die dorthin führt, ist leer. Nur selten begegnen uns andere Fahrzeuge. Anfangs begleitet uns eintönige Steinwüste, unterbrochen von goldschimmernden Dünen am Horizont.

In der Ferne sehen wir die Andenkette mit ihren Vulkanen. Der eindrucksvollste ist der pyramidenförmige Vulkan San Pedro, wie er in den Reiseführern genannt wird, der 6145 m hoch ist. Sein indigener Name ist Licancabur, der allgegenwärtige Wächter.

Am Straßenrand sieht man immer wieder Mahnmale für umgekommene Auto- oder Radfahrer. Ein rotes, völlig zu Schrott gefahrenes Auto warnt die Lebenden, die Tücken der Wüstenstraße nicht zu unterschätzen. Ein zerbeultes Mountainbike mahnt die Radler zur Vorsicht.

Kurz vor San Pedro wird die Landschaft dramatisch schön. Wir fahren durch das Valle de la Luna, das Mondtal, das mit bizarren Felsformationen geschmückt ist. Hier werden regelmäßig Mondfahrzeuge ausprobiert und Astronauten trainiert, weil die Bedingungen denen auf dem Mond gleichen sollen.

San Pedro ist ein hübsches Dorf aus Lehmhäusern, deren kleine Gärten von Lehmmauern umgeben sind. Aus der Mauerkrone ragen oft noch die Enden der Holzstangen, die zur Stabilisierung der Mauern verbaut wurden. Die Dächer sind einfach mit Lehm beschmiert oder mit Igelgras gedeckt, dessen Enden malerisch herunterhängen und die Dachrinnen ersetzen, indem sie den seltenen Regen zur Erde ableiten.

Der Ortskern besteht mittlerweile nur noch aus Läden, Restaurants, Hotels und Herbergen. Die Wohnhäuser befinden sich in den Randgebieten. Überwiegend ist der Ort von Indigenen bewohnt, die nur noch vom Tourismus leben. Die ansässigen Chilenen haben ein eigenes Viertel. Sie werden auch nach 25 Jahren noch als Fremde betrachtet, wie uns Jenny, unsere Fremdenführerin verrät. Jenny, die ihr hervorragendes Deutsch bei einem Deutschlandaufenthalt in Kiel gelernt hat, ist eine außergewöhnliche Frau. Sie kam in die Atacama, um einen Neuanfang ihres Lebens zu wagen. Als alleinerziehende Mutter setzte sie sich durch, was in dieser Weltgegend immer noch sensationell ist. Die Wüste ist ihre Heimat geworden. Sie liebt die Landschaft, ihre Geschichte, ihre Ruhe, ihre Abgeschiedenheit. Dafür nimmt sie die Nachteile, fern von den Lockungen der modernen Zivilisation zu leben, gern in Kauf.

Die Umgebung von San Pedro ist atemberaubend. Es liegt am Fuß zweier Nationalparks, in der Nähe eines gigantischen unterirdischen Salzsees, der, wo er an die Oberfläche tritt, tausenden Flamingos Lebensraum bietet. Nähert man sich diesem Ort, ist man überwältigt von den sanften Farben. Über dem Braun-Gelb der Gesteine, dem Türkis des Wassers und den verwischten Grau-Beige-Tönen der Bergkette am Horizont, liegt ein Hauch von Rosa, das die Flamingos an die Luft abzugeben scheinen. Die Vögel selbst sind die einzigen klaren Farbtupfer. Dazu die tiefe Stille, die jeden Besucher mit Frieden erfüllt.

Im nahen prähistorischen Oasendörfchen Toconao, das ausschließlich von Indigenen bewohnt wird, hält die Natur eine weitere Überraschung bereit. In einem Flusstal findet sich eine Gartenanlage, deren Obstbäume in Dschungeldichte zusammengewachsen sind. In der Mitte dieser üppigen Vegetation sieht man den Himmel nicht und vergisst völlig, in der Wüste zu sein.

Auch Tocanao lebt inzwischen vom Tourismus, so dass der Obst- und Gemüseanbau ins Hintertreffen geraten ist. Jenny bedauert das sehr. Sie hat mit ihrer Cousine den Frauen des Dorfes das Kuchen backen und die Herstellung von Eis, Konfitüre und Säften beigebracht, damit sie etwas zum Verkaufen haben. Aber nur ein Mann stellt Eis aus den heimischen Früchten her. Jedoch vermarktet er es nicht. Es ist eher ein Geheimtipp. Findet man ihn und fragt danach, schließt er eine Tür des Nachbarhauses auf, hinter der eine Gefriertruhe mit den kalten Köstlichkeiten steht.

Das ist eine für Westler völlig unverständliche Lebensphilosophie. Der Drang zum fleißigen Geldverdienen fehlt hier völlig. Der Westen täte gut daran, zu überdenken, ob nach seiner Fasson wirklich alle Menschen selig werden können.

Fährt man ins Gebirge, fällt auf, dass die von Fotos bekannten gleichmäßig gelben Igelgrasflächen einem gelbgrünen Flickenteppich gewichen sind. In den letzten drei Jahren fiel dreimal mehr Regen als in den Jahren zuvor. Viel junges, grünes Gras ist nachgewachsen. Man sieht Kissen von violett-rotem Portulak, weiter oben Lupinen, selten den Schwiegermutterstuhl mit gelben oder weißen Blüten. In den chilenischen Zeitungen findet man Artikel darüber, wie der reichliche Regen das fragile Ökosystem durcheinanderbringt. Ganze Trockenmikrobenstämme sind vom Absterben bedroht. Man fragt sich unwillkürlich, ob es noch etwas gibt, das nicht für Katastrophenmeldungen taugt.

An der Laguna Verde ist das alles vergessen. Das Wasser dieses 4200 m hohen, von Vulkanen umgebenen Sees wechselt, je nach Lichteinfall und Tageszeit, seine Grün- und Türkisschattierungen. Man steht still oberhalb und kann dem Schauspiel zusehen. Wir haben permanenten Sonnenschein, was den Effekt abschwächt, aber mit etwas Konzentration sieht man es trotzdem.

Wer die Tatio-Geysire erleben will, muss früh aufstehen, um vor Sonnenaufgang vor Ort zu sein. Sie liegen 4300m hoch auf dem Altiplano. Nur morgens speien die Geysire Wasser und Dampf und verwandeln das Hochtal in eine Hexenküche. Inzwischen ist die Gegend touristensicher gemacht worden. Es gibt Steinmarkierungen, die verhindern, dass man aus Versehen, auf eines der kleinen Feuerlöcher tritt oder von einer plötzlich aufspritzenden Fontäne getroffen wird. Parkwächter achten streng darauf, dass sich alle Besucher an die Regeln halten. Etliche Unvorsichtige sind hier schon verletzt worden, manche tödlich. Das nächste Krankenhaus ist mehr als hundert Kilometer entfernt, warnt eine Tafel am Eingang. Alle Reiseleiter haben für ihre Gruppen Frühstück mitgebracht, das mit Blick auf das sensationelle Naturschauspiel besonders gut schmeckt. Wir sind fast die letzte Gruppe, die den Ort verlässt und bekommen deshalb einen Eindruck von der Einsamkeit dieses abgelegenen Tales. Es ist der ideale Wohnort für Geister mit geheimnisvollen Kräften. Ob man daran glaubt, wie die Indigenen, oder nicht, wie die Westler, ist egal. Jeder hier spürt die Energie, die aus der Erde strömt.

Ein paar Kilometer weiter kann man in einem von einem Geysir gespeisten See baden. Auch hier ist von Vorteil, dass wir spät ankommen. Über die Hälfte der Gruppen ist bereits weitergezogen. Zum Schluss sind wir fast allein im Wasser und können ungestört die immer neuen heißen Wellen genießen, während die Luft immer noch kalt ist.

Nur ungern verlassen wir das wohltuende Bad, um weiter zu fahren. Über einen Pass, der etwas höher ist als der Mont Blanc, fahren wir zu einem präkolumbianischen Dorf, das von den Errungenschaften der Zivilisation noch weitgehend verschont ist. Vor dem Dorf gebietet ein Totem Halt. Hier müssen alle Besucher abwarten, ob sie willkommen sind. Wir sind angemeldet, halten aus Respekt vor dieser

Tradition trotzdem, um erst nach einer angemessenen Zeit weiter zu fahren.

Caspana liegt auf 3260m Höhe in einer steilen Schlucht eines Nebenflusses des Rio Salado. Der Ort war schon lange vor dem Eintreffen der Inka von den Atacameno besiedelt, deren Nachkommen heute die Terrassenfelder bewirtschaften und in den Stein-Lehm-Häusern wohnen. Im Jahre 1946 kamen zwei aus dem Gefängnis ausgebrochene Kriminelle ins Dorf, um sich hier zu verstecken. Sie beließen es nicht dabei, sondern vergewaltigten zwei Mädchen. Die Dorfbewohner waren so erzürnt, dass sie nicht nur Selbstjustiz übten, sondern sich ihre eigenen Gesetze gegeben haben, die auch heute noch gelten. Jedes Jahr wird eine Prinzessin gewählt, die symbolisch die Geschicke des Dorfes bestimmt. Viel zu entscheiden gibt es nicht. Die Felder ernähren die Bewohner, das überschüssige Gemüse wird auf dem Markt in Calama verkauft. Touristen kommen und gehen wenig beachtet.

Bemerkenswert ist die kleine Kirche aus Adobe (Lehm) und Kaktusholz. In früheren Zeiten gab es viele der Kakteen, die das schöne Holz lieferten, das leicht ist wie Kork und über eine wundervolle Musterung verfügt. Heute stehen die Kakteen unter Naturschutz und liefern höchstens noch Material für Schalen und Bilderrahmen, nicht mehr für Kirchentüren und Holzdecken. Neben der Kirche entdecken wir ein kleines Museum, das über eine bemerkenswerte Kollektion von Fundstücken verfügt, die beweisen, dass die Gegend über eine ganz eigene Geschichte verfügt. Es sind nicht so viele Zeugnisse vom Leben der Indigenen vorhanden, umso wertvoller ist diese Sammlung.

Wer als Einzelreisender nach Chile fährt, sollte sich 14 Tage Zeit für die Atacama nehmen. Hier gibt es jede Menge Inka-Siedlungen und Festungen zu entdecken, Dörfer und Siedlungen, in denen eine andere Zeitrechnung herrscht, als die moderne und immer wieder eine atemberaubende Natur.

Vor Calama liegt das malerische Dorf Chiu Chiu, eine spanische Gründung mit Lehmhäusern und Kaktusholztüren. Die meisten Häuser sind Wochenenddomizile für die Kupferbergwerker. Hier steht die älteste und vielleicht schönste Kirche Chiles. Sie besticht nicht nur durch einen Meter dicke Lehmmauern und Kaktusholzportale, sondern auch durch einen merkwürdigen kleinen Seitenaltar. Hier hängt nicht nur Jesus am Kreuz, sondern neben ihm die beiden Mörder, die gleich ihm verurteilt wurden.

Das Dorf liegt in einem langen Flusstal, das für die Landwirtschaft genutzt wird. Wieder erstaunt die Üppigkeit der Vegetation. Unser nächstes Ziel ist eine alte Herberge, in der in früheren Zeiten auf dem Weg vom nahen Bolivien nach Calama Rast gemacht und die Pferde gewechselt wurden. Noch interessanter als diese spanische Gründung sind die Ruinen einer Inkafestung am Hang. Leider fehlte uns die Zeit, sie näher in Augenschein zu nehmen.

Auf der Rückfahrt bekamen wir einen Eindruck vom Ausmaß des Kupferbergbaus. Vom Umfang erinnerten die Gruben an den Braunkohleabbau in der Lausitz. Sie sollen aber bis zu einem Kilometer tief sein. Die Beeinträchtigung der Landschaft ist enorm. Kein Wunder, dass wir immer wieder am Straßenrand Graffiti sehen, die ein Ende des Abbaus fordern. Den wird es auf absehbare Zeit nicht geben. Es kommt noch Abbau von Lithium dazu, der für die Wirtschaft Chiles unverzichtbar ist. Bevor ich sie kennenlernte dachte ich, Bergbau in der Wüste sei kein Problem, denn da gäbe es sowieso nichts zu zerstören. Wie falsch! die Wüste ist voller Leben, voller Schönheit und Geschichte. Erst jetzt habe ich begriffen, warum sich Georgia O'Keeffe in der zweiten Lebenshälfte in die Wüste zurückgezogen hat.

Am Abend probieren meine Reisefreundin Birgit und ich eine Kneipe in San Pedro, die von Indigenen betrieben wird und landen einen Volltreffer. Wir werden nicht nur mit großer Herzlichkeit aufgenommen, sondern bekommen kleine lokale Köstlichkeiten zu unserem Bier. Auf dem Höhepunkt wird uns Pisco sour, das chilenische Nationalgetränk, serviert, aber wüstentypisch mit Rica Rica einer

Heilpflanze, die nicht nur ein kräftiges Aroma abgibt, sondern auch dafür sorgt, dass es keine Magenverstimmungen gibt. Wir trinken auf San Pedro, die Atacama und auf Kiel und Berlin, wohin unsere Wirte, wie sie versichern, auch eines Tages kommen wollen. Wir wären gern am nächsten Tag noch einmal dort eingekehrt, aber wir mussten weiter. Der allgegenwärtige Wächter Licancabur sieht uns nach, bis wir hinter dem Horizont verschwinden.

16. Dezember 2018

Auch die Seeregion Chiles ist eine eigene Reise wert. Ihre zahlreichen Seen sind umgeben von smaragdgrünen Wäldern, spiegeln stille und schwelende Vulkane, sind benachbart mit blubbernden Thermalquellen, spektakulären Wasserfällen und Stromschnellen. Die atemberaubende Natur reicht für drei Nationalparks. Südlich des Gebietes, durch einen Kanal vom Festland getrennt, liegt der bezaubernde Archipel Chiloé, der mit über hundert Holzkirchen geschmückt ist, 16 davon sind zum Weltkulturerbe erklärt worden. Wer Chiloé besucht, sollte sich mindestens zwei Tage Zeit nehmen, um alles in Ruhe genießen zu können. Allein die kulinarischen Angebote in Quellón sind es wert.

Die eigentliche Perle der Seeregion findet sich aber in Frutillar, ein von Deutschen gegründetes und immer noch sehr von Deutschen geprägtes Städtchen am Ufer des Llanquihue-Sees, an dessen anderem Ufer der Vulkan Osorno thront. Sein perfekter schneebedeckter Kegel scheint förmlich über dem See zu schweben.

Frutillar, wo auf Deutsch zu „Kaffee und Kuchen" eingeladen wird, soll das hübscheste Städtchen der Region sein. Mir fehlen da die Vergleiche, aber eines ist sicher: Sein Teatro del Lago, ein prachtvolles, von den Architekten Köster&Green in den See gebautes Gebäude, ist einmalig. Das Amphitheater bietet eine Sicht über den See auf den

Vulkan. Das ist eine einmalige Kulisse für jede Vorstellung. Der Hauptsaal verfügt dank Holzplatten aus deutscher Buche über eine Akustik, die keine Wünsche offenlässt. Daneben gibt es zahlreiche Probenräume. Hier hat sich die Familie Schieß, Inhaber einer in Santiago ansässigen Landentwicklungsfirma, ein Denkmal gesetzt. In den Reiseführern wird das Teatro del Lago als Ort von Opern-, Jazz- und Klassikfestivals beschrieben. Es ist aber viel mehr.

Die Idee der Familie Schieß war es, musikalisch begabten Kindern aus ganz Chile die Möglichkeit zu bieten, ihre Stimme oder sich an einem Instrument ausbilden zu lassen. Dafür wurden verschiedene Masterklassen eingerichtet. Die Schüler bekommen Stipendien, die teils von Privatleuten, teils aus öffentlichen Mitteln bereitgestellt werden. Man versteht sich als Nukleus für Künstler, die später in die Berufsorchester gehen.
Inzwischen ist die Ursprungsidee erweitert worden. Es werden Ballett- bald noch Schauspielklassen angeboten. Die Konzerte sind nicht nur für ein gut betuchtes Publikum, sondern auch für die Bewohner der Umgebung gedacht. Es kommen Besucher aus ganz Chile.

Inzwischen ist das Theater der Mittelpunkt eines Masterplans für die weitere Entwicklung der ganzen Stadt und ihrer Umgebung geworden. Frutillar, das noch zu den 24 ärmsten Städten Chiles gehört, zählt bereits zu den 34 UNESCO-Städten der Musik. Das Theater ist als UNESCO-Kreativzentrum anerkannt. Sechs Projekte wurden begleitend ausgearbeitet. Statt der Betonstraße am Strand mit teurer Randbebauung wird es eine Seepromenade für alle geben. Daran anschließend entsteht ein Park mit Seeblick. Aus dem Ort soll keine teure Touristenhochburg werden, sondern er soll allen Einkommensklassen Möglichkeiten bieten.

Schon jetzt zieht die angestoßene Entwicklung junge, talentierte Leute an, die sogar mit weniger Gehalt zufrieden sind, um dabei sein zu können.

In Frutillar ist eine Idee zur Vision, die Vision zu einer vielversprechenden Realität geworden.

17. Dezember 2018

Als ich Freunden erzählte, dass ich nach Chile reisen würde, war die Reaktion: *„Du suchst wohl schon, wohin Du emigrieren kannst?"* Dies sagt mehr als lange Beschreibungen über die Stimmung in Deutschland am Rande des Globalen Migrationspaktes.

Schon der Anflug auf Santiago ist spektakulär: Nach den endlosen Weiten der argentinischen Tiefebene werden die Anden überquert. Es ist hier Sommeranfang. Eigentlich müsste der Schnee auf den meisten Gipfeln verschwunden sein. Ist er aber nicht. Später erfahren wir den Grund: Letzte Woche gab es starke Regenfälle, die im Gebirge als Schnee fielen. Wir können uns, während wir uns der Hauptstadt Chiles nähern, an dem Postkartenidyll erfreuen. Dann tauchen auch noch die Küstenkordilleren auf! Santiago liegt zwischen zwei Hochgebirgsketten.

Wie üblich wurden im Flugzeug Formulare verteilt, die man ausfüllen muss, um einreisen zu können. Die Bestimmungen sind streng. Man darf keinerlei Lebensmittel mit sich führen, auch keine verpackten. Ein vergessener Marsriegel im Handgepäck kann fatale Folgen haben. Während sich die Ankommenden auf die Zollkontrolle zu bewegen, kommen ihnen blonde Labradore entgegen, die an den Gepäckstücken schnuppern. Wenn sich ein Hund vor einen Reisenden setzt, hat man ein Problem. Es folgt eine gründliche Untersuchung des gesamten Gepäcks. Wer von den Hunden vorbeigelassen wird, muss seinen Koffer durch das Röntgengerät schieben. Ich sehe offenbar so vertrauenswürdig aus, dass mir ein Zöllner das erspart, indem er mich durchwinkt.

Unser Hotel liegt mitten in der Stadt, gegenüber dem Cerro Santa Lucía, dem zweithöchsten Hügel der Stadt, den ein schöner Park ziert. Der Verkehr in Santiago ist chaotisch. Die Chilenen legen auch kleinste Strecken mit dem Auto zurück.

Die Straßen sind entsprechend verstopft. Vor dem Eingang des Hotels befindet sich ein wilder Straßenmarkt. Auf ausgebreiteten Decken werden gebrauchte und neue Kleidung, Schmuck und Souvenirs angeboten. Später erfahre ich, dass die Händler keine Chilenen, sondern Venezulaner, Kolumbianer und seminomadische Roma sind, die in Zelten am Stadtrand wohnen.

Chile ist das wohlhabendste und politisch stabilste Land in Lateinamerika, deshalb kommen seit drei Jahren verstärkt Einwanderer ins Land. Die Mehrheit sind Hungerflüchtlinge aus Venezuela, wo das jüngste sozialistische Experiment das Land ruiniert hat. Die Venezulaner werden von den Chilenen gern unterstützt. Venezuela war ein Zufluchtsort für verfolgte Chilenen nach dem Militärputsch 1973 und der Machtergreifung Pinochets.

Die Kolumbianer sind Armutsflüchtlinge. Die drittgrößte Gruppe sind Haitianer. Nach dem Erdbeben in Haiti, machte Chile, das selbst im Erdbebengebiet liegt, das großzügige Angebot, Erdbebenopfer aufzunehmen. Statt der erwarteten wenigen Tausend kamen hunderttausend, überwiegend junge Männer. Sie fallen heute im Stadtbild sehr auf, weil sie in kleinen Gruppen herumstehen. Sie tragen erheblich zur Kleinkriminalität bei, unter der Chile sehr leidet. Wir werden ununterbrochen gewarnt, auf unsere Taschen aufzupassen, den Pass im Hotelsafe zu lassen, Geld und Kreditkarten eng am Körper zu tragen. Wegen der größtenteils illegalen Einwanderung der Haitianer hat Chile seine großzügigen Einwanderungsregeln sehr verschärft.

War es bis zum letzten Jahr kein Problem einzureisen, ein Unternehmen zu gründen, eine Arbeit aufzunehmen und sein Touristenvisum in eine Aufenthaltserlaubnis umzuwandeln, muss man jetzt vorher beim heimischen Konsulat vorstellig werden und eine Arbeitserlaubnis beantragen. Diese Erlaubnis erlischt, wenn man keiner Tätigkeit mehr nachgeht. Man muss das Land wieder verlassen.

Was in Deutschland nicht möglich ist, hat Chile in kürzester Zeit geschafft: die Einwanderung zum Nutzen des eigenen Landes zu regeln. Deshalb ist das Land dem Migrationspakt nicht beigetreten. Es will auch in Zukunft darüber bestimmen, wer einwandern darf und wer nicht.

Santiago hat 6 Millionen Einwohner, die alle auf der Straße, den Plätzen und in den Parks zu sein scheinen. Auf der Plaza de Armas, dem Hauptplatz der Stadt, wird gesungen, rezitiert, Flamenco getanzt. Die Chilenen lieben Denkmäler über alles. So sieht man nicht nur die Figuren der Stadt- und Land-Gründer, von Politikern, Künstlern und Dichtern, sondern auch einen Brunnen der Pressefreiheit und Gedenkorte für die indigenen Stämme.

Die größte indigene Ethnie sind die Mapuche, von denen noch eine Million in Chile leben. Der Dauerkonflikt mit den Mapuche, die im Süden des Landes beheimatet sind, war eine Woche vor unserer Ankunft eskaliert. Eine spezielle Antiterroreinheit, die in Kolumbien ausgebildet wurde und deshalb Dschungel-Corps heißt, hat zwei Autodiebe bis in ein Dorf der Mapuche verfolgt. Dabei wurde einer der Autodiebe, ein 29-jähriger Familienvater, durch einen Schuss in den Hinterkopf getötet, ein zweiter, ein 15-jähriger Jugendlicher, schwer verletzt.

Das könnte der Tropfen gewesen sein, der den Konflikt zwischen Chilenen und Mapuche offen zum Ausbruch bringt. Santiago erlebt seitdem nächtliche Krawalle. Tagsüber fallen die vielen Sperrgitter auf, zum Beispiel um die Moneda, den Präsidentenpalast herum, der übrigens viel kleiner ist, als ich mir vorgestellt hatte. Auf den Grünflächen rund um die Moneda stehen Statuen der verschiedenen Präsidenten Chiles. Dem Palast am nächsten befindet sich die von Salvador Allende, dessen sozialistisches Experiment durch einen Militärputsch beendet wurde. Vergessen ist, dass dem Putsch der Aufstand der chilenischen Hausfrauen voranging, die mit leeren Töpfen und Pfannen auf die Straßen gingen, um auf die wachsende Nahrungsmittelknappheit aufmerksam zu machen. Das Thema Diktatur spielt im Alltag des heutigen Chile nur eine Nebenrolle. Sozialistische Experimente werden immer wieder mit äußerster Nachsicht behandelt, zuletzt in Venezuela. Alle meine Reisegefährten eilen zu Allende. Dabei war der Präsident alles andere, als ein Demokrat.

Überall im Zentrum Santiagos sieht man frische Graffitti, Losungen wie: *„Polizisten sind Mörder"*. Die sind nach dem tödlichen Schuss auf den Mapuche entstanden. Nach der Tötung gab es jede Menge Ungereimtheiten. Videos, die den Tathergang zeigen, verschwanden, der Verantwortliche der Provinzpolizei musste wegen Falschaussagen zurücktreten, die beteiligten Polizisten wurden suspendiert. Das alles hat nicht zur Beruhigung der Lage beigetragen.

Der Konflikt zwischen den Mapuche und der chilenischen Mehrheitsgesellschaft liegt tiefer. Ende des 19. Jahrhunderts wurden die Mapuche von den Spaniern mit Waffengewalt aus ihrem Territorium vertrieben, verbunden mit dem Versuch, sie zu christianisieren. Das kostete zahllose Mapuche das Leben. Bis heute halten sie an ihrem angestammten Glauben fest. Sie sind nicht bereit, sich den staatlichen Gesetzen zu unterwerfen. Sie wollen nach eigenen Vorstellungen leben. Das macht die Wiedergutmachung für erlittenes Unrecht schwierig. Die Mapuche haben keinen Begriff von Eigentum. Sie wollen Ihr Land zurück, aber wenn sie Land von der Regierung übertragen bekommen, veräußern sie es meist sofort wieder. Hier kollidieren die Wertvorstellungen indigener Völker mir denen der westlichen Zivilisation. Es gibt bislang keine Idee, wie dieser Konflikt zu lösen wäre.

Santiago kann auch von oben betrachtet werden. Dazu muss man in den Parque Metropolitano fahren, in dem seit Kurzem eine Drahtseilbahn aus der Schweiz in Betrieb ist, die Besucher auf die Anhöhe bringt, wo die Marienstatue, ein Geschenk Frankreichs, über der Stadt prangt. Von hier aus hat man den Überblick in alle Richtungen. Südlich befindet sich das Barrio El Golf mit seinen Finanz-Wolkenkratzern, Shopping-Malls und Restaurants, die internationales Einheitsflair verbreiten. In der Mitte und in Richtung Süden dehnt sich die traditionelle Stadt. Als Landmarken sind der Cerro Santa Lucia, ein alter Park auf einer Anhöhe mitten im Zentrum und das Stadion zu erkennen, das in den ersten Wochen nach dem Pinochet-Putsch als Gefangenenlager traurige Berühmtheit erlangte. Für das heutige Chile ist wichtiger, dass Pinochet mit seinen erfolgreichen wirtschaftlichen Radikalreformen den Grundstein dafür legte, dass Chile heute das wirtschaftlich stabilste Land in Lateinamerika ist.

Toulouse im Ausnahmezustand

6. April 2019

Toulouse am Sonnabendmorgen. Das Thermometer zeigt 8 Grad Celsius. Es regnet. Wir sehen auf unseren Handys mit Neid, dass in Berlin die Sonne scheint und sommerliche Temperaturen herrschen, wie sie für den Süden Frankreichs zu erwarten gewesen wären.

Als wir auf den Platz vor unserem Hotel treten, haben wir das Gefühl, als hielte die Stadt den Atem an. Wo gestern Abend, als wir von unserem Abschiedsessen kamen, die Gegend förmlich vor Leben vibrierte, ist es seltsam ruhig. Auf der breiten Straße in der Nähe, wo man gestern von einer Ampel zur nächsten 20 Minuten brauchte, fährt kaum ein Auto. Am Place du Capitol, den wir auf unserem Weg zum Museum passieren, stehen Soldaten mit vorgehaltenen Gewehren.

Das Capitol ist verriegelt. Von den Hochzeitspaaren, die hier an Sonnabenden die Szene beherrschen, ist nichts zu sehen. Auf dem Markt wird noch verkauft, es sind aber nur vereinzelte Käufer da.

Ladenbesitzer verrammeln ihre Geschäfte, Kellner stapeln Stühle und Tische auf Haufen.

Durch die Stadt schwirren Gerüchte. Die Gelbwesten haben für heute zwei Demonstrationen angesagt. Keiner scheint etwas Genaues zu wissen. Aber eins haben die Toulouser in den letzten Wochen erfahren: Die Gelbwestendemos hier sind härter, als man sie von Paris kennt, man sieht im Straßenbild etliche Fensterscheiben, die in der vergangenen Woche gesplittert sind.

Im Museum vergessen wir über dem Anblick gotischer Kunst, was draußen vor sich geht. Dann erreicht uns mitten im Rundgang ein Anruf. Die Stadt würde ab 14 Uhr abgesperrt. Wir müssten, um zum Flugplatz zu gelangen, schon um 13:00 Uhr abfahren.

Auf dem Weg zum Hotel sehen wir, dass Soldaten, Polizisten, Spezialeinheiten inzwischen das Straßenbild beherrschen. Vor einer Boulangerie hat sich eine lange Schlange von Einsatzkräften gebildet, die sich vor dem Kampf noch etwas Süßes gönnen wollen. Wenige Meter weiter werden die Gendarmen in ihren Einsatzwagen mit Pizza versorgt.

Im Hotel flimmern die neuesten Nachrichten über den Bildschirm. In Paris hat die Demo bereits begonnen. Ein Demonstrant hält ein Schild in die Kamera: Les temps sont durs, les tensions durant – Die Zeiten sind hart, die Spannungen dauern an.

Die Wut der Franzosen scheint unerschöpflich zu sein. Besonders die Generation der über Fünfzigjährigen sieht sich betrogen. Sie hat ein Leben lang gearbeitet, um jetzt festzustellen, dass ein gesichertes Alter so unerreichbar ist, wie der Mond. Eine Frage wird immer wieder gestellt: Was haben die Politiker mit dem Geld gemacht, das wir erarbeitet haben? In den nationalen Nachrichten wird über die Demonstrationen außerhalb von Paris kaum berichtet, obwohl diese mächtiger sind, als in der Hauptstadt. Die Verachtung für die Politiker hat einen historischen Hochpunkt erreicht. Von Vertrauen kann keine Rede mehr sein, im Gegenteil. Man glaubt ihnen kein Wort mehr. Der Aufmarsch von Uniformierten zeigt, dass sich die Politik bedroht fühlt.

Wer sind diejenigen, die während der Demonstrationen gewalttätig werden? Alle Agent Provocateurs, ist sich Jean-Claude sicher und der Wachmann vor dem Capitol ist seiner Meinung. Die Gelbwesten sollen diskreditiert werden, damit man sich nicht um ihre Forderungen kümmern muss. Für die kommenden Europawahlen wird eine gigantische Wahlenthaltung erwartet. Nicht, dass das die „glühenden Europäer" stören dürfte, die haben nur Angst, dass die Leute falsch wählen und den etablierten Parteien Sitze verloren gehen.

Um 13:00 Uhr stellt sich heraus, dass unser Bus nicht kommt. Der Shuttle zum Flughafen ist bereits eingestellt. Nur die U-Bahn fährt noch. Von der Station Arrés soll es noch eine Tram zum Flugplatz geben. Zum Glück haben wir einen französischen Schweizer in der Gruppe, der die Führung übernehmen kann. In Frankreich findet man immer noch kaum Leute, die des Englischen mächtig sind. Englische Hinweise, wie sie bei uns mittlerweile Standard sind, sucht man hier vergeblich. Am Flugplatz angekommen, sehen wir in der Abflughalle als Erstes eine Formation bewaffneter Soldaten mit vorgehaltenen Gewehren, die Patrouille laufen.

Erst nach den Sicherheitskontrollen, die viel stärker sind, als üblich, sieht alles wieder normal aus.

Wie die Demonstrationen in Toulouse verlaufen sind, werden wir erst zu Hause in den Medien erfahren, oder auch nicht.

Klar ist, Frankreich befindet sich im permanenten Ausnahmezustand – ein Ende ist nicht abzusehen.

Ostpreußen: Spuren deutscher Geschichte

31. August 2019

Danzig präsentiert sich am Vorabend des Ausbruchs des Zweiten Weltkrieges in alter und neuer Schönheit. Wer heute durch die Straßen geht, die schönen Fassaden bewundert und wie elegant und sensibel Neubauten in die alte Substanz eingefügt wurden, kann nicht vorstellen, wie sehr die Stadt in Trümmern lag. Auch die Heerscharen deutscher Touristen, die durch die Straßen ziehen, scheinen sich wenig um die Geschichte zu kümmern. Sie genießen die Atmosphäre einer Stadt, die weltoffen ist, ohne das ideologisch vor sich her zu tragen, das elegante Ambiente der Cafés und Restaurants. Sie fahren mit einem nachgebauten Piratenschiff zur legendären Westerplatte, werfen einen Blick auf das dortige 22 Meter hohe Denkmal, ohne auszusteigen.

Morgen, am 1. September wird hier viel los sein. Bei der deutschen Honorarkonsulin Cornelia Piper haben sich jede Menge Politiker und Journalisten angemeldet, um an den Gedenkfeierlichkeiten am 1. September teilzunehmen.

Als nach dem Ersten Weltkrieg ein polnischer Nationalstaat wieder erstand, sollte er auch einen Zugang zum Meer erhalten. Dafür wurde der polnische Korridor, der Ostpreußen vom Rest des Reiches abtrennte, eingerichtet. Die überwiegend deutsche Stadt Danzig wurde daraus aus ethnischen Gründen ausgenommen und zu einem völkerrechtlich selbständigen Gebilde gemacht, einer vom Völkerbund kontrollierten Freien Stadt. Die Züge, die damals Berlin mit Danzig verbanden, sollen mit verhängten Fenstern durch diesen Korridor gefahren sein.

Der neue polnische Staat orientierte sich an der Großmacht Polen des 18. Jahrhunderts, die am Ende jenes Säkulums durch Dreiteilung zwischen den Nachbarmächten aufgerieben worden war. er behauptete sich gegenüber der Sowjetunion 1920 in einem Krieg, in dem er die sowjetischen Aggressoren erfolgreich zurückschlug und der ihm im Osten starke ukrainische und weißrussische Minderheiten brachte. Das förderte nicht gerade das Einvernehmen der auch gesellschaftspolitisch unterschiedlichen Systeme.

Im Sommer 1939, während die europäische Jugend an den Stränden sorglos ihre Ferien genoss, verhandelte im Grunde jeder mit Jedem: Die Westmächte hielten Kontakte zu Moskau, wegen eines Militärbündnisses zum Schutz Polens vor dem Deutschen Reich. Das wurde nur halbherzig betrieben, nicht zuletzt, weil es für die Polen eine Horrorvision war, dass die Rote Armee zum Kampf gegen Deutschland durchs eigene Land ziehen würde. Die Westmächte signalisierten energische Politik im Fall weiterer deutscher Expansion. Sie boten den Deutschen jedoch wirtschaftliche und koloniale Kooperation für Wohlverhalten an – ohne Erfolg.

Im Mai 1939, hatte Marcel Déat in der Zeitung L'Oeuvre die französische Debatte auf den Punkt gebracht: "Mourir Pour Dantzig?" – Sollten die Franzosen für den von deutscher Seite geforderten Anschluss der überwiegend deutschsprachigen "Freien Stadt" an das Reich Krieg führen und sterben?

Nein, das wollten sie nicht. Im August wurde der Hitler-Stalin-Pakt geschlossen und damit das vorläufige Schicksal Polens besiegelt.

Wenn morgen Politik und Medien des Ausbruchs des verheerendsten Krieges der Weltgeschichte gedenken, wird wieder klar werden, welche Macht die Geschichte über uns hat, auch die scheinbar vergessene.

Die Polen haben nichts vergessen. In Danzig gibt es eine große Ausstellung von Porträts, diese zeigen die Verteidiger der Westerplatte. In der Kathedrale von Oliwa, der längsten Backsteinkirche der Welt, die mit ihrer wunderbaren Orgel Besucher aus aller Welt anlockt, könnten die

Gäste, bevor sie dem täglichen 17-Uhr-Konzert lauschen, siech die Fotos der Geistlichen anschauen, die bis 1940 hier wirkten und dann umgebracht wurden. Tun sie aber nicht, weil das nicht zum Programm der Führungen gehört.

In Zoppot kann man auf der einstmals eleganten Seepromenade, auf der vor dem Zweiten Weltkrieg der polnische Adel prominierte, unter den Touristenscharen auch Damen treffen, die 1945 als Kind hier gewesen sind, auf ihrem Weg nach Gotenhafen, zum letzten Schiff, der „Bukarest", das noch Flüchtlinge aus den Masuren nach Swinemünde brachte. Kurz nach dem Untergang der Gustloff, wagten sich noch einmal 7000 Verzeifelte auf die Ostsee. Das Schiff wurde während der ganzen Fahrt in künstlichen Nebel gehüllt, um es zu verbergen. Ihre Notdurft mussten die Passagiere auf Holzbohlen sitzend auf Deck verrichten, während Matrosen die Ausscheidungen mit Besen in die See beförderten.

Von diesen Gräuel wissen die Heutigen kaum noch etwas. Sie wollen es nicht wissen, oder sie sind sogar der Meinung, dass es keine deutschen Opfer gegeben hätte. Dabei hatten die Deutschen, wie die übrige europäische Bevölkerung in der Politik genauso wenig mitzureden, wie heute.

Neben den vielen Touristen, sind es heute die polnischen Politiker, Künstler, Journalisten, Unternehmer, die sich in Zoppot ein Stelldichein geben.

Wir müssen uns mit dem Anblick von Ministerpräsident Kaczyński als Witzfigur begnügen.

Auf dem Rückweg nach Danzig, immer parallel zum Strand, kommen wir an den sozialistischen Neubaugebieten der 60er und 70er Jahre vorbei. Unter anderem an einer 1km langen elfstöckigen Wohnschlange für 7000 Menschen, die in Schachteln von 30 Quadratmetern wohnen. Das ist die Kehrseite vom schönen Danzig. Wenigstens ist die Fassade heute bunt und nicht mehr grau. Ob das zu mehr Wohlbefinden beiträgt, darf bezweifelt werden.

Immerhin kann man von den oberen Etagen das Meer sehen.

1. September 2019

Marienburg an der Nogat, Frauenburg am Frischen Haff und Elbing waren Städte, die einst eine wichtige Rolle in der deutschen Geschichte spielten, zugleich aber Beispiel dafür waren, dass deutsche und polnische Geschichte über Jahrhunderte eng miteinander verflochten waren.

Marienburg gehörte zu den größten und berühmtesten Burgen im mittelalterlichen Europa. Sie wurde vom deutschen Orden gegründet, war christlicher Wallfahrtsort, Hochmeisterresidenz des deutschen Ordens, später von Polen gekauft, Starostensitz und königliche Nebenresidenz, dann preußische Kaserne, schließlich Geburtsort der Denkmalpflege in Preußen. Die gewaltige Anlage wurde von den Nazis zur Festung erklärt und in den letzten Kriegstagen durch die Rote Armee schwer zerstört. Besucher heute sehen auf dem Weg zum Eingang ein Foto der Burg aus dem Sommer 1945 und können kaum fassen, dass aus diesen Ruinen die Burg auferstehen konnte. Der Wiederaufbau, der 1959 begann, hat sich inzwischen auch wirtschaftlich rentiert. Die Burg ist heute ein Touristenmagnet.

Noch abseits touristischer Pfade liegt Frauenburg, heute Fromborg, obwohl auch hier eine imposante Domburg steht. Der Frauenburger Dom entstand im 14. Jahrhundert. Um den Dom herum wurde bis in das 15. Jahrhundert eine Wehranlage mit drei Toren, zahlreichen Türmen und Basteien gebaut. Während die dazugehörige Stadt im Zweiten Weltkrieg zu 80% zerstört wurde, überstand der Domhügel die Kämpfe einigermaßen unbeschadet. Vom mächtigsten Bauwerk der Domburg, dem erst im 17. Jahrhundert vollendeten Glockenturm, hat man eine herrliche Aussicht auf das Land und das frische Haff. Im Haff sind kaum Schiffe zu sehen, denn der Zugang zur Ostsee ist an der Meerenge von Pillau durch Russland gesperrt. Schiffe können nur mit Genehmigung passieren. Das war bis vor wenigen Jahren noch anders. Inzwischen herrscht wieder Machtpolitik.

Zu Beginn des 16. Jahrhunderts entwickelte der Domherr Nikolaus Kopernikus, der diesen Posten auf Fürsprache seines Onkels erhalten hatte, hier im „hintersten Winkel der Welt" „in Frueburgio Prussiae" seine Theorie des Heliozentrischen Weltbilds. Davon zeugt heute eine große Statue des Genies. Es gibt auch ein Kopernikus-Museum, es hat aber wenig zu zeigen, denn als die Schweden im Dreißigjährigen Krieg die Stadt und den Domhügel eroberten, nahmen sie Kopernikus Unterlagen als Kriegsbeute mit. Sie sind heute im Museum der Universität Uppsala zu sehen. Das ist ein ganz spezielles Kapitel von Beutekunst.

Man wusste immer, dass Kopernikus auf dem Domgelände begraben war, aber nicht wo genau. Dieses Rätsel konnte kürzlich gelöst werden. Man exhumierte Skelettteile, die im Dom begraben waren. In einem der Bücher, von denen man wusste, dass Kopernikus sie studiert hatte, fand man ein Haar, dessen DNA passte zu Teilen des Skeletts – so hatte man das Grab wiederentdeckt.

Bemerkenswert in Frauenburg ist ein Gedenkstein für die 450.000 Menschen aus den Masuren, die im Januar und Februar 1945 über das zugefrorene Frische Haff vor der anrückenden Roten Armee zu fliehen versuchten. Die Gauleitung hatte die Genehmigung zur Flucht viel zu spät erteilt. Wer ohne Genehmigung loszog und erwischte wurde, wurde als Deserteur erschossen. Auf dem Eis gaben die Menschen eine gute Zielscheibe ab. Sie wurden erschossen und bombardiert. Ende Februar wurde das Eis bereits brüchig. Der Winter war hart gewesen, aber das Frühjahr kam zeitig. Die Risse, die sich unvermittelt auftaten, waren eine tödliche Gefahr.

Der Vorläufer des heutigen Gedenksteins aus den 90er Jahren, wurde bereits in den 80er Jahren auf Initiative heutiger Bewohner Frauenburgs errichtet, die anders als die deutsche Antifa der Meinung waren, dass es auch deutsche Opfer des Kriegswahnsinns gegeben hat, an die erinnert werden sollte. Als wir da waren, war die Stätte sowohl von einer polnischen Fahne, als auch mit Schleifen in Schwarz-Rot-Gold geschmückt. Dieser Stein ist ein Zeichen, dass die Menschen, die von der Politik immer wieder in Kriege und Krisen getrieben werden, viel weiter sind, als die Politiker. Sie wollen Versöhnung, während die Politik schon wieder hetzt. Die deutschen „Eliten" echauffieren sich über die „reaktionäre" polnische Regierung, die antwortet mit Reparationsforderungen, was wiederum von den Deutschen als undankbar empfunden wird, denn schließlich wären die Polen vor allem auf deutsche Initiative in die EU gekommen. Gerade jetzt ist die Politik dabei, wieder ein unheilvolles Gebräu anzurichten. Die Lehre aus der Geschichte sollte sein, ihr diesmal rechtzeitig in den Arm zu fallen, damit nicht eines Tages wieder Trümmer beseitigt werden müssen.

In Elbing kann man besichtigen, wie eine bereits verschwundene Stadt wieder auferstehen kann. Nach den schweren Zerstörungen des Zweiten Weltkrieges beschloss die polnische Regierung, die Altstadt rings um die notdürftig wieder aufgebaute Nikolaikirche abzutragen und einen Park anzulegen. Als sich die Solidarność Anfang der 80er Jahre entwickelte, hatte sie in Eblang, wie Elbing heute heißt, eine besondere Forderung nach Wiederaufbau der Altstadt. Als der Druck groß genug wurde, begann die Stadtverwaltung, die Parkbäume zu fällen und die alten Fundamente freizulegen. Auf diesen Fundamenten konnten Unternehmen oder Privatpersonen Häuser im alten Stil errichten. Waren Fassadenelemente bei den Ausgrabungen gefunden worden, mussten diese integriert werden. Nach dem Sturz der Kommunisten kam der Wiederaufbau mächtig in Schwung. Heute sind ganze Straßenzüge wiedererstanden.

Wir kamen in die Stadt am Tage des Brotfestes. Das wird seit einigen Jahren zu Ehren des Bäckerjungen gefeiert, der der Legende nach 1521 die Einnahme Elbings durch die Ordensritter verhindert hat, indem er mit seiner Backschaufel die Seile des Eisengitters am Stadttor durchtrennte und die Eroberer am Betreten der Stadt hinderte. Sie konnten mit Hilfe der alarmierten Bürgerschaft dann zurückgeschlagen werden.

Die ganze Stadt schein auf den Beinen zu sein und flanierte durch die alten neuen Mauern. Diese Polen sind jung, innovativ und noch kein bisschen wohlstandsgeschädigt. Ich vermisste die im Westen ideologisch verordnete „Buntheit" kein bisschen, denn die Menge war vielfältig genug.

Wenn Europa noch zu retten ist, kommt die Rettung aus dem Osten.

2. September

Während ich dies schreibe, schaue ich auf den Königsberger Obersee, an dessen Ufern die elegante Seepromenade mit gusseisernen Geländern und Granitplatten wieder erstanden ist. Am anderen Ufer sieht man Teile der alten Festungsanlage, die das Bombardement und den Beschuss der Festung Königsberg im Zweiten Weltkrieg überstanden haben. Am Abend flaniert die Königsberger Jugend am Seeufer und es ist, als sei der alte Charme der Stadt zurückgekehrt.

Vor zwei Jahren bin ich schon einmal hier gewesen und habe meinem damaligen Bericht nicht viel hinzuzufügen. Das für die Weltmeisterschaft errichtete Fußballstadion steht nicht mehr in einer Sand- sondern in einer Rollrasenwüste. Auf schöne Grünanlagen muss der Ort noch warten. Auch der Plan, die vom Stadion aus sichtbaren Plattenbauten mit Fassaden zu verkleiden, deren Silhouette an die alten Königsberger Bürgerhäuser erinnert, kam nicht mehr zur Ausführung.

Trotzdem schüttelt die Stadt mehr und mehr ihre sozialistische Tristesse ab. Sie zeigt alle Zeichen sichtbaren Aufschwungs.

Das haben wir auch den Sanktionen zu verdanken, sagt uns unsere Stadtführerin Tamara. Die hätten wie eine Peitsche gewirkt. Wurde der Bedarf an Lebensmitteln und anderen Gütern des täglichen Gebrauchs vor den Sanktionen zu 80% aus Importen gedeckt, so werden sie jetzt zu 80% aus einheimischer Produktion gedeckt. Viele landwirtschaftliche Flächen im Kaliningrader Oblast, die brach lagen, wurden wieder in Betrieb genommen. Inzwischen gibt es sogar ein Gesetz, welches die Besitzer von landwirtschaftlichen Flächen zwingt, sie zu rekultivieren. Noch ist das ehemalige Ostpreußen, das eine Kornkammer Deutschlands war, ein Eldorado für die im ersten Weltkrieg eingeschleppte Goldrute, was in diesen Spätsommertagen dem Land einen goldenen Zauber verleiht, aber bald wird es wieder eine Kornkammer sein – diesmal von Russland.

Tamara, gebürtige Ukrainerin, schwärmt von Ostpreußen. Es ist ihre wahre Heimat geworden. Sie liebt die ostpreußischen Dichter und zeigt uns die schönsten Baumalleen, die als Erbe der alten Bewohner nach wie vor das Land prägen, auch wenn viele dem Straßenbau für den rasant gewachsenen Autoverkehr weichen müssen.

Die ehemaligen Bewohner sind weg, aber nicht vergessen. Es gibt Initiativen, die Erinnerung an die Deutschen aufrecht zu erhalten. Wir besuchen eine Alte Schule in Waldwinkel. Hier haben Inessa, eine siebzigjährige Schönheit mit der Figur einer zwanzigjährigen Ballettänzerin und ihr Mann ein privates Museum aufgebaut. Sie haben nach dem Zusammenbruch der Sowjetunion das Gebäude gekauft, Schritt für Schritt saniert und eingerichtet.

Inessa, die nach der Geliebten Lenins genannt wurde, begab sich auf die Suche nach ehemaligen Schülern. Am 19. Januar 1945 kamen die Kinder zum letzten Mal zum Unterricht. Die schweren Kämpfe im Nachbardorf waren so deutlich zu hören, dass sie den Unterricht behinderten. Am

20. Januar kam für die Bewohner Waldwinkels der Befehl zur Evakuierung. Am 21. Januar liefen alle Dorfbewohner mit ihren Habseligkeiten, die sie tragen konnten, zur nächsten Bahnstation und erreichten noch einen Zug. Für 8000 Menschen dieses Kreises kam der Evakuierungsbefehl zu spät. Sie wurden von der Roten Armee überrollt und blieben. Als Monate später die Neusiedler aus allen Teilen der ehemaligen Sowjetunion kamen, lebten sie anfangs mit diesen Deutschen zusammen, zum Teil im selben Haus. Probleme zwischen ihnen gab es kaum. Alle waren gleich arm. Die Neuankömmlinge hatten nur das, was sie tragen konnten, als sie nach Ostpreußen geschickt wurden. Die Felder wurden 1945/46 kaum bestellt. Es herrschte Hunger. Inessa zeigt uns eine wunderschöne Handarbeit, die bestickte Tischdecke einer Deutschen, die sie für vier Kartoffeln eingetauscht hat. Oder ein Kopfkissen, das aus einer Wehrmachtsuniform gefertigt und so lange benutzt wurde, dass die Stelle, auf der der Kopf allnächtlich lag, mit einem Flicken ausgebessert wurde.

Nur langsam wurde das Leben erträglicher. Die Neuankömmlinge lernten von den Dagebliebenen manche Ackerbautechnik. Ein Deutscher, der ihrer Meinung nach zu langsam, weil zu gründlich pflügte, wurde nach drei Jahren bewundert, weil auf den von ihm gepflügten Flächen immer noch kein Unkraut wuchs.

Da waren der Pflüger und die anderen Deutschen schon nicht mehr da. Denn die Sowjets entschieden, die verbliebenen Deutschen zu vertreiben. Danach wurde das Gebiet zur geschlossenen Zone. Erst nach dem Zusammenbruch der Sowjetunion wurden die Bewohner des Kaliningrader Gebietes befreit.

Inessa ist ein lebendes Geschichtsbuch. Sie kennt die Namen der meisten ehemaligen Dorfbewohner und deren Schicksale. Sie hat nicht nur die Menschen befragt, die an dem letzten Unterricht in der Schule teilgenommen haben, sondern auch viele der damals neu Angesiedelten. Sie hat ihre Geschichten in einem Buch festgehalten. Inzwischen bekommt ihr kleines Museum etwa 5000 Besucher pro Jahr, hauptsächlich Schulklassen aus allen Teilen Russlands. Die seien sehr an der deutschen Geschichte interessiert.

So wird deutsche Geschichte in Russland bewahrt, die nach Willen der deutschen Ideologen vergessen werden soll.

5. September

Als wir Königsberg verlassen müssen regnet es. Dadurch wirkt die wiedererstandene Uferpromenade am Pregel wie echt, als stünden die alten Häuser noch, statt ihrer Repliken.

Als wir an der 40-jährigen Bauruine des Dom Sowjetow, die auf dem Gelände des ehemaligen Schlosses steht, vorüber fahren, überrascht uns Tamara, unsere Fremdenführerin, mit der Nachricht, dass vor wenigen Wochen endlich der Abriss dieses Hochhauses und der teilweise Wiederaufbau des Schlosses beschlossen wurde.

Die Zerstörung des Schlosses war eine Art Gemeinschaftswerk. Sie begann mit dem britischen Bombardement von Königsberg Ende August 1944, das ausschließlich gegen zivile Ziele gerichtet war und als eine Art Training für die Bombardements von deutschen Städten im Winter und Frühjahr 1945 angesehen werden kann. Sie wurde fortgesetzt während des Kampfes um Königsberg im Januar 1945 und vollendet mit der Brandschatzung der Stadt nach ihrer Eroberung durch die Sowjets. Der Wiederaufbau des Schlosses wäre ein starkes Signal gegen den verbrecherischen Totalitarismus des letzten Jahrhunderts.

Wir machen im Seebad Rauschen Station, das kaum zerstört wurde, dessen alter Charme aber vom Kommerz verdeckt wird. Vor lauter Bretterbuden, sieht man die schönen hölzernen Strandhäuser kaum. Thomas Mann weilte hier Anfang der 30er Jahre, nachdem er sein Ferienhaus in Bad Tölz verkauft hatte. Der Ort war ihm zu langweilig, er suchte etwas Ursprünglicheres. Man erzählte ihm von Nidden auf der Kurischen Nehrung. Mann fuhr hin und beschloss sofort, sein neues Sommerhaus hier auf dem Schwiegermutterberg zu errichten.

Die Kurische Nehrung ist der schmale Landstreifen zwischen Memel und Königsberg, zwischen dem Kurischen Haff und der Ostsee. Der Landstreifen ist ca. 90 km lang und so schmal, dass man ihn in 20 Minuten oder einer halben Stunde bequem vom Haff zur See überqueren kann.

Es ist sandig, waldig und sumpfig. Meine Worte können Ihnen keine Vorstellung von der eigenartigen Primitivität und dem großartigen Reiz des Landes geben. Ich möchte mich hier auf Wilhelm von Humboldt berufen, der, speziell von Nidden so erfüllt war, dass er erklärte, man müsse diese Gegend gesehen haben, wie man Italien oder Spanien gesehen haben müsse, wenn einem nicht ein Bild in der Seele fehlen soll.

Jeder, der auf der hohen Düne steht und auf das Haff schaut, versteht Mann und Humboldt sofort.

Dabei ist die Landschaft das Resultat einer vom Menschen verursachten ökologischen Katastrophe. Im Mittelalter wurde der Wald radikal abgeholzt. Der Sandboden fand keinen Halt mehr und begann zu wandern. Häuser und Gehöfte wurden verschüttet und kamen wieder frei. Inzwischen unterschiedet man zwischen den weißen, reinen Sanddünen und den grauen Dünen, die mit Trockenpflanzen bewachsen sind. Die Tendenz ist, dass die weißen Dünen verschwinden werden, weil sich die Natur allmählich zurückholt, was der Mensch ihr geraubt hat. Davor gibt es keinen Schutz. Die weißen Dünen kann der Mensch ebensowenig retten, wie das Klima. Noch sind sie da und verleihen der Landschaft ihren eigenartigen Reiz. Dazu kommt die wohltuende Stille, die wie eine schützende Glocke über dem Land liegt. Seit meiner Stunde dort sind die Bilder meiner Seele vollständig.

Thomas Manns Haus wurde in nur einem Jahr gebaut. Es verfügte über allen, in Nidden damals unbekannten, Luxus wie fließendes Wasser und WC. Es wirkt auf die heutigen Wohlstandsbürger angenehm bescheiden. Manns Arbeitszimmer ist nur etwa 8 Quadratmeter groß, aber der Blick von seinem Schreibtisch auf das Haff ist atemberaubend. Hier hat der Dichter nur drei glückliche Sommer verbracht, insgesamt neun Monate, bis die Familie ins Exil gehen musste.

Aber in Kalifornien weilte er oft in Gedanken in Nidden, denn die Landschaft, die nichts Einschmeichelndes hat, war ihm ans Herz gewachsen.

Nach den Manns wurde das Haus von Herman Göring in Beschlag genommen, glücklicherweise war er aber nie hier. Dann kamen sowjetische Funktionäre. Nach dem Krieg ist der Erhalt des Mann-Hauses vor allem den Bemühungen des litauischen Schriftstellers Antanas Venclova zu verdanken, der 1967 gegenüber den sowjetischen Behörden die Umwandlung in eine Gedenkstätte durchsetzt. Thomas Manns Unangreifbarkeit in den Zeiten geistiger Abschottung genießt unter litauischen Intellektuellen ein hohes Renommee. Er bietet Schutz für Lesungen und Diskussionen im Niddener Hause. So werden schon in den siebziger Jahren Weichen für das heutige Kulturleben Litauens gestellt. Nach allmählichem Verfall wurde das Haus nach der Gründung Litauens restauriert und ist ein Magnet nicht nur für Literaturfreunde. Davon zeugt die Ausstellung im heutigen Museum, die hauptsächlich aus Bildern von diesen Sommeraufenthalten und Texten besteht.

Thomas Mann: „Ich kann meine Worte nicht passender schließen als mit dem Wunsche, dass der eine oder andere mich besuchen möge…"

Im Land des wilden Kaukasus

7. Oktober 2019

Georgien? Wieso fährst du da hin? Ist das nicht gefährlich, fragten meine Freunde. Schon immer galt eine Reise in den Kaukasus als gefährlich. Das kann man schon beim georgischen Nationaldichter Schota Rusthaweli oder beim Franzosen Alexandre Dumas nachlesen. Den meisten heutigen Europäern ist das Land am Hochkaukasus nur durch die Bürgerkriegswirren der 90er Jahre bekannt. Wenige wissen, dass dieses von vielen Poeten besungene Land das Gebiet mit der größten Dichte an UNESCO-Kulturerbestätten ist. Die Legende besagt, dass die Georgier zu spät kamen, als Gott das Land unter die Völker verteilte. Sie sollten leer ausgehen. Trotzdem fingen sie gut gelaunt an zu tanzen und zu singen. Da entschloss sich Gott, ihnen das Fleckchen zu geben, das er für sich selbst zurückbehalten hatte.

Die Georgier sind fröhliche, gastfreundliche Leute. Wenn sie singen, geht einem das Herz auf. Trotzdem hat das Land drei der finstersten Gestalten der Weltgeschichte hervorgebracht: Sergej Ordschonikidse, Lenins Mann fürs Grobe, Lavrentiy Beria, Stalins Geheimdienstchef und Josef Stalin, den gnadenlosen Massenmörder.

Wer in der Hauptstadt Tiflis ankommt, denkt aber nicht an die Drei, sondern ist vom ersten Moment vom Charme der Stadt bezaubert.

Tiflis wurde im 4. Jahrhundert an einer strategisch wichtigen Stelle des Südkaukasus gegründet, an der sich bedeutende Handelswege kreuzten. Für die Ortswahl des Stadtgründers Wachtang Gorgassali waren daneben die heißen Quellen entscheidend, auf die er während eines Jagdausflugs gestoßen war. An diesen Quellen entstanden Schwefelbäder, die seit Plinius Zeiten ein Anziehungspunkt sind. Hier haben schon Alexander Puschkin, Alexandre Dumas und Michail Lermontow gebadet, aber auch die kommunistische Nomenklatura bis hin zu Eduard Schewardnadse, der sich spät im Leben vom Kommunismus abwandte und taufen ließ.

Als sowjetischer Außenminister unter Gorbatschow trug er viel zur friedlichen Vereinigung Deutschlands bei. Nach dem Zusammenbruch der Sowjetunion und der Unabhängigkeit Georgiens wurde Schewardnadse aus dem Moskauer Exil in die Heimat zurückgeholt, um die ökodiktatorische Amtszeit des ersten Staatschefs Swiad Gmsachurdia zu beenden. Schewardnadse wurde seinerseits in der sogenannten Rosenrevolution von Micheil Saakaschwili abgelöst, der für das neue Georgien sehr prägend wurde.

Im Stadtbild von Tiflis fällt eine wunderschöne, futuristische gläserne Brücke über dem Mtkwari-Fluß auf, die ein regelrechter Fußgänger-Magnet ist. Daneben erstreckt sich am Ufer ein ähnlich futuristischer Glasbau, der das Theater beherbergen sollte, aber bis heute leer steht, weil das Gebäude nicht funktioniert. Die überaus gelungene Brücke und das misslungene Theater, beide von Saakaschwili veranlasst, sind charakteristisch für seine Amtszeit. Er startete als erfolgreicher Erneuerer und Reformer Georgiens und endete in Korruption und Misswirtschaft. Schließlich musste er das Land verlassen, um seiner Verhaftung zu entgehen. Er ging in die Ukraine, brachte es in kürzester Zeit zum Gouverneur von Odessa und verlor ebenso schnell wieder die ukrainische Staatsbürgerschaft.

Ähnlich chaotisch ging es in der jüngsten georgischen Geschichte zu. In der Sowjetunion lebten die unterschiedlichen Nationalitäten, auch im Kaukasus, weitgehend friedlich zusammen. Als das Regime zusammenbrach, wurden die alten Konflikte und Rivalitäten wieder lebendig. Georgien erklärte seine Unabhängigkeit, aber sofort spalteten sich die Südossetien und Abchasier ab. Das führte in den 90er Jahren zum blutigen Bürgerkrieg, der Georgien weltbekannt machte, aber einen schlechten Ruf einbrachte, der bis heute nachwirkt. Inzwischen ist der Konflikt eingefroren, aber nicht gelöst.

Trotzdem ist Tiflis eine vitale, aufstrebende und entspannte Stadt. Das sieht man schon an der Art, wie der Straßenverkehr scheinbar ohne alle Regeln funktioniert. Auch im größten Stau fädelt man sich irgendwie ein, weil immer wieder jemand, der vielleicht Vorfahrt hätte, Platz gibt.

Die Stadt hat sich vom sowjetischen Grau gelöst und präsentiert ein spannendes Miteinander unterschiedlichster Baustile. Es wurde viel Altsubstanz abgerissen, aber noch mehr wunderbar restauriert. Die Altstadt auf den Felsen über dem Fluss erscheint wie aus einem romantischen Gemälde entsprungen. Es gibt langweilige moderne Zweckbauten, aber spannende moderne architektonische Experimente, die ins Auge fallen. Stadtbildprägend sind die vielen Kirchen; alte aus dem 5. Jahrhundert, mittelalte aus dem 16. bis 19. Jahrhundert und ganz neue, darunter die größte Kirche der Stadt, die Dreifaltigkeitskathedrale, die 2004 in eine prachtvolle, parkartige Anlage auf dem Elisas-Berg gebaut wurde. Die Kirchen sind voll, anders als bei uns nicht nur von Touristen, sondern von alten und vielen jungen Gläubigen. In Georgien ist das Christentum lebendig geblieben.

Das hat wohl mit der Geschichte zu tun. Hartnäckig hat sich Georgien gegen alle Eroberungsversuche seinen Charakter als christliches Land bewahrt. Man trifft auf Schritt und Tritt auf Kirchen, Klöster oder ihre Ruinen. An vielen Stellen haben sich frühchristliche Malereien, Skulpturen und Ornamente erhalten, die einen wertvollen Schatz darstellen. Für Liebhaber christlicher Kunst ist Georgien ein Muss.

Allein in der unmittelbaren Umgebung Tiflis befinden sich die alte Hauptstadt Mzcheta, deren spektakulärste Kirche hoch über dem Zusammenfluss von Mtkwari und Aragul auf Felsen thront, die Narikala-Festung mit dem ältesten Tabernakel des Landes und die Kirche des Heiligen

Nicolosi, alles Bauten aus der frühchristlichen Zeit. Das Besondere daran ist, die atemberaubende Landschaft, in die solche Bauten eingefügt sind.

Das Interesse daran ist verständlicherweise groß, fast zu groß. Tourismus ist der zweitgrößte Wirtschaftszweig Georgiens. Das ist einerseits gut für das Land, das enormen Nachholebedarf hat, andererseits entsteht auch hier die Gefahr des Over-Tourism. Man hat zum Teil Schwierigkeiten, die Kunst vor lauter Menschen zu sehen. Problematisch ist auch eine Form von Tourismus, die ganz auf möglichst spektakuläre Fotos konzentriert zu sein scheint. Um dieser Schnappschüsse willen, wird wild auf den historischen Mauern herumgeklettert, ohne Rücksicht auf Verluste. Noch sind die Georgier tolerant, aber um ihr Weltkulturerbe zu schützen, müssen sie eher früher als später klare Regeln für den Umgang damit erlassen.

Am Abend wird Tiflis noch schöner als am Tag. Dann werden seine wilden Steilufer, Berghänge und Felsen mit ihrem architektonischen Schmuck wirkungsvoll beleuchtet. Viele Hotels und Gaststätten haben Dachterrassen, von denen aus man die Stadt zu seinen Füßen bewundern kann. Schon nach wenigen Stunden hat sich das Gefühl eingestellt, hier unbedingt noch einmal herkommen zu müssen, denn bei nur einem Aufenthalt kann man gar nicht alles Sehenswerte erfassen.

8. Oktober 2019

Georgien weist auf engem Raum eine faszinierende Vielfalt von Regionen und Klimazonen auf. Von den subtropischen Schwarzmeergebieten über das Hoch- über Mittelgebirgsklima bis hin zu ariden Wüstenzonen gibt es alle denkbaren Abstufungen. Manche kann man an einem Tag erleben.

Wir hatten im Hochkaukasus auf 2134m Höhe im Wintersportort Gudauri Quartier genommen. In der Nacht hatte uns ein Gewitter wach gehalten, dass in dieser Höhe sich direkt über dem Kopf zu entladen scheint. Am Morgen, nachdem sich der Nebel verzogen hatte, begannen wir unsere Abfahrt. Dank dem Ex-Präsidenten Mikheil Saakaschwili ist die legendäre grusinische Heerstraße inzwischen asphaltiert. Es herrscht ein reger Verkehr. Es sind besonders viele Lastwagen unterwegs, weil die Straße die wichtigste Verbindung nach Russland ist, nachdem die georgischen Schwarzmeerhäfen von den Separatisten blockiert sind. Zwar beteiligt sich Georgien, das unbedingt in die EU will, am Boykott gegen Russland, das ist dem regen Verkehr aber nicht anzumerken. Die Firmen melden ihre Laster einfach in einem neutralen Land an und schon ist der Boykott umgangen. Wenn man diesen Monstergefährten dann in einer der vielen Haarnadelkurven begegnet, bekommt man jedes Mal Beklemmungen, ob Bus und Laster wirklich aneinander vorbei kommen, denn direkt am Straßenrand gähnt ein Abgrund, der Anfangs mehr als einen Kilometer tief ist und sich nur allmählich verringert. Etwa in 1,7 km Höhe beginnt die Bewaldung, die jetzt in den schönsten Herbstfarben prangt und der schroffen Landschaft einen sanften Anstrich gibt. Es ist die schönste Zeit, um den Hochkaukasus zu besuchen.

Weiter unten halten wir an der Festung Anamuri, deren oberer Teil heute malerisch am Ufer eines riesigen Stausees gelegen ist. Der untere Festungsteil ist samt des gleichnamigen Dorfes zu Sowjetzeiten geflutet worden. Was noch zu sehen ist, ist imposant genug.

Jahrhundertelang herrschte hier ein stolzes Fürstengeschlecht, dem nachgesagt wird, dass seine männlichen Abkömmlinge nie eines natürlichen Todes gestorben sind. Sie beherrschten das strategisch wichtige Aragvi-Tal und damit den Zugang zur grusinischen Heerstraße.

Im Jahre 1739 wurde Anamuri von einem benachbarten Fürsten mithilfe dagestanischer Krieger überfallen. Der gesamten Familie wurden erst die Augen ausgestochen, dann wurden alle hingerichtet. Nach Rückeroberung der

Festung wurde der rechtmäßige Erbe der ermordeten Familie wieder eingesetzt. Aus Dankbarkeit ließ der neue Festungsherr die Mariä Himmelfahrtskathedrale ausmalen. Ein Teil der heute noch erhaltenen Malereien zeigen das grausame Schicksal Familie. Die erhaltenen Gebäude sind aus dem 17. Jahrhundert. Allerdings findet man auch hier Einsprengsel frühchristlicher Kunst, wie ein kunstvolles Steinrelief am Eingang der Kathedrale, das den Sieg Christi über das Böse zeigt. Auch auf der Rückseite sind Steinmetzarbeiten aus dem 5. -7. Jahrhundert in die Fassade eingefügt.

Rings um die Festung haben sich zahlreiche Händler niedergelassen, die alles anbieten, was das Touristenherz begehrt. Besonders beliebt sind die georgischen Trinkhörner und Messer. Aber Tücher und Schals aller Art. Interessanter sind die kulinarischen Angebote: Es gibt frisch gepressten Granatapfelsaft, Walnüsse, georgische Äpfel, Honig, Weintrauben, Beeren, Fladen, süß oder herzhaft gefüllt und allerlei Süßspeisen. Etwas abseits steht ein Wagen, der Burger anbietet, aber ein Pariadasein führt, was hoffentlich so bleibt.

Je tiefer man kommt, desto vielfältiger wird der Straßenverkehr. Kühe weiden am Straßenrand, ab und zu stehen sie auch mitten auf der Fahrbahn. Hühner, Hunde, meist herrenlos, erfordern die ganze Aufmerksamkeit der Fahrer. Die Häuser in den endlosen Straßensiedlungen sind meist noch grau, aber mit Wein- oder Obstspalieren bedeckt.

Je näher wir Gori kommen, desto karger wird die Landschaft. Die Berge werden kahl. Die wasserreiche Ebene ist mit Obstplantagen bedeckt. Hier wachsen die besten Äpfel des Landes, wenn nicht gar der Welt.

Gori selbst hat viel Sowjetisches bewahrt. Die Bewohner betrachten Stalin als den größten Sohn der Stadt. Dem Diktator wurde schon in den Fünfzigerjahren ein protziges Museum mit Festungscharakter samt Wachturm gebaut, das sich äußerlich und innerlich seit dem Stalinkult nicht geändert hat. Das Gebäude liegt in einer lang gestreckten Parkanlage mit zahlreichen Wasserspielen, für die ein großer

Teil der Stadt abgerissen worden ist. In diesem Park stehen Stalins Geburtshaus unter einem steinernen Pavillon und sein persönlicher Salonwagen, mit dem er reiste. Stalin hatte unüberwindliche Flugangst, deshalb legte er auch lange Strecken lieber im Zug zurück.

Im Museum umgibt den Besucher die bedrückende Pracht der stalinschen Zuckerbäckerzeit. Das Interieur ist in einem deprimierenden dunkelbraun gehalten, das lediglich durch beige Einsprengsel aufgehellt wird. Im Museumsladen, der unpassenderweise Shop heißt, was Stalin nie gebilligt hätte, gibt es vom Stalin-Sticker über Beutel und Taschen mit seinem Bild bis hin zum Stalinwein alles, was man sich nicht vorstellen mag.

Offensichtlich werden alle Touristengruppen, die sich in der Gegend aufhalten, hierher umgeleitet. In der Präsentation wird jeder Hinweis auf die Verbrechen Stalins vermieden. Als einer aus unserer Gruppe nach den Säuberungen und Schauprozessen 1938 fragt, bekommt er zur Antwort, dies seien kollektive Entscheidungen gewesen. Danach wird er von unserm georgischen Reisebegleiter abgewiesen, den Vortrag nicht zu unterbrechen.

Ich war nach zehn Minuten schon geflüchtet. Draußen machte ich mich auf die Suche nach der Festung Gori, die einst der Belagerung von Pompeius Magnus getrotzt hat. Auf der Karte hatte ich gesehen, dass sie sich nicht weit weg vom Museum befindet. Vorher gelang es mir noch, einen Blick in Stalins Salonwagen zu werfen. Das private Abteil des Generalissimus ist kaum drei mal zwei Meter groß, mit einer Liege und einem Schreibtisch ausgestattet. Eine Tür führt zum Bad. Stalins Wanne hat eine Holzabdeckung, sodass seine Blöße verborgen blieb, wenn heißes Wasser nachgeschüttet wurde.

Wieder draußen musste ich erst einmal tief durchatmen. Der Blick auf das Klo, auf dem sich Stalin entleert hat, war zu viel für mich.

Die Festung, auf die es in der Stadt kein Hinweisschild gibt, fand ich ziemlich leicht. Auf dem Weg dahin kam ich in Straßen, deren alte, schöne Zielhäuser von Goris eleganter Vergangenheit zeugten. Die Festung liegt auf einer steilen Anhöhe. Obwohl nur noch ein Bruchteil erhalten ist, wirkt sie immer noch imposant. Auf meinem einsamen Aufstieg schloss sich mir einer der herrenlosen Hunde an, die überall in Georgien herumlaufen. Ein gelber Chip im Ohr zeigte an, dass er registriert ist. Oben war ich, abgesehen von zwei Bauarbeitern, die im Gras lagen, um sich von ihren Restaurierungsarbeiten zu erholen, allein. Weil die Mauern nur noch rudimentär vorhanden sind, hat man einen ungehinderten Rundumblick, der atemberaubend ist. Gori liegt am Zusammenfluss zweier Flüsse, die weite Ebene ist ringsum von Bergen umgeben. In der Ferne gewahrte ich die schneebedeckten Gipfel des Hochkaukasus.

Der Hund, ganz Kavalier, begleitete mich den ganzen Weg zurück bis zum Bus und bekam zum Dank etwas zu fressen.

Unsere Fahrt ging weiter nach Borjomi, dem berühmten Kurort mit dem heilsamen Mineralwasser. Auf dem Weg dorthin veränderte sich die Landschaft zum dritten Mal. Nun waren wir von einem Mittelgebirge umgeben, dass an einigen Stellen an das Elbsandsteingebirge erinnert. Hier ist einen Nationalpark, zu dem man mit einer Seilbahn hinauffahren kann. Der Blick in die Natur wirkte nach dem Stalinkult befreiend auf die Seele. Noch wichtiger war ein tiefer Schluck vom Borjomi-Heilwasser, dessen Wirkung bei Magenverstimmungen erwiesen ist.

12. Oktober 2019

Der Goldbergbau hat in Georgien schon im 4. Jahrhundert vor Christus begonnen. Heute sind im Nationalmuseum in Tiflis die atemberaubenden Zeugnisse georgischer Goldschmiedekunst aus vorchristlicher Zeit zu sehen.

Es handelt sich im wesentlichen um Beigaben aus zwei Grabanlagen, in Sairkhe und Vari, die im letzten Jahrhundert entdeckt und nie ausgeraubt wurden. Die Grabkultur erhielt einen Aufschwung im 2. Jahrhundert BC. Da aus dieser Zeit bisher keine Siedlungsreste gefunden wurden, wissen wir Nichts über die Lebensweise der Erzeuger dieser kunstvollen Schmuckstücke und Gebrauchsgegenstände. Man vermutet, dass es sich um Gräber der herrschenden Elite handelt. Das muss aber nicht stimmen, wenn man sich erinnert, dass die spanischen und portugiesischen Eroberer Südamerikas jeden Menge Golderzeugnisse, auch für den täglichen Bedarf, bei der einheimischen Bevölkerung vorfanden, die sie billig erwarben und einschmolzen, um das begehrte Metall, für das sie zu töten bereit waren, nach Europa zu bringen.

Die Gräberkultur in Georgien ist so besonders, dass sie einen eigenen Namen bekam: Trialeti.

Das Bemerkenswerteste an den Grabschätzen ist, dass sich auch Beigaben darunter befinden, die aus Griechenland und aus dem arabischen Raum stammen. Bei aller hohen Kunst der einheimischen Handwerker waren auch damals schon Erzeugnisse aus der Fremde begehrt.

Die Welt war immer miteinander verbunden. Globalisierung hat es immer gegeben, das ist keine Erfindung des digitalen Zeitalters.

Wenn man staunend vor den Vitrinen im Tifliser Nationalmuseum steht und die Herrlichkeiten bewundert, die den Verstorbenen in die andere Welt mitgegeben wurden, fragt an sich, wie reich an Schönheit das Leben damals gewesen sein muss. Auf jeden Fall hatten diese Menschen eine Sehnsucht nach Schönheit und Eleganz, die in unserer Welt abhandengekommen zu sein scheint.

Nach dem Untergang der Trialeti-Kultur in der zweiten Hälfte des vorchristlichen Jahrhunderts, verschwand die Goldschmiedekunst fast für ein Jahrtausend aus Georgien. Einen neuen Anfang, der bald in einer Blüte mündete, nahm das Handwerk erst wieder im 8. Jahrhundert des letzten Jahrtausends.

Viele kaukasische Flüsse führten Goldstaub mit sich. Die Georgier fingen diesen Goldstaub mit Schaffellen auf, die sie in die Strömung hielten. Daher kommen wohl die Sagen über das Goldene Vlies. Sagenhaft war auch der Reichtum der Kolchis, deren Goldschmiedekunst sich aus der Bronzezeit heraus entwickelte. Sie nahm griechische und arabische Einflüsse auf, brachte aber eine ganz eigenen, einmaligen Stil hervor.

Der Goldschatz befindet sich im Keller des Nationalmuseums, in der Etage darüber ist eine beeindruckende Sammlung der reichen Fauna und Flora des Kaukasus zu sehen, die Ende des 18. und zu Beginn des 19. Jahrhunderts zusammengetragen wurde. Im zweiten Stock werden einheimische Trachten präsentiert.

Der größte Kontrast zum Goldschatz im Keller ist die Ausstellung unter dem Dach. Hier wird die Sowjetzeit als Jahre der Okkupation präsentiert. Um das zu unterstreichen, stehen gleich mehrere Zellentüren in der Halle. Die Sowjets als Eroberer und Unterdrücker. Kaum zu glauben, dass dies im Land der größten Stalinhuldigung entstanden ist. Wie bringen die Georgier diese sich ausschließenden Sichtweisen zusammen?

Gegenüber dem Nationalmuseum ist das Parlament. Der gelbe Bau war im Sommer Schauplatz von Massenprotesten, hauptsächlich junger Georgier. Sie verlangten die Freilassung politischer Gefangener, die Absetzung des Innenministers und eine Änderung des Wahlrechts. Die monatelangen Proteste hatten nur einen Teilerfolg. Das Wahlrecht soll geändert werden, die politischen Gefangenen wurden entlassen (aber neue gemacht) und der Innenminister ist heute Regierungschef von Gnaden des Milliardärs Bidzina Iwanischwili, der hinter den Kulissen die Geschicke des Landes leitet. Sein von einem japanischen Architekten entworfener Glaspalast thront hoch über Tiflis in einem weiträumigen, gut bewachten Anwesen.

Reste des Massenaufbegehrens konnten wir noch besichtigen. In zwei Zelten wird Mahnwache für einen ermordeten Journalisten gehalten, von dem die Protestierenden der Meinung sind, dass die Regierung über die Todesumstände nicht die Wahrheit sagt. Leider konnten wir uns nicht mit den Mahnwächtern verständigen, weil sie weder Russisch noch Englisch sprachen.

Bei der Gelegenheit stellte ich aber fest, dass meiner Reisegefährtin und mir auch nach dreißig Jahren noch nicht die Fähigkeit abhandengekommen ist, Geheimdienst-Agenten zu identifizieren. Der Protest wird von den Männern, die keine Schlapphüte mehr tragen, sondern ein sportliches Outfit, bestens überwacht. Wohin sich Georgien entwickelt, bleibt offen.

Nach Amsterdam zu Rembrandt

4. November 2019

Der Maler Rembrandt Harmenszoon van Rijn ist einer der berühmtesten Künstler aller Zeiten. Er starb vor 350 Jahren, am 4. Oktober 1669 mit 63 Jahren. Das war Grund genug, für die Niederlande, 2019 zum Rembrandt-Jahr zu machen. Für uns Grund genug, sich die Show zum Jubiläumsjahr anzusehen, wo erstmals ein erheblicher Teil der über 300 Werke ausgestellt wurden.

Amsterdam empfängt uns mit Sonne, aber empfindlicher Kälte. Wir hatten nach dem wunderbaren Sommer und dem warmen Herbst schon fast vergessen, was das bedeutet. Die obligatorische Grachtenfahrt, man soll sich die holländische Hauptstadt zuerst vom Wasser aus anschauen, war nur mit fest geschlossenen Scheiben zu ertragen.

Erste Station war der Kunsthandel de Boer. Holland hat mehrere Kunsthändler, die aus Familien stammen, die seit Generationen auf diesem Gebiet tätig sind. So auch der Kunsthändler de Boer, der sich auf holländische und flämische Maler spezialisiert hat. Sein schönes Haus in der vornehmen Herengracht darf man auch besuchen, wenn man nicht zu den Betuchten gehört, die hier kaufen können. Nicht alle Bilder und Zeichnungen, die hier zu sehen sind, kann man kaufen. Ein Teil gehört zu der Stiftung de Boer, die über einen wahren Schatz an Zeichnungen aus dem Goldenen Zeitalter verfügt.

Damals waren zahllose Maler tätig. Geschätzte 8-12 Millionen Bilder sind damals entstanden. Bilder waren eine Ware, wurden, oft auf Bestellung, für den Verkauf angefertigt. Amsterdam war im 17. Jahrhundert der Mittelpunkt der Welt. Hier liefen alle wichtigen Handelswege zusammen. Wohlhabend waren nicht nur die Händler und Kaufleute, sondern auch die Handwerker, die eine zahlreiche und zahlungsfähige Kundschaft zu beliefern hatten. So konnten auch Tischler, Bäcker und Färber Bilder im Auftrag geben. Deshalb wissen wir heute nicht nur, wie die Honorationen jener Zeit ausgeschaut haben, sondern auch, wie das Leben auf den Straßen aussah.

Wie ungeheuer produktiv das Goldene Zeitalter war, ahnt man, wenn man seine Kathedrale, das Rijksmuseum besucht, das nach langjährigen Renovierungen und Modernisierungen wieder in alter Pracht geöffnet ist.

Im Jubiläumsjahr gibt es eine besondere Ausstellung: Rembrandt-Velászquez, die auf den ersten Blick wie eine Schnapsidee erscheint. Zur Rembrandtzeit befanden sich Spanien und die Niederlande in einem Krieg, der 80 Jahre dauerte und den Abfall der Niederlande von Spanien zum Ergebnis hatte. Die beiden Maler, die sicher voneinander wussten, sind sich nie begegnet. Aber sie haben eins gemeinsam: Sie symbolisieren die Blüte ihrer jeweiligen Länder. Anders als der Dreißigjährige Krieg, der zu dieser Zeit Deutschland verheerte, erlebten Spanien und die Niederlande während ihres Krieges eine beispiellose wirtschaftliche und kulturelle Blüte. Spannend ist, in dieser Ausstellung zu sehen, wie sich das Katholische und das Calvinistische in der Bildsprache niederschlagen. Während der Spanier sehr sinnlich malt, strahlen die Bilder des Holländers, besonders die Porträts, überwiegend kühle Zurückhaltung aus.

Die berühmte Nachtwache ist nicht in der Ausstellung zu finden, sondern hat einen eigenen Raum. Seit Juli wird das Bild, das restauriert werden muss, genauestens unter die Lupe genommen. Mit Computern und Scannern versucht man, seinen Geheimnissen auf die Spur zu kommen. Das Monumentalgemälde, das Rembrandt malte, während seine große Liebe Saskia mit nur 29 Jahren im Sterben lag, ist dramatisch, nicht nur was Licht und Schatten des Meisterwerkes betrifft. Rembrandt malt die "Kompanie von Kapitän Frans Banning Cocq", nicht, wie die meisten Gruppenporträts, die in der Hermitage von Amsterdam zu sehen sind, statisch, sondern in Bewegung. Die Truppe ist sichtbar im Aufbruch. Die Waffen werden gezückt, ein Schuss löst sich, der Hund kläfft …kein Wunder, dass dieses Werk die Fantasie vieler Künstler, bis hin zum Krimiautor beflügelt hat.

Im Rembrandt-Haus kommt man dem Künstler näher. Der Maler war ein Aufsteiger, der nach einer kurzen Lehre bei "Höllenmaler" Jacob van Swanenburg und später beim Amsterdamer Pieter Lastman, schon mit 18 Jahren sein eigenes Studio bezog und gut verdiente. Durch die Heirat der schönen und reichen Bürgermeistertochter Saskia van Uylenburgh wurde er sehr wohlhabend. Das sieht man dem Haus auch an. Es steht in unmittelbarer Nähe des Zollhäuschens am alten Hafen. Rembrandt stand hier oft auf der Brücke, um zu sehen, was die Schiffe aus aller Welt brachten. Wenn sich herumsprach, dass Rembrandt an etwas interessiert sei, gingen die Preise in die Höhe. Der Maler konnte nicht mit Geld umgehen, so lange sie lebte, war Saskia die Vermögensverwalterin. In ihrem Testament vermachte sie alles ihrem Sohn Titus, dem einzigen Kind Rembrandts, das erwachsen wurde. Nach ihrem Tod geriet Rembrandt in eine tiefe Schaffenskrise. Die Bildproduktion, die vorher auf Hochtouren gelaufen war, nahm sichtbar ab. Die Kunden wechselten zur Konkurrenz. 1656 kam die Pleite. Rembrandt musste das Haus räumen und alles kam unter den Hammer. Sein Sohn Titus konnte nur noch einen goldenen Spiegel retten, der zerbrach jedoch beim Transport über die Grachten. Nach dem Konkurs übernahmen Titus und Rembrandts Frau Hendrickje, die frühere Haushälterin, die Geschäfte. Offiziell war der Maler bei ihnen angestellt, die Gläubiger waren ausgetrickst. Nach dem Tod der beiden verarmte Rembrandt rapide und musste in einem Armengrab beigesetzt werden.

Das heutige Museum ist mit Möbeln der Rembrandt-Zeit ausgestattet. Man bekommt einen guten Eindruck vom familiären Leben des Goldenen Zeitalters. Besonders beeindruckend sind die Alkoven, in denen man halb sitzend schlafen musste. Liegen durften nur die Toten. Unter dem hohen Dach hatten Rembrandt und seine jeweiligen Schüler ihre Ateliers. War einem Schüler ein Gemälde besonders gut gelungen, setzte der Meister seine Unterschrift darunter, damit es sich besser verkaufte. Niemand weiß, wie viele falsche Rembrandts mit echter Signatur es gab.

Beeindruckend ist die nachgestellte Sammlung Rembrandts von Objekten aller Art, die er für seien Malerei brauchte: Ausgestopfte Tiere, Muscheln, Steine, Knochen, Gläser, Krüge, Äste, Hauben, Helme, Dolche, Musketen, Skelette. Für seien Gemälde fertigte der Meister zahllose Studien an, die dann zusammengefügt wurden.

Mein Favorit unter den Rembrandt-Gemälden hängt in der Hermitage. Es ist ein Ausschnitt eines größtenteils durch Brand zerstörten Werks, das die Sektion einer männlichen Leiche zeigt. Die Hirnschale ist bereits entfernt und wird vom Assistenten in der Hand gehalten. Die Schädelhaut hängt wie eine Frisur zu beiden Teilen des Gesichts herab. Das Licht ist ganz auf den Körper gerichtet. Gemalt ist es aus einer Perspektive, die sich dem Betrachter böte, wenn er vor den Sektionstisch kniete. Rembrandt war also durchaus fähig zu wissenschaftlichen Studien. Das Bild beeindruckt nicht nur mich. An anderer Stelle der Hermitage hängt die Adaption eines zeitgenössischen Künstlers. Memento mori.

Aber am Ende des Rundgangs hat man durch die Fenster der Galerie einen der schönsten Blicke auf Amsterdam, die man haben kann, selbst wenn es Regentropfen an den Fensterscheiben gibt.

New York: Zeichen einer neuen Zeit?

3. Dezember 2019

Einen Vorgeschmack auf den Mentalitätswandel in den USA bekommt man schon, wenn man mit United Airlines von Berlin nach New York fliegt. Die hübschen Stewardessen in ihren adretten Uniformen waren gestern. Die politisch korrekte bunte Crew von heute ist dem Pensionsalter nahe und ziemlich vollschlank. Da können wenigstens keinem Passagier unziemliche Gedanken kommen. Aber freundlich sind sie, auch wenn die Bordverpflegung nicht mehr für die letzten Reihen reicht. Weil Vegetarier und Veganer Extra-Würstchen bestellen können, gibt es die Möglichkeit, Fluggäste, die leer ausgegangen sind, mit den veganen Resten zu beglücken.

Unser Flug kam pünktlich in Newark an. Auf dem Riesenflughafen kann man leicht die Orientierung verlieren. Aber keine Bange: Service is our first priority, ist eine häufig zu sehende Werbung. Tatsächlich stehen überall uniformierte Angestellte herum, die den hilflosen Passagieren die jeweiligen Automaten erklären, die Tickets ausspucken, die man früher von solchen Angestellten in die Hand gedrückt bekam. Schnell stellt sich heraus, dass diese Fachkräfte nur wissen, was sie zu erklären haben. Sie nach dem Weg zum Flughafen-Express nach NY zu fragen, ist zwecklos.

Von drei Personen werde ich in ebenso viele Richtungen geschickt. Erst der vierte Befragte wusste, dass es sich um einen Bus handeln müsste, der irgendwo draußen zu finden sei. Der Hinweis erwies sich als hilfreich. Ich konnte den Bus besteigen und landete ohne Zwischenaufenthalt am Busterminal Port Authority in der Nähe des Times Square.

Zu meinem Hotel hätte ich die U-Bahn nehmen können, aber ich beschloss, den Broadway entlang zu Fuß zu gehen. Das war nicht ganz einfach. Einen Tag vor Thanksgiving, dem wichtigsten Feiertag der Amerikaner, schien die Stadt überzuquellen von Besuchern. Die gefühlte Hälfte zog wie ich einen Gepäcktrolley hinter sich her. An jedem Straßenübergang kam es zum Kampf aller gegen alle. Die Fußgänger betraten die Straße noch, wenn die Ampel längst auf Stopp geschaltet hatte und behinderten die anfahrenden Autos. Umgekehrt blockierten die Autos die Übergänge. Von der Gelassenheit der New Yorker, die ich bei früheren Aufenthalten schätzen gelernt hatte, ist nur noch wenig zu spüren. Immerhin wird man immer noch angesprochen, sobald man sich suchend umsieht. Das heißt, in der Menge befinden sich noch ein paar Ureinwohner.

Unser Hotel lag an der 29th Street/ Ecke Broadway und stellte sich als Pendant des Berliner Soho-House heraus. Die Lobby war als solche kaum zu erkennen, weil die zahllosen jungen Leute mit ihrem Laptops auf Sofas, Sesseln Stühlen und auf dem Boden sie in eine Art Großraumbüro verwandelt hatten. Ich glaubte schon, mich in der Tür geirrt zu haben, als ich die Rezeption in der rechten Ecke doch noch entdeckte. Nach dem freundlichen Empfang durch einen heftig an Fingern und Ohren beringten jungen Mann erwartete mich eine unangenehme Überraschung: Meine Visacard erwies sich als nicht einsetzbar. Sie hatte zuvor problemlos in Georgien, Polen, Litauen und Amsterdam funktioniert. Meine Reise schien schon zu Beginn im Desaster zu enden. Mein Hinweis, dass mein Sohn, der zur Zeit in den USA arbeitet, am nächsten Tag mit einer garantiert funktionierenden Kreditkarte käme, führte anfangs nicht dazu, dass ich mein Zimmer beziehen durfte. Erst meine Enkelin, die ich in Berlin angerufen hatte, überzeugte einen anderen Rezeptionisten mit ihrer Engelsstimme, mich aus dem Dilemma zu erlösen. Ich bekam ein sehr schönes Zimmer im elften Stock mit noch unverbautem Blick auf das Empire State Building und konnte mich erst einmal von dem Schock erholen. Zum Glück hatte ich noch genug Bargeld umgetauscht, um bis zur Ankunft meines Sohnes versorgt zu sein.

Was die Visacard betraf, fand ich schnell heraus, dass es nicht nur bei mir Schwierigkeiten gab. Auch bei meinem Sohn funktionierte nur seine amerikanische Firmenkarte. Telefonische Nachfragen ergaben, dass man wegen eines speziellen amerikanischen Sicherheitssystems vor jeder Transaktion bei der Visa-Hotline anrufen müsse, um die betreffende Summe freischalten zu lassen. Das scheint jedenfalls alle Karten zu betreffen, die von Sparkassen ausgestellt wurden. Unbekümmertes Shopping ist so kaum möglich, es sei denn, man deckt sich mit ausreichend Bargeld ein. Sollen die Touristen auf diese Weise sanft dazu bewegt werden, sich mit American Express auszustatten?

In den neunziger Jahren waren die USA noch billig. Man konnte sich mit günstiger Kleidung, Kosmetik und technischen Geräten eindecken und damit einen Teil seiner Reisekosten wieder reinholen. Die Zeiten sind längst vorbei. New York ist sündhaft teuer. Ein Stück Kuchen kostet zwischen 5 und 6 Dollar, ein Croissant ist nicht unter vier Dollar zu haben, für ein Glas Wein muss man 9 Dollar aufwärts hinblättern. Ein Frühstück zu zweit im Le pain quotidien schlägt mit vierzig bis fünfzig Dollar zu Buche, das Thanksgiving-Dinner zu zweit in einem Restaurant in Brooklyn ohne Weinbegleitung mit zweihundertfünfzig. Dafür ist alles bio.

Das vergisst man sofort, wenn man wie wir über die Brooklyn Bridge von Manhattan nach Brooklyn läuft und das großartige Panorama vor Augen hat, welches die nächtliche Stadt bietet. Noch schöner, weil ungestörter, fand ich den Blick vom kleinen Uferpark unter der Manhattan Bridge in der Nähe unseres Restaurants. Hier waren keine Touristen, nur ein paar Hundebesitzer, die ihre Lieblinge Gassi führten. Ab und zu rumpelte ein Zug über unseren Köpfen hinweg, der die innere Ruhe, die sich beim Anblick der grandiosen Kulisse von Big Apple einstellt, nicht stört.

Aber schon dieser Blick zeigt, wie sehr sich NY verändert. Seit meinem letzten Aufenthalt 2005 sind zahllose neue, schmale Hochhäuser entstanden, die wie Schornsteine in den Himmel stechen. Auf der 5th Avenue sahen wir eins, dass ein altes Haus, welches dem Investor offenbar nicht weichen wollte, unter den Arm nahm. Baugrund ist knapp. Die Frage ist, wer hier wohnt. So viel Millionäre kann es gar nicht geben, um all die Appartements zu bevölkern. Hinter die Glitzerfassaden kann man nicht schauen, aber in den alten Blocks ist viel Leerstand auszumachen.

Die Straßen von Midtown sind ziemlich vermüllt, etwa wie die von Berlin-Wedding. Neben den Touristen sind ziemlich viele Obdachlose zu sehen. In der Nähe unseres Hotels hat sich einer mithilfe von sandgefüllten Plastesäcken, die er wie einen Schutzwall um sich gruppiert hat, dauerhaft eingerichtet. So oft wir dort vorbei gingen, lag er bewegungslos in seiner Festung. Gleich nebenan ein Café. Ob er dort die Waschräume benutzt?

Apropos Toiletten. In den hippen Lokalitäten gibt es keine nach Männern und Frauen getrennte Toiletten mehr, ein Trend, der uns bald einholen wird.

Im Trump-Tower ist dagegen die Welt noch in Ordnung. Hier wird noch nach Männlein und Weiblein unterschieden. Das Trump Café und der Trump-Grill sind bis auf den letzten Platz besetzt. Das ganze Gebäude glänzt im Weihnachtsschmuck. Dem Andrang nach zu urteilen, ist Trumps Popularität außerhalb der linken Filterblase ungebrochen.

Eine Überraschung ist die Bronx, die wir besuchen, um in den Zoo zu gehen. Hier sind die Straßen sauber, die Gebäude wirken gepflegt. Im Gegensatz zu Midtown wachsen hier Bäume, nicht nur in der riesigen Parkanlage, die den Zoo umschließt. Von dem Slum, der die Bronx mal war, ist nichts mehr zu spüren. Wenn ich in NY leben müsste, würde ich hier wohnen wollen. Ob das möglich wäre, ist allerdings zweifelhaft, denn es ist eine Black Neighborhood und heutzutage ist ein neuer Rassismus auf dem Vormarsch, der politisch-korrekt Menschen wieder nach Hautfarbe sortiert und separiert. Aber das ist ein anderes Kapitel.